ऐन.के. सोन्धी

ऐन.के. सोन्धी ने पंजाब नेशनल बैंक में प्रबंधक के पद से सेवानिवृत होने के पश्चात् लेखन कार्य आरम्भ किया। उनकी पहली पुस्तक का विषय था 'बैंक प्रबंधन'। उसके बाद उन्होंने समय अनुसार सामाजिक विषयों पर अनेक पुस्तकें अँग्रेज़ी भाषा में लिखीं। भारत-पाकिस्तान विभाजन के दुष्परिणामों पर लिखी "A Cart Full of Husk" का प्रकाशन अमेरिका में हुआ। दिल्ली शहर सबसे पहले महरौली नामक गाँव में बसा था, जिसको अब दिल्ली के लोग भूल चुके हैं। इस संबंध में उन्होंने "Forgotten City of Delhi" शीर्षक से किताब लिखी। भारत की एक राजकुमारी सूरी रत्ना दो हज़ार वर्ष पूर्व सन 0048 में समुद्री मार्ग से कोरिया गई थी और वहाँ के प्रथम राजा किम सुरों से शादी करके वह कोरिया की प्रथम महारानी बनी और कोरिया देश की स्थापना की। कोरिया के लोगों ने उस भारतीय राजकुमारी सूरी रत्ना का एक स्मारक उनके जन्म-स्थान अयोध्या में बनाया है जहाँ हर वर्ष हज़ारों कोरिया निवासी उन्हें श्रद्धांजलि देने आते हैं, ऐन.के. सोन्धी ने उस राजकुमारी से संबंधित घटनाओं की परिकल्पना के आधार पर "A Match Made in Heaven" नामक पुस्तक लिखी।

आजकल के युवकों की जीवन शैली तनाव भरी है। कुछ कर गुज़रने की इच्छा तो है परंतु उन्हें समझ नहीं आता कि क्या और कैसे करें, जिससे उन्हें मन चाही सफलता प्राप्त हो सके। युवकों के मार्गदर्शन हेतु उनकी "Know Your Worth" नामक पुस्तक का प्रकाशन "General Press" ने 2017 में किया। आजकल उग्रवादी युवकों को बहला फुसला कर उन्हें नरसंहार करने के लिए प्रेरित कर रहे हैं। उग्रवादी युवकों को धन, संपत्ति और अय्याशी का लोभ देकर अपने जाल में फंसा लेते हैं। युवकों को उग्रवादियों के जाल में फसने से रोकने के लिए सोन्धी ने "Honey Trap" नामक पुस्तक का प्रकाशन भी किया है।

प्रस्तुत पुस्तक 'अपनी क्षमता पहचानिए' अंग्रेज़ी की 'Know Your Worth' का हिंदी अनुवाद है। आशा है पाठकों को यह पुस्तक पसंद आएगी।

अपनी क्षमता पहचानिए

सोचिए मत, शुरू कीजिए

एन.के. सोन्धी
विभा मल्होत्रा

अनुवादक : ऐन.के. सोन्धी

जनरल प्रैस

Published by
GENERAL PRESS
4805/24, Fourth Floor, Krishna House
Ansari Road, Daryaganj, New Delhi - 110002
Ph : 011-23282971, 45795759
E-mail : generalpressindia@gmail.com

www.generalpress.in

First Edition : 2018

ISBN : 9788193545843

Purchase our Books and eBooks online from:
Amazon.in | Flipkart.com | Infibeam.com

Published by Azeem Ahmad Khan for General Press

अनुक्रम

....

समर्पण

यह पुस्तक उन सभी पाठकों को समर्पित है जो जीवन संघर्ष में कठिनाइयों से जूझते हुए अपने सपनों को साकार करने का मार्ग प्रशस्त करना चाहते हैं। यह पुस्तक उन पाठकों को भी समर्पित है जो अपनी स्वयं की क्षमता को खोजने में प्रयत्नशील हैं। अपनी क्षमता को पहचानिए, सफलता हासिल कीजिए और दूसरो के लिए प्रेरणा का स्रोत बनिए।

असम्बद्धता (Disclaimer)

इस पुस्तक में उल्लिखित विचार, अनुभव, टिप्पणियाँ, कथ्य, उन महाविचारकों, मनीषियों और युग-पुरुषों के हैं जिन्होंने अपने उच्च विचारों से मानव-जाति का मार्गदर्शन किया है। इस पुस्तक में यथास्थान उनका उल्लेख किया गया है। पुस्तक में कुछ पुरातन कथाओं, किस्से और कहानियों का भी उल्लेख है जो सबने बचपन में पढ़ी होंगी। यह प्राचीन कथाएँ प्रेरणा का स्रोत हैं जिनको पढ़ने से पाठकगण प्रेरित होंगे।

इसके अतिरिक्त इस पुस्तक में कुछ समकालीन वृतांत का भी वर्णन किया गया है। जिनके नाम, स्थान, घटना, चरित्र काल्पनिक हैं और उनका किसी जीवित या मृत व्यक्ति अथवा किसी वास्तविक घटना, स्थान, संस्था, से संबंध नहीं है। यदि हो, तो वह मात्र एक संयोग होगा।

प्रस्तावना

सन्त कबीर ने कहा था—

बुरा जो देखन मैं चला, बुरा न मिलिया कोय,
जो दिल खोजा आपना, मुझसे बुरा न कोय।

सन्त कबीर के उक्त दोहे का अर्थ यह है कि, 'हमें दूसरों की कमियाँ देखने के बजाए अपनी कमियों की ओर ध्यान देना चाहिए'। परंतु हो क्या रहा है? अपनी कमियों को गिनते-गिनते क्या आप अपने ही दुश्मन बन बैठे हैं? अपना दुश्मन ख़ुद बनने वाला यह कथन आपको विरोधाभासी लगता होगा? भला कोई अपना दुश्मन स्वयं क्यों बनेगा? परंतु यह कथन कुछ अर्थों में सही प्रतीत होता है। यह मानव स्वभाव है। कुछ भी ग़लत हो जाने पर हम अपने आप को दोषी मानने लगते हैं, भले ही हमारी कोई ग़लती न हो।

आज के तनाव भरे जीवन में आपके पास अपनी अच्छाइयों और अपने गुणों की तरफ़ ध्यान देने का समय ही नहीं है। आपको यह ज्ञात भी नहीं होगा कि आपकी कमज़ोरियाँ क्या हैं और आपकी क्षमतांए क्या हैं। आप को केवल अपनी कमियाँ दिखाई देती हैं अपने गुण तो दिखाई ही नहीं देते और न ही आप के पास अपने गुणों को देखने का समय है। क्या आपने कभी अपनी प्रशंसा की है? अपनी सफ़लता पर प्रसन्न हुए हैं?

आपको यह याद भी नहीं होगा कि कब आप अपने कार्य पर या अपनी कार्यप्रणाली पर ख़ुश हुए थे? कब आप अपनी सफलता पर प्रसन्न हुए थे? आजकल की जीवनचर्या में ऐसे पलों की, प्रयास करने पर भी, याद नहीं आती। इसके विपरीत अगर आप यह सोचने लगें कि आपने कब और कहाँ ग़लती की थी, कब किसी कार्य को करने में सफल नहीं हुए थे, तो आपके ज़हन में अनेक ऐसी घटनाएँ उभर आती हैं और आप अपने

आप को असमर्थ व लाचार महसूस करने लगते हैं। आपको अपने गुण नज़र नहीं आते, बल्कि कमियाँ ज़रूर नज़र आने लगती हैं। ऐसा क्यों होता है?

जब आप अपने चारों ओर दृष्टि घुमाकर आस-पास के लोगों को देखते हैं, तो आपको क्या महसूस होता है? आपको लगता होगा कि अन्य लोग आप से ज़्यादा अच्छा काम कर सकते हैं। आपसे ज़्यादा सफल हैं। यदि आपको ऐसा लगता हो कि दूसरे लोग ज़्यादा ख़ुश रहते हैं, ज़्यादा प्रसन्न रहते हैं और अपने सपने पूरे कर लेते हैं, तो आपको क्या महसूस होता है? दूसरों की सफलता देख कर जलन होती है या फिर आप उनकी सफलता पर ख़ुश होते हैं? स्वभाविक है अधिकतर लोगों को जलन ही होगी, दूसरों की सफलता पर ख़ुश होना हर एक के बस की बात नहीं। यदि आप दूसरों की ख़ुशी में ख़ुश होना सीख लेते हैं तो यह आपकी एक बहुत बड़ी उपलब्धी होगी। दूसरों की सफलता पर वही प्रसन्न हो सकता है जो अपनी सफलता को महत्व देता हो और अपनी ख़ुशी में दूसरों को सम्मिलित करता हो। लेकिन ऐसा करना आसान नहीं है क्योंकि हम समाज की परम्पराओं और रुढ़िवादी विचारधारा में जकड़े रहते हैं और स्वतंत्र रूप से नहीं सोच पाते। आज भी हमारे समाज में प्रतिद्वंदी को प्रतिद्वंदी ही समझा जाता है उसकी प्रशंसा नहीं की जाती।

इसका मुख्य कारण है वह समाज, जो आज भी युवकों को कभी-कभी ज़रूरत से अधिक संरक्षण देता है। हम में से अधिकांश अपना जीवन ऐसी छत्रछाया में गुज़ारते हैं जहाँ हमें स्वतंत्र निर्णय लेने अथवा बड़ी ज़िम्मेदारियाँ निभाने के अवसर प्राप्त नहीं होते। यह कार्य घर के बड़े बुज़ुर्ग ही करते हैं। बड़े बुज़ुर्गों का साया जीवन पर्यन्त रहता है भले ही हम विद्यालय जाएँ, नौकरी करना आरम्भ कर दें या फिर हमारे ख़ुद के बाल बच्चे ही क्यों न हो जाएँ। हर पग पर हमें बताया जाता है क्या करना ठीक है और क्या करना ग़लत है। जीवन में सफलता और असफलता के नियम भी समाज ही तय करता है। यदि कोई युवक कुछ नया या फिर कुछ बड़ा काम करना चाहे तो समाज के नियम उसके मार्ग का रोड़ा बन जाते हैं। सामाजिक नियमों को निभाते-निभाते हम सब अपनी ज़िंदगी बिता देते हैं परंतु कुछ नया या बड़ा कार्य नहीं कर पाते।

हम आयु में तो बड़े हो जाते हैं परंतु हम में बड़प्पन नहीं आ पाता। जीवन एक ऐसी पाठशाला है जो बहुत मूल्यवान पाठ पढ़ाती है। परंतु हम ऐसे मूल्यवान पाठ पढ़ने की न तो कभी कोशिश करते हैं और न ही इस बारे में कुछ सोचते हैं। हम यह जानने की कोशिश ही नहीं करते कि हमारी वास्तविक क्षमता क्या है और हम अपने जीवन में क्या कुछ कर सकते हैं। सपने तो हम बहुत बड़े बड़े देखते हैं लेकिन उन्हें पूरा करने से डरते हैं क्योंकि हमें स्वयं पर भरोसा नहीं होता। ऐसा इसलिए होता है कि हमने कभी

अपनी क्षमता और अपने सामर्थ को जाँचने की कोशिश ही नहीं की और न ही कभी इस बारे में सोचने का प्रयास किया। हम अपने सारे सपने पूरे कर सकते हैं लेकिन उसकी पहली शर्त यह कि हमें अपनी क्षमता, अपने साहस, अपनी सोच और अपनी हिम्मत पर पूरा भरोसा करना होगा। हमें अपने गुणों या अपनी योग्यता की तलाश करने के लिए कहीं जाने की आवश्यकता नहीं। ये सभी गुण पहले से ही हमारे अंदर मौजूद हैं। हम जानते हैं कि दुनिया में असंख्य ऐसे लोग हैं जो अपने सपनों को मात्र इसलिए पूरा नहीं कर पाते क्योंकि वे सफलता के रास्ते में आने वाली पहली रुकावट से ही डर जाते हैं और अपने सपनों को बीच मझधार में त्याग देते हैं। इसके विपरीत कुछ ऐसे भी सफल लोग हैं जिन्होंने अपना काम शून्य से आरम्भ किया था और आज वो सफलता के शिखर पर पहुँच गए हैं। ये लोग सफल इसलिए हुए क्योंकि रास्ते में आने वाली रुकावटों से घबरा कर इन लोगों ने हिम्मत नहीं हारी। वे रुकावटों से डर कर अपने सपनों को साकार करने से पीछे नहीं हटे। अपने साहस और विश्वास के बल पर इन लोगों ने न केवल अपने सपने साकार किए बल्कि अरबो-खरबो के आलिशान साम्राज्य भी स्थापित कर लिए। ऐसा करने के पश्चात् भी ये लोग रुके नहीं और निरंतर अपनी सफलता के साम्राज्य में वृद्धि करते चले गए। रुकावटें तो उनके रास्ते में भी आई होंगी लेकिन उन्होंने रुकावटों को पार किया और आगे बढ़ते चले गए। रुकावटों के डर से वे रुके नहीं बल्कि अपनी सूझ-बूझ से सभी रुकावटों को पार करके अपने सपने पूरे करते रहे। उन्होंने किसी जादू का सहारा नहीं लिया बल्कि अपने आप पर विश्वास किया। उन्हें अपने आप पर पूरा विश्वास था। उन्होंने अपने दम पर चमत्कार करके दिखाए हैं।

और एक हम हैं जो कोई चमत्कार करके दिखाने के बजाए किसी चमत्कार के होने की प्रतीक्षा करते रहते हैं। कोई चमत्कार होगा और हमारी क़िस्मत खुल जाएगी। जीवन कोई फूलों की सेज नहीं जहाँ सब कुछ आसानी से मिल जाता है। कुछ पाने के लिए कठिन परिश्रम करना पड़ता है और पूरी लगन से करना पड़ता है। यदि हम अपनी इच्छा से मेहनत नहीं करेंगे तो जीवन संघर्ष हमें यह सब करने के लिए मजबूर कर देता है। थक हार कर हमें अपने क़दम आगे बढ़ाने ही पड़ते हैं। बेमन से किए गए काम कभी सफल होते हैं कभी नहीं होते। यदि समय रहते हम अपने गुणों और क्षमताओं को पहचान लें तो हम भी चमत्कार करके दिखा सकते हैं। प्रश्न यह है कि हम अपनी क्षमताओं को पहचाने कैसे?

इसके लिए हमने इस पुस्तक में कुछ ऐसे विषयों पर चर्चा की है जो आपको अपनी शक्तियों व क्षमताओं को पहचानने में सहायक होंगे।

यह पुस्तक आपको अपनी क्षमता, अपनी शक्तियाँ और अपने विश्वास को पहचानने में न केवल सहायक होगी बल्कि सफलता की सीढ़ियाँ चढ़ने में आप की गति को भी तेज़ करेगी ताकि आप अपने वो सभी सपने पूरे कर सकें जिनके बारे में आपने अपने आप को अब तक सक्षम न समझा हो।

इस पुस्तक को लिखने में अनेकों अनेक अनुभवों से गुज़रना पड़ा जिन से बहुत कुछ सीखा है। आशा है जीवन के इन अनुभवों को इस पुस्तक के माध्यम से आप तक पहुँचा पाएँ। यह आशा भी है कि इस पुस्तक को पढ़ने में आपको न केवल आनंद आएगा बल्कि आपके लिए यह अत्यंत लाभकारी भी सिद्ध होगी। इस पुस्तक में कुछ महापुरुषों के प्रसंग, कुछ वास्तविक जीवन के प्रसंग तथा कुछ ग्रन्थों के उद्धरणों का उल्लेख भी किया गया है जो आज के युग में भी बहुत सटीक हैं।

आशा है इस पुस्तक के सहारे आप भी अपने सपनों को पूरा कर सकेंगे।

1

अपनी असीम शक्तियों को पहचानों

पहले मुर्गी आई थी या अंडा? जितना कठिन यह प्रश्न है उतना ही कठिन यह जानना है कि हमारी शक्ति क्या है और हमारी कमज़ोरी क्या है। यह जानना तो और भी कठिन है कि हम कर क्या सकते हैं और हमें करना क्या चाहिए। यदि जीवन में हम कुछ बड़ा नहीं सोचेंगे तो हम न तो जीवन की चुनौतियाँ स्वीकार कर पाएँगे और न ही अपनी कमियों को पहचान पाएँगे। यह निर्णय लेना कोई आसान काम नहीं है कि हम जीवन में कर क्या सकते हैं अथवा करना क्या चाहते हैं। क्योंकि यह बात केवल निर्णय लेने की नहीं है बल्कि यह तो एक लम्बी प्रक्रिया है जिसमें समय लगता है जिसके लिए बड़े धैर्य और सहनशक्ति की ज़रूरत होती है। मनुष्य की शक्तियों के बारे में तो कई महापुरुषों ने भी हमारा मार्ग-दर्शन किया है। देखें इस बारे में स्वामी विवेकानंद जी ने क्या कहा है?

स्वामी विवेकानंद की शरण में एक युवक

एक बार की बात है एक युवक बहुत परेशान था। कठिन परिश्रम करने के पश्चात् भी वह दो जून की रोटी नहीं जुटा पाता था। लकड़हारे के घर जन्म लेने के पश्चात् उसका जीवन ग़रीबी में ही बीता। जब वह दूसरे लोगों को

आनंद भरा विलासितापूर्ण जीवन जीते देखता तो उसका मन भी ललचा उठता। वह भी एक अच्छा सुखमय जीवन जीना चाहता था। सम्पन्न जीवन जीने के लिए उसने कठिन परिश्रम करना आरम्भ कर दिया। उसने देखा कि कुछ लोग अपने व्यवसाय में बहुत कुशल हैं और धन भी अधिक अर्जित कर रहे हैं। उसने उन सफल व्यक्तियों के काम करने के तरीके की नक़ल भी की ताकि उसे भी कामयाबी मिले और वह भी सभी सुखों का भोग कर सके। परंतु उसके सारे प्रयास विफल हो गए और उसे लगने लगा कि वह कुछ नहीं कर सकता। उसका आत्म विश्वास टूट गया। जब व्यक्ति अपना विश्वास खो देता है तो उसे कुछ नहीं सूझता। ऐसा ही उस युवक के साथ हुआ। अंत में उसने सोचा क्यों न वह स्वामी विवेकानंद से मिलकर उनका मार्गदर्शन प्राप्त करे। अतः वह स्वामी विवेकानंद से मिलने पहुँचा।

स्वामीजी के पास पहुँच कर उसने विनम्रतापूर्वक प्रणाम किया और बताया, "स्वामीजी मैं बहुत परेशान हूँ। अथक एवम कठिन परिश्रम करने के पश्चात भी मैं ग़रीबी में जीवन-यापन कर रहा हूँ जबकि मेरे बहुत से जानकार अपने जीवन में विलासिता का आनंद ले रहे हैं। कृपया मेरा मार्गदर्शन करें ताकि मेरा जीवन भी सुखमय हो जाए।"

स्वामी विवेकानंद जी ने देखा की एक हृष्ट-पुष्ट नौजवान हाथ जोड़े उनके सामने खड़ा है और अधिक से अधिक धन तुरंत अर्जन करने की विधि सीखना चाहता है। स्वामीजी ने उस युवक से पूछा कि, "तुम इतना धन क्यों अर्जित करना चाहते हो?"

युवक ने करबद्ध प्रार्थना करते हुए कहा, "मैं आनंदपूर्वक जीवनयापन के लिए अधिक से अधिक धन तुरंत अर्जित करना चाहता हूँ।"

स्वामीजी ने आगे पूछा, "ऐसा करने के लिए तुम क्या कर सकते हो?"

युवक ने कहा, "इसके लिए मैं कुछ भी कर सकता हूँ। जो आप कहेंगे मैं वही करूँगा।"

स्वामी विवेकानंद ने युवक की बात सुनकर उसे समझाया और कहा, "कृपया आप अपने कथन पर पुनः विचार करें क्योंकि जीवन में कुछ पाने के लिए बहुत कुछ खोना भी पड़ता है। बड़ा लाभ पाने के लिए बलिदान भी बड़ा करना पड़ता है।"

युवक ने कहा, "स्वामीजी मैंने भली भांति सोच विचार कर यह निर्णय लिया है, मैं अधिक धन अर्जन करने के लिए कुछ भी करने को तैयार हूँ। कृपया बताएँ कि मुझे करना क्या होगा?"

"यदि ऐसी बात है और आपने सोच समझ कर यह निर्णय लिया है तो मैं आपको तुरंत धन अर्जन का एक अति सुगम उपाय बताता हूँ," स्वामीजी ने युवक से कहा।

युवक को स्वामीजी के कथन पर विश्वास नहीं हुआ। क्या स्वामीजी के पास वास्तव में ऐसा कोई उपाय है जिससे तुरंत अधिक धन अर्जित किया जा सके, युवक सोचने लगा। उसे स्वामीजी के कथन पर कुछ शक हुआ अतः उसने स्वामी विवेकानंद से पुनः पूछा—

"स्वामीजी मैं आपका बहुत सम्मान करता हूँ परंतु मुझे लगता है आप मेरा उपहास कर रहे हैं क्योंकि मेरे ज्ञान में ऐसा कोई उपाय नहीं है जिससे थोड़े समय में अधिक धन अर्जित हो सके।"

स्वामीजी ने कहा, "बच्चा मैं तुम्हारा कोई उपहास नहीं कर रहा बल्कि तुम्हें यह बता रहा हूँ कि अधिक धन तुरंत अर्जित करने के लिए बहुत बड़ा त्याग करना पड़ता है। क्या तुम बड़ा त्याग करने के लिए तैयार हो?"

युवक ने कहा, "स्वामीजी आप जो कहेंगे मैं वो त्याग करने के लिए तैयार हूँ, परंतु मुझे विश्वास नहीं हो रहा कि क्या वास्तव में कोई ऐसा उपाय भी है जिससे तुरंत अधिक धन अर्जित किया जा सके? यदि हाँ, तो कृप्या वह उपाय मुझे तुरंत बताएँ।"

स्वामीजी ने उपाय बताते हुए कहा, "बच्चा ध्यान से मेरी बात सुनो। इस शहर में एक धनी व्यक्ति रहता है परंतु वह नेत्रहीन है। यदि कोई स्वस्थ व्यक्ति उसे एक नेत्र दान कर दे तो उसका अंधापन दूर हो सकता है और वह पुनः देख पाएगा। इस उपकार के लिए वह दानकर्ता को असीम धन देने को तैयार है। यदि तुम अपनी एक आँख उसे दान कर दो तो उसका बहुत भला होगा और वह पुनः अपनी आँखों से दुनिया को देख सकेगा। इस प्रकार तुम न केवल एक अंधे को नया जीवन दोगे बल्कि तुम्हें वह अपार धन भी देगा, जिससे तुम जीवन के सभी आनंद उठा सकोगे। तुम्हें इतना तो ज्ञात होगा कि इस संसार में असंख्य ऐसे लोग हैं जिनके पास केवल एक ही आँख है और वे लोग एक ही आँख से जीवन का आनंद ले रहे हैं। इसी प्रकार तुम भी

जीवन का आनंद अपनी एक आँख से ले सकोगे और तुम्हें मन चाहा धन भी प्राप्त हो जाएगा।"

"क्यों, है न एक उत्तम और सरल उपाय जिससे तुम अधिक धन तुरंत प्राप्त कर सकोगे?" स्वामीजी ने युवक से पूछा?

स्वामीजी की बात सुनकर युवक घबरा गया। उसे विश्वास ही नहीं हो पा रहा था कि स्वामीजी ऐसा उपाय बताएँगे। अपनी एक आँख निकाल कर किसी दूसरे व्यक्ति को देने के सुझाव से वह भयभीत हो गया। यह उपाय उसे कुछ ठीक नहीं लगा। लेकिन तुरंत अधिक धन प्राप्ति के लोभ को भी वह त्याग नहीं सका। उसने सोचा स्वामीजी उसकी केवल एक ही आँख मांग रहे हैं दोनों आँखें तो नहीं मांग रहे। स्वामीजी ने ठीक ही कहा है, 'दुनिया में बहुत से ऐसे लोग हैं जिनकी एक ही आँख है। वे लोग भी तो जीवन का आनंद उठा रहे हैं तो मैं ऐसा क्यों नहीं कर सकता', युवक ने सोचा।

लेकिन कोई स्थाई निर्णय लेने से पहले युवक इस प्रस्ताव पर भली भांति विचार कर लेना चाहता था। अतः उसने अपनी एक आँख बंद कर के देखने का प्रयास किया किन्तु उसे सब कुछ स्पष्ट रूप से दिखाई नहीं दिया जो दोनों आँखों से दिखाई देता है। उसे लगा कि एक आँख दान कर देने से वह पंगु हो जाएगा। यह प्रस्ताव उसे उचित नहीं लगा अतः उसने अपनी एक आँख देने से इंकार कर दिया और कहा, "स्वामीजी मुझे यह प्रस्ताव मंज़ूर नहीं है। मैं अपनी आँख किसी को किसी भी क़ीमत पर देने को तैयार नहीं हूँ।"

स्वामीजी युवक की बात सुनकर बहुत प्रसन्न हुए और कहा, "अब तुम्हें समझ आया कि तुम्हारी आँख का मूल्य क्या है? इसका मूल्य आँका नहीं जा सकता।" स्वामीजी ने आगे कहा, "यदि तुम एक आँख नहीं देना चाहते तो कोई बात नहीं। तुम्हारे पास शरीर के और भी अंग हैं और सभी अंग मूल्यवान हैं यदि तुम अब भी तुरंत धन अर्जन करना चाहते हो तो मुझे अपना एक हाथ दान कर दो उसके बदले मैं तुम्हें दो लाख रुपये दूँगा।" युवक ने हाथ देने से भी इंकार कर दिया। फिर स्वामीजी ने उससे एक पैर माँगा और दो लाख रुपये देने का प्रस्ताव दिया। युवक ने इस प्रस्ताव से भी इंकार कर दिया। युवक को लाखों रुपये तुरंत मिल रहे थे लेकिन उसने लेने से इंकार कर दिया क्योंकि लाखों रुपये के बदले जो कुछ उससे माँगा जा रहा था उसकी क़ीमत को आँका नहीं जा सकता। धन के बदले युवक अपने बहुमूल्य अंग कुर्बान नहीं कर पा रहा था।

युवक की बातें सुनकर स्वामीजी मुस्कुराने लगे और युवक से कहा, "तुम्हारे पास धन अर्जन के इतने सारे साधन हैं जिनमें से किसी एक का त्याग करके तुम धनवान बन सकते हो फिर भी तुम अपनी इच्छा पूरी नहीं करना चाहते। स्वामीजी ने युवक को समझाया कि तुम्हारे पास वह सब कुछ पहले से ही है जो मानव के लिए सबसे मूल्यवान होता है और वह है तुम्हारा स्वस्थ शरीर, तुम्हारा मस्तिष्क, तुम्हारा ज्ञान, तुम्हारी सोच, तुम्हारा विश्वास और तुम्हारी हिम्मत। अपनी शक्ति को, अपने मूल्य को, अपनी क्षमता को पहचानो। यदि एक बार तुम ने अपनी क्षमता और शक्ति को पहचान लिया तो तुम जीवन में वह सब कुछ प्राप्त कर पाओगे जिसे तुम प्राप्त करना चाहते हो।"

क्या वास्तविक जीवन में हमारा हाल भी इस युवक की भांति नहीं है? युवक की भांति हमें भी यह ज्ञात नहीं है कि भगवान ने हमें कितना सामर्थ्यवान बनाया है। हमारे पूर्व राष्ट्रपति माननीय ए.पी.जे. अब्दुल कलाम ने कहा थाः

"भगवान, जो कि हमारा रचयिता है, ने हमारे मन और मष्तिक में अपार शक्तियों एवम योग्यताओं का भंडार बना रखा है। हमें इस भंडार का उचित उपयोग करना चाहिए।

जब हम यह नहीं जानते कि हमारे पास कितनी शक्तियों का भंडार है तो हम उनका उपयोग कैसे करेंगे? अपनी इसी अज्ञानता के कारण हमने कभी इन शक्तियों को खोजने का प्रयास ही नहीं किया। आप जानकर हैरान होंगे कि हमारे व्यक्तित्व को परमात्मा ने असीम क्षमता प्रदान की है। ज़रूरत है इन क्षमताओं को खोज कर उनका समुचित उपयोग करके अपने जीवन को सफल बनाने की। लेकिन जब हमें अपनी क्षमताओं का ज्ञान ही नहीं होगा तो हम उन्हें खोजेंगे कैसे? क्या कभी हमने सोचा है, कि हम अपनी छुपी हुई क्षमताओं का अनुभव क्यों नहीं कर पाते? इसका एक मुख्य कारण यह है कि हम केवल वही देखते हैं या देखना चाहते हैं जो प्रत्यक्ष दिखता हो, हमारी आँखों के सामने घटित हो रहा हो और जिसे हम महसूस कर सकते हों। यह हमारी आदत बन गई है। इस आदत को छोड़कर हमें यह जानना होगा कि हमारे पास भी भगवान की दी हुई वे सभी शक्तियाँ हैं जो उसने दुनिया के सफल व्यक्तियों को दी हैं। यदि वे सफल हो सकते हैं तो हम क्यों नहीं? हमें अपनी शक्तियों का ज्ञान इस लिए नहीं हो पाता क्योंकि हम उनका उपयोग ही नहीं करते। इसी कारण हमारी ये शक्तियाँ सुषुप्त अवस्था को प्राप्त

हो जाती हैं अर्थात ये शक्तियाँ हमारे अंदर सोई हुई हैं। लेकिन कभी-कभी आवश्यकता पड़ने पर अचानक जागृत भी हो जाती हैं।

अपनी क्षमताओं को पहचानने का पहला क़दम है अपने आप पर पूरा विश्वास रखना क्योंकि रुकावटें आने पर सबसे पहले हम अपना विश्वास खो देते हैं। फलस्वरूप अपने काम को भी अधूरा छोड़ देते हैं और बहाना बनाने लगते हैं कि हमारी क़िस्मत ही ख़राब है या हमारे हालात ही ख़राब हैं। एक बार असफल होने के पश्चात् हम सफल होने के लिए अन्य उपाय खोजने की कोशिश ही नहीं करते क्योंकि हम केवल वही कार्य करना चाहते हैं जो करने में आसान हो। जिसको करने में हमें किसी कठिनाई का सामना न करना पड़े। यदि हमने जीवन की चुनौतियों को स्वीकार ही नहीं किया तो अपनी शक्तियों का ज्ञान कैसे प्राप्त करेंगे? हमारे अंदर पर्याप्त योग्यताएँ हैं, आवश्यकता है, उनको पहचान कर उनका उपयोग करने की ताकि हम चुनौतियों को न केवल स्वीकार कर सकें बल्कि सफल भी हों।

मिस्टर अरुण और नाटक क्लब

अरुण एक विद्यार्थी है। कॉलेज में उसके कुछ साथियों ने एक नाटक क्लब बनाया हुआ है। लेकिन अरुण की नाटक में भाग लेने या अभिनय करने की रुचि नहीं थी। उसको लगता था कि उसमें अभिनय करने की योग्यता बिल्कुल भी नहीं है। वह एक अंतर्मुखी युवक था और लोगों से कम ही बात चीत करता था। वह अपने आप में ही मस्त रहने वाला युवक था।

कुछ समय पश्चात् उसके कॉलज में एक नाटक प्रतियोगिता का आयोजन किया गया जिसमें उसके नाटक क्लब के मित्र भाग लेना चाहते थे। नाटक के लिए सभी मित्र एक सशक्त कहानी की तलाश करने में जुट गए। वे लोग अनेक प्रकार की कहानियों पर चर्चा करने लगे। इस प्रकार कई दिन बीत गए परंतु उन्हें कोई कहानी पसंद नहीं आ रही थी। हर कहानी में उन्हें कोई न कोई त्रुटि दिखाई देती और वे लोग पुनः बहस करने लगते। उचित कहानी का चयन न हो पाने के कारण उनका उत्साह कम होता जा रहा था। अरुण चुपचाप बैठकर उनकी बहस सुनता रहता। एक बार उसे लगा मानो वह स्वयं कहानी के चुनाव में अपने मित्रों की सहायता कर सकता है। परंतु वह यह सोच कर चुप रह गया कि उसके मित्र तो कलाकार हैं और उसे अभिनय का बिल्कुल भी ज्ञान नहीं है। इस कारण वह उन्हें कुछ कहने का साहस नहीं जुटा पाया।

उसके मित्र जब कोई निर्णय नहीं ले पा रहे थे तो अरुण ने सोचा क्यों न वह अपना सुझाव मित्रों को बता दे ताकि उनकी समस्या का समाधान हो जाए। परंतु कुछ भी कह पाने का साहस नहीं हो रहा था। अंत में उसने धीमी आवाज़ में उन्हें कुछ बताया पर उसकी धीमी आवाज़ को शोर-गुल में कोई नहीं सुन सका। एक बार पुनः उसने ऊँची आवाज़ में उन्हें बताना आरम्भ किया। अरुण की ऊँची आवाज़ सुनकर सभी मित्र उसकी ओर आश्चर्य से देखने लगे। अरुण ने कहना आरम्भ किया, "आप सब लोग इतने दिनों से अपने नाटक के नायक पर चर्चा कर रहे हो और आपस में सहमत भी नहीं हो रहे। आप लोग जिस नायक की कल्पना कर रहे हैं वह कोई आम आदमी नहीं बल्कि एक सुपरमैन है। जीवन के वास्तविक संघर्ष तो आम आदमी झेलता है, सुपरमैन नहीं। मेरे विचार में नाटक का नायक एक आम आदमी होना चाहिए जो कठिन परिश्रम करके अपने जीवन के सभी संघर्षों पर विजय प्राप्त करता है। यदि हम सुपरमैन के बजाए एक आम आदमी के जीवन और उसके जीवन संघर्ष का मंचन करें तो यह न केवल सुगम होगा बल्कि प्रभावशाली संदेश भी देगा।"

अरुण का सुझाव सभी को बहुत पसंद आया और सब ने मिलकर अरुण की बहुत प्रशंसा की। उन्होंने अरुण से अनुरोध किया कि वह उनके नाटक का निर्देशन भी करे। वैसे तो अरुण बहुत शर्मीला था और कोई सुझाव देने का साहस भी नहीं कर पा रहा था। परंतु जब उसके सुझाव को उसके मित्रों ने न केवल स्वीकार किया बल्कि उसकी प्रशंसा भी की तो अरुण की हिम्मत बहुत बढ़ गई। उसमें कुछ नया कर गुज़रने का साहस आ गया। अरुण के मित्रों का नाटक मंचन न केवल सफल हुआ बल्कि प्रतियोगिता में प्रथम स्थान प्राप्त हुआ।

अरुण में नाटक का निर्देशन करने का गुण कहाँ से आ गया? उसने तो कभी अभिनय नहीं किया था और न ही कभी किसी नाटक में भाग लिया था। अकस्मात यह गुण अरुण में कहाँ से आ गया? सत्य तो यह है कि यह गुण अरुण में पहले से ही विद्यमान था, परंतु उसका उपयोग न होने के कारण यह गुण अपनी सुप्त अवस्था में था। आवश्यकता थी इस गुण को पहचान कर इसको जगाने की।

इसी प्रकार जिस दिन आप अपने सुप्त गुणों को पहचान लोगे उस दिन आप अपनी उन सभी सीमाओं को तोड़ दोगे जिनके अंदर आपने अपने आप को शारीरिक, भावनात्मक और मानसिक रूप से जकड़ रखा है। अभी तक तो आप केवल अपनी कमियों

और कमज़ोरियों को ही देखते आए हैं परंतु अब समय आ गया है कि आप अपने गुणों को भी पहचानें।

अपने गुणों को पहचाननें के लिए आप एक प्रयोग कर सकते हैं। आपको अपने जीवन की बीती हुई किसी ऐसी घटना को याद करना होगा जब आप चारों ओर से कठिनाइयों में घिर गए थे। हो सकता है आपको बहुत हानि हुई हो, आप कोई नौकरी पाने में असफल हो गए हों या फिर आपने किसी अपने को खो दिया हो। ऐसी कुछ भी भयानक घटना हो जिसका आपने डट कर मुकाबला किया हो और ऐसा लगा हो कि आप इस कठिनाई का सामना नहीं कर सकते। लेकिन अंत में आपने उस कठिनाई पर विजय पाई हो। अगर ऐसा हुआ था तो आपको यह भी याद होगा कि आपने किस प्रकार उस चुनौती का सामना किया था। आप तो यह भी नहीं जानते थे कि उस कठिनाई का सामना कैसे किया जाए किन्तु आपने उसका सामना किया था और विजयी भी हुए थे। आप यह भी जान लीजिए कि भविष्य में अगर फिर कोई समस्या उत्पन्न हुई तो आप उसका भी सामना कर लेंगे क्योंकि जिस शक्ति के माध्यम से आपने पिछली कठिनाई का सामना किया था वह शक्ति आज भी आपके अंदर विद्यमान है। यदि वह घटना न घटती तो आपको अपनी शक्तियों का पता ही नहीं लगता। उसी घटना से आपको अपनी असीम शक्तियों का ज्ञान हुआ था। वे सब शक्तियाँ आज भी आपके अंदर विद्यमान हैं। आपको तो मात्र उनको उपयोग में लाने का अभ्यास करना है।

इस समय जब आप पिछली उस घटना के बारे में और उस पर पाई विजय के बारे में सोचते हैं तो आपको अपने कार्य पर प्रसन्न होना चाहिए। भयंकर कठिनाइयों का सामना करने के लिए अपने आप को बधाई देनी चाहिए और अपने आप पर गर्व होना चाहिए। ऐसा अनुभव करने से आपको भविष्य में कठिनाइयों का सामना करने का बल मिलेगा। जब तक आप अपने आप को महत्व नहीं देंगे तो कोई अन्य व्यक्ति भी आपको महत्व नहीं देगा।

इसलिए यह आवश्यक है कि आप अपने गुणों को पहचानें। किन्तु इसके विपरीत आप तो अपने अवगुणों का राग ही अलापते रहते हैं। अपनी कमियों या ग़लतियों को पहचानना कोई ग़लत बात नहीं बल्कि आपको अपनी ग़लतियों से कुछ सीखना भी चाहिए। उसके साथ साथ आपको अपनी सफलता और अपनी विजय का उत्सव भी मनाना चाहिए। अपनी सफलता को मान देने से आप में अधिक विश्वास पैदा होगा और इस प्रकार आप किसी बड़े लक्ष्य को प्राप्त करने की हिम्मत जुटा पाएँगे और विपरीत परिस्थितियों का सामना करने का आप में साहस पैदा होगा।

किसी भी क्षेत्र में विजय प्राप्त करने की सभी क्षमताएँ आपमें पहले से ही विद्यमान हैं। आपको आवश्यकता है अपने में साहस पैदा करने की। प्रकृति ने हर कठिनाई का सामना करने की क्षमता आपको पहले ही उपलब्ध करा रखी हैं। समय आने पर यह क्षमता आपके काम भी आएगी परंतु आपको अपनी क्षमता पर विश्वास करना होगा।

2

अपना महत्व समझो

पिछली कठिनाइयों का सामना करते करते हमने यह तो जान ही लिया होगा कि हमारे पास कठिनाइयों का सामना करने की क्षमता है और वक्त आने पर मुसीबतों का सामना पहले भी कर चुके हैं और आगे भी कर लेंगे। जीवन में सफलता प्राप्त करने के लिए हमें अपनी उन शक्तियों को ठीक से पहचानने की आवश्यकता है जो हमारे अंदर पहले से विद्यमान हैं। इसके लिए हमें अपने गुणों व अवगुणों अथवा अपनी शक्तियों एवम अपनी कमियों पर ध्यान देना होगा। हमें यह जानना होगा कि हमारी कमज़ोरियाँ क्या हैं और हमारी शक्तियाँ क्या हैं। यदि हम ऐसा कर लेते हैं तो हमें अपने सभी सपने पूरे करने से कोई नहीं रोक सकता।

प्रश्न यह है कि हम अपनी इन शक्तियों को पहचाने कैसे? यहाँ एक बात जानना ज़रूरी है कि हर इंसान को ये शक्तियाँ जन्म से प्राप्त होती हैं। बच्चा जब पैदा होता है उसे बचपन से ही कुछ चीज़े पसंद होती हैं और कुछ चीज़ें नापसंद होती हैं। उसके ये पसंद व नापसंद करने के लक्षण ही उसकी सफलता का आधार बनते हैं। यदि बच्चे को संगीत बचपन से ही पसंद है तो निश्चय ही वह एक सफल संगीतकार बन सकता है। इसके विपरीत यदि उस बच्चे को एक अभिनेता बनाने का प्रयास किया जाए तो कदाचित

वह सफल अभिनेता न बन सके। इसलिए हमारे लिए यह जानना बहुत आवश्यक है कि हमारी रुचि किस क्षेत्र में है। यदि हमें जीवन में सफल होना है तो हमें अपनी सफलता का क्षेत्र स्वयं निश्चित करना होगा।

कभी कभी हमारे अंदर कुछ कर गुज़रने की उत्कंठ इच्छा तो होती है लेकिन धन की कमी, समय की कमी तथा अन्य साधनों की कमी के कारण हम अपनी इच्छा को दबा लेते हैं। ऐसा बचपन में ही नहीं हमारे व्यस्क होने के पश्चात् भी हो सकता है। परिस्थितिवश जब हम पर्याप्त समय तक अपना मनचाहा कार्य नहीं कर पाते तो ऐसी स्थिति में हम अपनी क्षमता का उपयोग करना भूल जाते हैं। अपनी शक्तियों की पहचान नहीं कर पाते। फलस्वरूप हम मान लेते हैं कि हम यह कार्य करने में समर्थ नहीं हैं। जानते हो ऐसा क्यों होता है? इसका मुख्य कारण है हमारी सोच। हम सोच लेते हैं कि यह कार्य कठिन है। यह कठिन कार्य हम नहीं कर पाएँगे। कुछ नया कार्य करने से हमें डर लगने लगता है। हमें निराशा से भय लगने लगता है। हमें असफलता से डर लगने लगता है और हमें डर इस बात का लगता है कि लोग हमारा मज़ाक उड़ाएँगे। हमारा यही डर हमें कुछ नया करने से रोक देता है। भयभीत होकर हम उन सब अवसरों को खो देते हैं जिनसे हम कुछ चमत्कारी कार्य कर सकते हैं। अगर यकीन नहीं होता तो रेखा की कहानी पढ़ें :—

रेखा की लेखन प्रतियोगिता

रेखा एक प्रकाशन कम्पनी में काम करती थी। वह न केवल अपने कार्य में कुशल थी बल्कि वह एक सफल सम्पादक भी थी। अपने कार्य में कुशल होने के साथ साथ वह नए नए विषयों पर पुस्तकें प्रकाशित करने के सुझाव भी कम्पनी को देती रहती थी।

उसकी कम्पनी ने एक प्रतियोगिता का आयोजन किया जिसमे कर्मचारियों को नई पुस्तकों के प्रकाशन संबंधी सुझाव देने थे। इस प्रतियोगिता में भाग लेने के लिए सभी कर्मचरियों को अपनी अपनी टीम बनानी थी। प्रतियोगिता में केवल टीम ही भाग ले सकती थी। प्रतियोगिता का निर्णय विश्व के प्रतिष्ठित वरिष्ठ प्रकाशकों के निर्णायक मंडल द्वारा किया जाना था। प्रतियोगी टीमों द्वारा प्रस्तुत सुझावों में से जिस भी टीम का सुझाव निर्णायक मंडल को पसंद आऐगा उस विषय पर न केवल पुस्तक प्रकाशित की जाएगी बल्कि उसका विक्रय विश्व भर में किया जाएगा।

रेखा ने आज-तक किसी प्रतियोगिता में भाग नहीं लिया था। जीतने की तो बात ही अलग थी। उसे टीम में काम करने की अपनी योग्यता पर विश्वास नहीं हो रहा था। वह कुछ नया सोच पाने में अपने आप को असमर्थ महसूस कर रही थी। पहले तो रेखा अपनी कम्पनी को नई पुस्तकों का सुझाव देती रहती थी और उसके सुझावों की प्रशंसा भी होती थी। अपनी इसी प्रशंसा को ध्यान में रख कर वह डर रही थी। यदि उसके सुझाव निर्णायक मंडल को पसंद नहीं आए तो उसकी योग्यता पर लोग संदेह करने लगेंगे।

उसका अपने आप पर संदेह करना स्वभाविक था क्योंकि वह समझती थी कि उसकी पिछली उपलब्धियाँ उसे भाग्य से या फिर अच्छी क़िस्मत के कारण प्राप्त हुई हैं। अपनी उपलब्धियों का श्रेय उसने कभी अपने आप को नहीं दिया। इसे वह क़िस्मत का चमत्कार मानती थी। वह अपने आपको इसके योग्य नहीं समझती थी। उसे डर था की असफल हो जाने पर लोग उसका उपहास उड़ाएँगे। इसी डर के कारण वह इस प्रतियोगिता में भाग नहीं लेना चाहती थी।

अभी वह सोच ही रही थी कि उसे प्रतियोगिता में भाग लेना चाहिए या नहीं परंतु उसके हाथों के तोते उड़ गए जब उसे ज्ञात हुआ कि प्रबंधक ने उसका नाम इस प्रतियोगिता में पहले से ही भेज दिया है। अब तो वह कुछ नहीं कर सकती। अब तो उसे मजबूरन प्रतियोगिता में भाग लेना ही होगा। यह जानकर उसे चिंता सताने लगी। जब तक वह कुछ और सोच पाती प्रतियोगिता का निर्धारित समय आ पहुँचा और उसकी रातों की नींद हराम हो गई। अब नाम चला गया है तो कुछ तो करना ही पड़ेगा, वह सोचने लगी। उसने निर्णय लिया की क़िस्मत ने उसे कुछ कर दिखाने का एक अवसर प्रदान किया है। उसे इस अवसर का लाभ उठाना चाहिए और प्रतियोगिता में जी जान से भाग लेना चाहिए।

प्रतियोगिता के दिन टीम के सभी सदस्य भिन्न भिन्न सम्भावित विषयों पर चर्चा करने लगे। सभी सदस्य अपने हिसाब से पुस्तकों के नाम और विषयवस्तु का सुझाव दे रहे थे। अकस्मात रेखा को इन सुझावों में से एक सुझाव बहुत अच्छा लगा। रेखा को ही क्या बल्कि सभी सदस्यों को यह सुझाव बहुत पसंद आया। अत: सभी सदस्य उस विषय पर कार्य करने लगे। सभी सदस्यों का कहना था कि चाहे वे इस प्रतियोगिता में जीतें या हारें परंतु कार्य वो दिल लगा कर करेंगे। इसके विपरीत रेखा के मस्तिष्क में प्रतियोगिता को हर हाल में जीतने का विचार दौड़ रहा था। उसने अपना पूरा

ध्यान प्रतियोगिता जीतने पर लगा दिया एवम जी जान से कार्य करने में जुट गई। रेखा के उत्साह को देख कर अन्य सदस्यों के मन भी प्रतियोगिता में सफल होने की प्रबल भावना जाग उठी। अब सभी सदस्य अन्य विषयों को छोड़ कर चुने गए विषय पर एकजुट होकर कार्य करने लगे। यद्यपि रेखा टीम की नेता नहीं थी परंतु सबको ऐसा लग रहा था मानो रेखा ही उनका मार्गदर्शन कर रही है।

जब निर्णायक मंडल के सामने अपना पक्ष प्रस्तुत करने का समय आया तो टीम के नेता ने रेखा से अनुरोध किया कि टीम के विचार निर्णायक मंडल के सामने प्रस्तुत करे। रेखा ने एकाग्रता से किए हुए कार्य को ऐसी दक्षता के साथ प्रस्तुत किया जिससे पूरा निर्णायक मंडल बहुत प्रभावित हुआ। इस टीम द्वारा चुना गया विषय, उसकी रूपरेखा और प्रभावी प्रस्तुतीकरण के फलस्वरूप रेखा की टीम को विजयी घोषित कर दिया गया।

रेखा को अपने आप पर और अपनी योग्यता पर विश्वास ही नहीं हो रहा था। उसे लग रहा था कि यह सब अचानक हो गया है। परंतु मन ही मन अपनी योग्यता पर उसे गर्व होने लगा था। उसे लगने लगा कि उसमें प्रतियोगिता को जीतने की क्षमता थी और अब भी उसमें यह क्षमता विद्यमान है। प्रतियोगिता में भाग तो उसने अपने रचनात्मक विचारों के कारण लिया था। उसे यह नहीं ज्ञात था कि उसमें किसी टीम का नेतृत्व करने अथवा अपने कार्य को प्रभावी ढंग से प्रस्तुत करने की कला भी विद्यमान है। अपने अंदर छुपी हुई इन क्षमताओं की उसने आज नई खोज की थी।

क्या हम भी रेखा की भांति नहीं सोचते? हमारे में योग्यता है, क्षमता है फिर भी हम असफल होने के डर से या दूसरों के सन्मुख उपहास का पात्र बनने के डर से कोई नया कार्य आरम्भ नहीं करते। यही एक ऐसा मुख्य कारण है जिसके लिए हम अपने जीवन में अनेक सुनहरे अवसरों को गंवा बैठते हैं। हम सदैव एक सुरक्षा कवच को तलाशते रहते हैं और कुछ नया कर दिखाने की हिम्मत नहीं कर पाते। जब तक हम अपने सुरक्षा कवच से बाहर निकल कर नई सम्भावनाओं की परख और खोज नहीं करेंगे हम कठिनाइयों का सामना करने की कला में पारंगत नही हो पाएँगे। घिसी-पिटी लकीर से हट कर कुछ ख़ास कर गुज़रने की भावना ही हमें जीवन पथ पर आगे बढ़ने और सफल होने का मार्ग दिखाएगी।

सुरक्षा कवच से बाहर निकलना बहुत कठिन होता है क्योंकि हमें सुरक्षित घेरे में रह कर काम करने की आदत हो गई है। अपने सुरक्षा कवच से बाहर निकलने के लिए

हमें अपनी बुद्धि, योग्यता और अपनी क्षमताओं पर अटूट विश्वास करना होगा। अब प्रश्न उठता है कि "विश्वास" किस बला का नाम है और यह मिलता कहाँ है? दुर्भाग्य से हम इसे बाज़ार से नहीं ख़रीद सकते और न ही यह कोई वस्तु है जिसे धन से खरीदा जा सके। विश्वास का तो सृजन किया जाता है। इसको प्राप्त करने के लिए कठिन एवं कठोर परिश्रम करने की आवश्यकता होती है। अपने आप को अग्नि परीक्षा में झोंकना पड़ता है। विश्वास पैदा करने की लिए हमें अपने आप को उन परिस्थियों में डालना होगा जिन से बाहर निकलना हमें अति कठिन नज़र आता हो और जिनका सामना करने की हमारी हिम्मत न हो। यदि हम एक बार इस प्रयोग में सफल हो जाते हैं तो हमारे विश्वास की नींव पक्की हो जाएगी और हम आसनी से अपना लक्ष्य प्राप्त कर सकेंगे।

यह सब कहना तो बहुत आसान है परंतु करना अत्यंत कठिन होता है। हम नए अवसरों को अज़माना तो चाहते हैं परंतु क्या हर बार हम सफल हो पाएँगे? दुर्भाग्यपूर्ण यह सत्य नहीं है। सफलता हमेशा हमारे क़दम चूमें यह वास्तविक जीवन में सम्भव नहीं होता। जीवन में तो एक के बाद एक कठिनाई आती ही रहती है और हम असफल भी होते रहते हैं। प्रतिकूल परिस्थितियों से हमारा मनोबल भी टूट सकता है लेकिन हमें इस प्रकार की कठिनाइयों से या असफलता से घबराना नहीं है। ये तो जीवन का अभिन्न अंग है। असफलता का सामना करना दोधारी तलवार पर चलने के समान है। यदि हम अपनी असफलता को बहुत गंभीरता से लेंगे तो हम अपना विश्वास बिल्कुल खो बैठेंगे। और यदि हम असफलता को मज़ाक़ में लेंगे तो हम अपनी ग़लतियों से कुछ सीख नहीं पाएँगे। सबसे पहले हमें जानना होगा कि असफलता का मतलब क्या है। एक बार असफल हो जाने का यह अर्थ नहीं है कि हमारा पूरा जीवन ही असफल हो गया। असफल कौन होता है? एक बार असफल होने पर क्या हम आगे कार्य करना बंद कर देंगे? असफल हम नहीं होते असफल तो हमारा कार्य होता है। जिस कार्य में हम असफल हुए हैं हमें उस कार्य की कमियों का पता लगाना होगा तथा उन कमियों को सुधारना होगा। एक बार हम अपनी कमियों को सुधार लेंगे तो हम अपने अगले कार्य में अवश्य सफल हो पाएँगे। केवल असफलता के डर से हमें किसी कार्य को अधूरा नहीं छोड़ना चाहिए।

यदि हम अपनी असफलता के कारणों का पता लगा लेते हैं और उन कारणों को सुधारना आरम्भ कर देते हैं तो इससे हमारे अंदर नया विश्वास पैदा होगा। हमारे अंदर नई स्फूर्ति आएगी और हमारी क्षमता में वृद्धि होगी। ऐसा होने से हमारे व्यक्तिव में चार चाँद लग जाएँगे। हम समाज में गर्व से अपना सिर ऊँचा करके चल सकेंगे। ये सभी लक्षण हमारे विश्वास को दर्शाते हैं। यदि हमें अपने आप पर विश्वास है तो हम बिना भटके अपने लक्ष्य की ओर अग्रसर होते रहेंगे। सफलता का एक रास्ता बंद होने पर

हम नए रास्ते का निर्माण कर लेंगे। शर्त एक ही है कि हमें अपने आप पर पूरा विश्वास होना चाहिए। विश्वास कैसे कार्य करता है यह जानने के लिए नीचे लिखी लघुकथा पढ़िए।

पक्षी और वृक्ष

एक जंगल में एक पेड़ की ऊँची शाखा पर एक छोटा पक्षी बैठा था। जंगल में भांति भांति के ख़तरनाक जानवर घूम रहे थे। ये जानवर किसी के लिए भी खतरा बन सकते थे। लेकिन छोटा पक्षी तो पेड़ की ऊँची शाखा पर बैठा था और वहाँ तक कोई जानवर नहीं पहुँच सकता था। पक्षी को इन जानवरों से कोई डर नहीं था। वह निर्भीक होकर शाखा पर उछल कूद करते हुए प्रकृति का आनंद ले रहा था। जब पक्षी निश्चिन्त होकर शांतिपूर्वक पेड़ की शाखा पर आराम कर रहा था तभी जंगल का मौसम यकायक ख़राब हो गया। ज़ोर ज़ोर से हवाएँ चलने लगीं और तूफ़ान आ गया। हवाओं के तीव्र वेग से समूचा वृक्ष ज़ोर ज़ोर से हिलने लगा। मानो वृक्ष टूट कर नीचे आ गिरेगा।

जंगल में सारे जानवर तूफ़ान के आने से भयभीत हो गए और डर के मारे अपनी जान बचाने के लिए इधर उधर भागने लगे। भयंकर तूफ़ान से सभी जानवर भयभीत हो रहे थे। ऐसा लग रहा था हवा के तेज़ झोंकों से पेड़ की वह शाखा टूट जाएगी जिस पर पक्षी बैठा है। परंतु उस नन्हे पक्षी को इसका कोई भय नहीं था। धरती पर रहने वाले जानवरों के लिए यह एक चिंता का विषय हो सकता है। परंतु पक्षी को तूफ़ान की कोई चिंता नहीं थी। उसे विश्वास था कि वह अपने आप को तूफ़ान से बचा लेगा। यदि पेड़ की शाखा टूट भी गई तो पक्षी उड़ जाएगा और किसी अन्य शाखा पर जाकर बैठ जाएगा। पक्षी के पास उड़ने के लिए पंख है जो उसकी शक्ति है और उसमें इतना विश्वास है कि वह तूफ़ान में भी उड़ कर किसी अन्य वृक्ष अथवा किसी अन्य शाखा तक पहुँच जाएगा। जंगल में न तो वृक्षों की कमी है और न ही शाखाओं की। पक्षी उड़ कर किसी भी अन्य वृक्ष अथवा शाखा पर जा सकता है। अपने इसी विश्वास और अपनी क्षमता के बल पर छोटा पक्षी तो चिंता से मुक्त था परंतु अन्य जानवर पक्षी से अधिक ताक़तवर होने के पश्चात भी चिंताग्रस्त थे।

पक्षी भी छोटा है और उसकी कहानी भी छोटी है परंतु यह हमें जीवन का अमूल्य पाठ पढ़ाती है। वह पाठ है अपनी हिम्मत और अपनी क्षमता पर भरोसा करना। यदि हमारी सफलता का एक मार्ग बंद हो जाए तो क्या हमें कार्य करना बंद कर देना चाहिए?

नहीं, हमें अपनी सफलता के दूसरे रास्तों की तलाश करनी होगी और यदि सभी रास्ते बंद मिले तो हमें अपनी सफलता के नए रास्तों का निर्माण स्वयं करना होगा।

जिस दिन हमें अपने विश्वास और अपनी क्षमता पर भरोसा हो जाएगा हमें ज्ञात होगा कि हमारी सुरक्षा के लिए बहुत सारे वृक्ष हैं और उनकी बहुत सारी शाखाएँ हैं। हम किसी भी वृक्ष अथवा शाखा को अपनी सुरक्षा का माध्यम बना सकते हैं। परंतु ऐसे सुरक्षा कवच स्थाई नहीं होते। वास्तविक सुरक्षा कवच तो पहले से ही हमारे अंदर मौजूद हैं और वे हैं हमारा आत्म-विश्वास, हमारी क्षमता व हमारी योग्यता। जिस दिन हम अपने आप पर और अपने आत्म-विश्वास पर भरोसा कर लेंगे उस दिन हम किसी भी कठिनाई से भयभीत नहीं होंगे। हमें तो पूरे आत्म-विश्वास से अपना कार्य करते रहना चाहिए। भविष्य की चिंता करना बेकार है। भविष्य में क्या होगा कोई नहीं जानता। ज़रा अपनी दैनिक गतिविधियों पर एक दृष्टि डालिए। हम सब मानव हैं कोई भविष्य ज्ञाता नहीं हैं। हमें यह ज्ञात नहीं कि कल क्या होगा इसके बावजूद हम भविष्य की लम्बी लम्बी योजनाएँ बनाते रहते हैं। अपने बुढापे के लिए हम पैसों की बचत करना आरम्भ कर देते हैं, जीवन में विलासिता की वस्तुओं का परित्याग कर हम अपने बच्चों के लिए धन बचाना शुरू कर देते हैं। हम ऐसा इसलिए करते हैं ताकि वृद्ध हो जाने के पश्चात हमें कठिनाइयों का सामना न करना पड़े और जीवन आराम से गुज़र जाए। ये सभी कार्य हम अपने विश्वास के भरोसे करते हैं।

भविष्य का ज्ञान न होने के बावजूद हम अपने भविष्य की योजनाएँ बनाते रहते हैं क्योंकि कहीं न कहीं हमें विश्वास होता है कि हम ऐसा कर पाने में सफल होंगे। पर यह विश्वास हमारे अंदर आता कहाँ से है? इसका उत्तर बहुत ही साधारण है। हम ऐसा इसलिए करते हैं कि ऐसा होता हुआ हम देखते हैं। हम अपने बजुर्गों को, आस पास के लोगों को भविष्य की योजनाएँ बनाते हुए देखते हैं। इसके अतिरिक्त प्रकृति ने हमें सकारात्मक सोच दी है। अच्छा सोचना हमारा स्वभाविक गुण है। और यही गुण हमारी सबसे बड़ी शक्ति है। यह एक लम्बा विषय है। फिलहाल हम केवल आत्म-विश्वास के बारे में ही बात करेंगे।

मिस्टर प्राण और बैंक का चैक

मिस्टर प्राण एक सफल व्यापारी हैं। दुर्भाग्यवश वह बीमार हो गए और कई महीनों तक बिस्तर पर पड़े रहे। उनकी अनुपस्थिति में उनके व्यापार को भारी हानि उठानी पड़ी और कर्ज़दार हो गए। बीमारी से ठीक हो जाने के बाद उन्हें अनेक समस्याओं का सामना करना पड़ा। उधारदाता और लेनदार उन्हें परेशान

करने लगे। समस्या का कोई समाधान मिल नहीं रहा था। कर्ज़ के बोझ तले दबे-दबे कुर्की की नौबत आ गई। बीमारी के कारण उनका शरीर कमज़ोर हो गया जिसके कारण वह अधिक परिश्रम करने में भी असमर्थ थे। उन्हें वित्तीय सहायता की तुरंत आवश्यकता थी। ऐसा न हो पाने पर वह तनाव से ग्रस्त रहने लगे। जब कोई व्यक्ति तनाव में जीता है तो अपना मानसिक संतुलन खो बैठता है।

मिस्टर प्राण भी इसी अवस्था में डगमगाते कदमों से अपने कार्यालय जा रहे थे। चलते चलते अचानक एक व्यक्ति से टकरा गए। जिस व्यक्ति से उनकी टक्कर हुई वह एक सभ्य व सुशिक्षित व्यक्ति प्रतीत होता था। सुंदर वेशभूषा और गले में लटकती टाई से वह एक भला बिज़नेसमैन लग रहा था। टक्कर लगने के कारण जब मिस्टर प्राण ज़मीन पर गिरे तो उस व्यक्ति ने प्राण की सहायता की। प्राण अपने पूरे होश में न होने के कारण उस व्यक्ति का मन से धन्यवाद किए बिना आगे बढ़ गए।

उस व्यक्ति ने प्राण को पुकारा और उनका हाल-चाल पूछने लगा। एक अनजान व्यक्ति द्वारा संवेदना दर्शाए जाने पर मिस्टर प्राण भावुक हो गए। भावुक होकर प्राण ने अपनी सारी व्यथा कथा उस अनजान व्यक्ति को सुना दी। उस व्यक्ति ने प्राण की व्यथा न केवल शांतिपूर्वक सुनी बल्कि उनको वित्तीय सहायता देने को भी तैयार हो गया। उसकी एक ही शर्त थी कि प्राण को उसका धन एक वर्ष की अवधि में लौटना होगा। मिस्टर प्राण को उसकी बात पर विश्वास नहीं हुआ। यह कोई साधारण पुरुष नहीं बल्कि कोई देवता था जिसे भगवान ने उनकी मदद करने के लिए भेजा था। उन्हें लगा, हो न हो यह व्यक्ति मज़ाक़ कर रहा है।

इसी बीच उस व्यक्ति ने अपनी चैकबुक निकाली, उनका नाम पूछा और एक भारी भरकम रकम का चैक काट कर उनके हाथ में थमा दिया। तत्पश्चात वह व्यक्ति वहाँ से चला गया। मिस्टर प्राण कभी चैक को देखते कभी उस पर लिखी हुई राशि को। उन्हें विश्वास नहीं हो रहा था कि कोई अनजान व्यक्ति इतनी बड़ी राशि का चैक उन्हें दे गया है। इतनी अधिक राशि से तो उनके सारे संकट दूर हो जाएँगे। सारी क़र्ज़दारी दूर हो जाएगी, सब लेनदारों का भुगतान करने के पश्चात् भी उनके पास काफ़ी धन बच जाएगा। यह व्यक्ति वास्तव में कोई भगवान का दूत ही था। धन्यवाद करने से पहले ही वह व्यक्ति वहाँ से

जा चुका था। प्राण उसका नाम, पता, और फ़ोन नम्बर भी नहीं पूछ पाए थे। जो भी हो प्राण को उसकी सारी समस्याओं का हल मिल गया था।

चैक की धन राशि ने उनमे नए प्राण फूंक दिए। उनका खोया हुआ विश्वास पुनः प्राप्त हो गया था। वह जानते था कि अब सबकुछ ठीक हो जाएगा। अब वह जी-जान से अपने कार्य में व्यस्त हो गया। उसने बैंक से चैक का भुगतान प्राप्त नहीं किया और उस चैक को कठिन समय में प्रयोग करने के विचार से सम्भाल कर अलग रख दिया। उसने अपने बिगड़े हुए व्यापार को सम्भालने का कार्य आरम्भ कर दिया। उसे विश्वास था कि उसके पास एक बहुत बड़ी राशि का चैक है और मुसीबत पड़ने पर चैक के धन से वह हर मुसीबत का सामना करने में अब पूर्णतय सक्षम है। वह एक कुशल व्यापारी तो था ही उसने नए सम्पर्क स्थापित किए, लेनदारों को समय से भुगतान करने का आश्वासन दिया। नए ठेकों के अनुबन्ध किए और अपने व्यापार को आगे बढ़ाने में सफल होने लगा। कुछ ही महीनों के कठिन परिश्रम के पश्चात् उसने अपनी हानि को लाभ में परिवर्तित कर दिया। ऐसा करने के दौरान उसने चैक की राशी का उपयोग नहीं किया। चैक अभी तक उसने सम्भाल कर रखा हुआ था।

अब उसे व्यापार में इतना लाभ होने लगा था कि उसे चैक की राशि की आवश्यकता नहीं थी। उसने सोचा क्यों न यह चैक उस व्यक्ति को वापस लौटा दिया जाए जिसने मुसीबत के समय उसे यह चैक दिया था। यह विचार आते ही उसने उस व्यक्ति की तलाश आरम्भ कर दी। बहुत प्रयत्न करने के पश्चात भी प्राण उस अनजान व्यक्ति को नहीं खोज पाया। परंतु उसने निश्चय किया कि वह उस अनजान व्यक्ति, जिसने मुसीबत के समय उसे यह चैक दिया था, की खोज जारी रखेगा और उसका धन ब्याज सहित उसे लौटा देगा। किन्तु चैक को सम्भाल कर रखने का कोई लाभ नहीं था। उसने वह चैक बैंक में जमा कर दिया और फिक्स्ड डिपोसिट खाता खुलवा दिया ताकि चैक की राशि पर ब्याज मिलता रहे।

परंतु उस चैक का भुगतान नहीं हो सका और बैंक ने वह चैक प्राण को बैरंग लौटा दिया। बैरंग चैक वापिस लौटने का बैंक ने निम्न कारण बताया :

"खाते में पर्याप्त बैलन्स नहीं है। इस खाते के धारक का मानसिक संतुलन ठीक नहीं है।"

यह बात जान कर प्राण को बहुत आश्चर्य हुआ। जिस चैक के भरोसे उसने लाखों रुपये की सामग्री खरीदी और बेची, जिस चैक के भरोसे उसने बड़े बड़े ठेकों को अंजाम दिया वह मात्र एक काग़ज़ का टुकड़ा निकला। चैक की बहुत बड़ी राशि का होना केवल उसकी कल्पना थी। जो कुछ भी था उस चैक ने प्राण के जीवन में नए प्राण फूंक दिए थे। उसकी हिम्मत और हौसले को बुलन्द कर दिया था और वह पुन: एक सफल व्यापारी बन गया था। क्या यह कमाल चैक का था? नहीं यह कमाल तो उसके आत्म-विश्वास का था चैक तो उसके खोए हुए विश्वास को जगाने का सहारा बना भले ही वह काल्पनिक था। एक सफल व्यापारी बनने के गुण तो उसमे पहले से ही विद्यमान थे। कठिनाइयों में घिर कर वह अपने उस गुण को कुछ समय के लिऐ भूल गया था। अब उसे अपने आप पर और भी विश्वास होने लगा था।

कभी कभी हमारे साथ भी ऐसा ही होता है। हम विपरीत परिस्थितियों में अपना आत्म-विश्वास खो देते हैं। लेकिन सत्य यह है कि हमारे गुण सदैव हमारे साथ रहते हैं। आवश्यकता होती है अपने आत्म-विश्वास और अपनी क्षमता पर भरोसा बनाए रखने की। हमारे गुणों को कोई बाहरी ताक़त हम से छीन नहीं सकती। वह सदैव हमारे पास रहते हैं। यदि मैं गायक हूँ तो गायन की कला को कोई मुझ से छीन नहीं सकता। हाँ, बुरे हालात मेरी इस कला को दबा तो सकते हैं परंतु मुझसे छीन नहीं सकते। मैं जब चाहूँ अपनी कला का प्रयोग कर सकता हूँ। शहद प्राप्त करने के लिए हम मक्खियों का छत्ता तो तोड़ सकते हैं परंतु मक्खी की शहद बनाने की कला उससे नहीं छीन सकते। इसी प्रकार जो कला हमारे पास है, जो गुण हमारे पास हैं वो सदैव हमारे पास ही रहेंगे। शर्त एक ही है हमें अपने विश्वास पर विश्वास रखना होगा।

अपनी शक्तियों व क्षमताओं को पहचानने का एकमात्र जो रास्ता है वह है अपने आप को कठिन परिस्थितियों में सम्भाल कर रखना। विपदा के आने पर, कठिनाइयों में फंस जाने पर हमें घबराकर अपनी आँखें नहीं बंद करनी बल्कि जी-जान से उन कठिनाइयों का सामना करना है। यह कहना जितना आसान है करना उतना ही मुश्किल है। कठिनाइयों का सामना करने के लिए हमें नए नए जोखिम उठाने होंगे, अपनी कार्य पद्धति को बदलना होगा, अपने विचारों को नई दिशा देनी होगी। जब ऐसा सब कुछ हम करना सीख लेंगे तो हमारे गुणों में पारंगता आ जाएगी। किसी भी क्षेत्र में पारंगत बनने की लिए कठोर तपस्या करनी पड़ती है। एक गायक को कई घंटों तक नित्य अभ्यास करना होता है तब जाकर वह अपने गुणों में पारंगत बनता है। केवल यह आवश्क

नहीं है कि हम अपने गुणों को पहचाने वरन् आवश्यकता है अपने गुणों को प्रयोग करने में महारत हासिल करने की।

अपने गुणों के साथ साथ हमें अपनी कमियों को भी पहचानना होगा। हमारे गुण हमें आगे बढ़ने में जितने सहायक होते हैं हमारी कमियाँ हमें उससे अधिक पीछे धकेल देती हैं। हमारे गुणों की भांति हमारी कमियाँ भी हमारे अंदर ही निहित हैं। मिस्टर प्राण को मुसीबतों का सामना अपनी बीमारी के कारण करना पड़ा था जो एक बाहरी कारण था। बाहरी कारण प्रत्यक्ष होते हैं, वो हमें दीखाई देते हैं अतः उनका सामना करना आसान होता है लेकिन जो कारण दिखाई नहीं देते उनका सामना करना बहुत कठिन होता है। अगर हमारा दुश्मन हमारे सामने खड़ा है तो हम उसका मुकाबला डटकर कर सकते हैं। छुपे हुए दुश्मन का सामना करना बड़ा कठिन होता है। इसी प्रकार हमारे अंदर जो कमियाँ छिपी हुई हैं हमें उन्हें पहचानना होगा अन्यथा वे कभी भी धोखा दे सकती हैं। यदि हम अपनी कमियों और कमज़ोरियों को ठीक से पहचान लेंगें तो उन्हें दूर करने में आसानी होगी।

अपनी कमियों या गुणों को पहचानना कोई आसान कार्य नहीं है। इसके लिए धैर्य की आवश्कता होती है। जिस दिन हमने अपनी कमियों और अपने गुणों को पहचान लिया उस दिन हम अपने जीवन के सभी लक्ष्य पूरे करने की क्षमता प्राप्त कर लेंगे और अपना महत्व समझ जाएँगे।

3

अपना दायित्व सम्भालो

हमें अब यह तो ज्ञात हो गया है कि भगवान ने हमें असीम शक्तियाँ प्रदान की हैं, जिन्हें हम सुपर पॉवर भी कह सकते हैं। हम यह भी जान गए होंगे कि कठिन परिस्थितियों का सामना करने की क्षमता भी हमारे अंदर है। अब समय है अपनी शक्तियों व क्षमताओं को अच्छी तरह गहराई से पहचानने की। इसके लिए हमें अपने दायित्वों को मज़बूती से निभाना होगा और यह निर्णय लेना होगा कि हम जीवन में करना क्या चाहते हैं और हमारे जीवन का लक्ष्य क्या है? आम तौर पर हम अपने लक्ष्यों के बारे में सोचते ही नहीं क्योंकि ऐसा करना हमारे स्वभाव में नहीं है। हम तो जीवन प्रवाह के साथ प्रवाहित होते रहते हैं। जहाँ क़िस्मत ले जाए उधर चल पड़ते हैं।

कुछ लोग ऐसे होते हैं जो बिना कोई लक्ष्य निर्धारित किए ही कार्य करना आरम्भ कर देते हैं। मज़े की बात है कि इनमें से कुछ लोग अपने कार्य में सफल भी हो जाते हैं। अब ज़रा सोचो यदि उन्होने अपना लक्ष्य पहले से तय कर लिया होता तो वे और अधिक सफलता प्राप्त कर सकते थे। वास्तव में लक्ष्य निर्धारित करने के अनेक लाभ होते हैं।

लक्ष्य योजना बनाने में सहायक होता है

किसी भी बड़े कार्य को आरम्भ करने से पहले उसकी रूपरेखा तैयार की जाती है। सोच समझ कर कार्य को करने की प्रकिया तय की जाती है। एक योजना बनानी पड़ती है जिसके अनुसार कार्य का निष्पादन किया जाता है। अर्थात यह निश्चित करना होता है, कार्य कब आरम्भ किया जाए? कहाँ आरम्भ किया जाए? कैसे किया जाए और कितनी अवधि में कार्य को पूरा किया जाए? इन सभी बातों का ध्यान तभी रखा जा सकता है जब कार्य संबंधी एक विस्तृत योजना हमारे पास हो। यदि लक्ष्य निर्धारित हो तो योजना बनाने में आसानी हो जाती है। योजना जितनी अच्छी होगी लक्ष्य उतनी ही जल्दी प्राप्त होगा। यदि लक्ष्य सामने है तो योजना भी अच्छी बनेगी और हम अपना सारा ध्यान अपने लक्ष्य पर केन्द्रित कर पाएँगे।

लक्ष्य ध्यान भंग होने से रोकता है

यदि कार्य पूरा करने की समय सीमा निर्धारित न हो तो हम अपना पूरा ध्यान लक्ष्य पर केन्द्रित नहीं कर पाते। हमारा ध्यान भंग हो जाने की सम्भावना बनी रहती है। लक्ष्य निर्धारित होने से हम अपना पूरा ध्यान लक्ष्य पर केन्द्रित रखते हैं। अमेरिकी कवि, लेखक, व इतिहासकार बिल कोपलैंड ने लक्ष्य के बारे में कहा है:—

"निर्धारित लक्ष्य न होने की स्थिति में हम जीवन भर भाग दौड़ करते रहते हैं परंतु हासिल कुछ नहीं होता।"

ऐसा लगता है उपयुक्त कहावत हमारे जीवन पर भी लागू होती है। यदि हम अपनी जीवनचर्या की ओर ध्यान दें तो पाएँगे की हर सुबह हम उस दिन करने वाले कार्यों की सूची बना लेते हैं ताकि व्यस्तता के कारण कोई काम छूट न जाए। जैसे, बच्चों को स्कूल छोड़ना, बैंक जाना, बिल जमा करना, बाज़ार से घर का सामान लाना आदि। ऐसा करना छोटे छोटे लक्ष्य बनाना ही तो है जिनकी मदद से हम अपने दैनिक कार्य स्फूर्ति से और समय से पूरे कर लेते हैं और अनावश्यक बातों में हमारा समय भी नष्ट नहीं होता। सूची बनाना हमारा छोटा और दैनिक लक्ष्य है जिसकी सहायता से हम अपने दैनिक कार्य ठीक ढ़ंग से करने में सफल होते हैं। इसी प्रकार यदि हमारे जीवन का लक्ष्य भी निर्धारित हो तो सफलता प्राप्त करने में बहुत सहायक होगा।

लक्ष्य से उद्देश्य प्राप्त होता है

यदि हम अपना लक्ष्य तय कर लेते हैं तो यह फ़ैसला करना आसान हो जाता है कि हमें करना क्या है और करना कैसे है? लक्ष्य निर्धारित हो जाने के बाद हमारी जीवन शैली में परिवर्तन होने लगता है। हमारा आत्म-विश्वास बढ़ जाता है, हम बिना किसी उलझन के अपने निर्णय तुरंत लेने लगते हैं। हमें अपने कार्य पर गर्व होने लगता है और हमारी सोच सकारात्मक हो जाती है। लक्ष्य निर्धारित होने का सबसे बड़ा फ़ायदा यह होता है कि हमारा दिमाग़ फ़िज़ूल की बातें सोचना बंद कर देता है। निर्धारित लक्ष्य से न केवल व्यावसायिक प्रगति होती है बल्कि इससे हमारी मानसिक स्थिति में भी सुधार होता है।

एक मोटा व्यक्ति और उसकी बेटी

एक व्यक्ति अपने मोटापे से बहुत परेशान था। डॉक्टर उसे कहता रहा कि वज़न कम करो परंतु उसके कान पर जूं नहीं रेंगती थी। वह डॉक्टर की सलाह को अनसुना कर देता था। उसकी एक छोटी सी प्यारी सी बेटी थी। एक दिन उसकी बेटी स्कूल से रोते रोते घर आई। उस व्यक्ति ने अपनी बेटी से उसके रोने का कारण पूछा। बेटी ने बताया कि उसकी एक बहुत ही अच्छी मित्र का नाम स्कूल से काट दिया गया है और अब वह कभी स्कूल नहीं आ सकेगी। उसके पिता जी का देहान्त हो गया और कई महीनों से वह अपनी फ़ीस स्कूल में जमा नहीं करवा सकी थी।

बेटी की बात सुनकर मोटा व्यक्ति चिंतित हो गया। उसने सोचा अगर वह मर गया तो उसकी बेटी का क्या होगा? क्या उसको भी स्कूल से निकाल दिया जाएगा? यह सोचते ही उसका सिर चकराने लगा। उसे ज्ञात था कि उसके मोटापे के कारण उसकी सेहत ठीक नही रहती और अगले क्षण कुछ भी हो सकता है। उसे अपनी बेटी के भविष्य की चिंता सताने लगी। उसने निश्चय कर लिया कि चाहे कुछ भी हो जाए वह अपनी बेटी का भविष्य ख़राब नहीं होने देगा। अब उसका ध्यान डॉक्टर की सलाह पर गया और वह अपना वज़न कम करने के बारे में गंभीरता से सोचने लगा। कुछ कर गुज़रने का उसे एक उद्देश्य प्राप्त हो गया था।

अपने लक्ष्य की प्राप्ति के लिए अब वह अपना वज़न कम करने का अथक प्रयास करने लगा। वह हर रोज़ दौड़ लगाने लगा। अपने भोजन को सीमित

करने लगा और न जाने क्या क्या करने लगा। उसका जीवन नए जोश व उत्साह से भर गया। वह स्वस्थ तथा प्रसन्न रहने लगा।

ऐसा इसलिए सम्भव हुआ क्योंकि अब उसे जीवित रहने का एक उद्देश्य मिल गया था, और इस उद्देश्य ने उसके जीवन को ही बदल दिया। उसका लक्ष्य था मोटापे को कम करना और उद्देश्य था अपनी बेटी को मुसीबतों से बचाना।

लक्ष्य हमें ज़िम्मेदार बनाता है

ज़िम्मेदार होने का अर्थ है अपने कर्तव्य को ठीक ढंग से निभाना, अपने दायित्व को भली भांति समझना और अपनी ग़लतियों को स्वीकार करना। अगर हमने अपना कोई लक्ष्य निर्धारित किया है तो यह हमारी ज़िम्मेदारी बन जाती है कि हम उस लक्ष्य को निर्धारित समय में प्राप्त करें। इसके लिए कोई बहाने बाज़ी नहीं होनी चाहिए। लक्ष्य प्राप्ति के लिए मन मर्जी से काम नहीं होता। इसके लिए एकाग्रचित होकर कार्य करना पड़ता है। हमें कार्य करने की समय सीमा बांधनी होती है और उसी समय सीमा में कार्य सम्पन्न करना होता है। यह हमारी ज़िम्मेदारी बन जाती है कि हम निर्धारित लक्ष्य को प्राप्त करें। लक्ष्य से हमें ज़िम्मेदारी का अहसास होने लगता है।

लक्ष्य से प्रोत्साहन मिलता है

यह तो हम जान चुके हैं कि लक्ष्य से उद्देश्य मिलता है। जब हम कोई लक्ष्य निर्धारित करते हैं तो यह सोचना आरम्भ कर देते हैं कि लक्ष्य प्राप्त करने का हमें क्या फल मिलेगा और इसका दूसरे लोगों पर क्या प्रभाव होगा। इसके लिए हम एक ग़ैर-सरकारी संस्था का उदाहरण लेते हैं। अपने जनहित का कार्य पूरा करने के लिए यह संस्था लोगों से जब धन एकत्र करती है तो यह पहले से ही ज्ञात होता है कि उस धन का उपयोग कैसे होगा और उसका समाज पर क्या प्रभाव पड़ेगा। संस्था द्वारा समाज हित में कार्य करने की यह सोच ही संस्था के सदस्यों को अधिक से अधिक धन एकत्र करने का प्रोत्साहन प्रदान करती है। इसी प्रकार अपनी ज़िम्मेदारियों को समझना, अपने दायित्वों को भली भांति निभाने की सोच ही हमारे जीवन-दर्शन को बदल देती है। इससे हमारे अंदर सकारात्मक सोच का उदय होता है जो हमारे जीवन को प्रोत्साहित करती है।

लक्ष्य हमें गतिहीन नहीं होने देता

लक्ष्य निर्धारित करने का अर्थ है कि हम इसकी प्राप्ति के लिए अथक प्रयास करें और एक निश्चित समय-सीमा में उसे प्राप्त करें। एक बार कार्य प्रारम्भ कर देने के पश्चात् हम उसकी दिन प्रति दिन की प्रगति जानने के लिए उत्सुक रहते हैं। हमें यह जानने की इच्छा होती है कि आज कितना कार्य पूरा हुआ और कितना कार्य शेष बचा है। इससे हम अपने कार्य में निरंतर व्यस्त रहने लगते हैं और कार्य को आगे बढ़ाने की कोशिश करते रहते हैं। हमारा जीवन गतिमान हो जाता है।

यदि हम अपना लक्ष्य निर्धारित नहीं करते तो फालतू के कामों में अपना बहुत सा समय व्यर्थ गंवा देते हैं। अपनी सोच को सकारात्मक रखना और अपने आप को प्रोत्साहित करते रहना बहुत आवश्यक होता है। एक मानव की भांति, एक विद्यार्थी की भांति, एक व्यवसायी की भांति हमें अपनी प्रगति के मापदण्ड निर्धारित करने के लिए लक्ष्य का होना बहुत ज़रूरी होता है। लक्ष्य हर पग पर हमारी सहायता करता है। बिना लक्ष्य के हम बेपेंदी के लोटे के समान हैं और लक्ष्य के साथ हम अपने मालिक स्वयं होते हैं।

4

उचित लक्ष्य का निर्वाचन

हमें ज्ञात है कि हमारे पास असीम शक्तियाँ हैं और जीवन की जंग लड़ने के लिए हमारे पास सभी साधन भी मौजूद हैं। हमें यह भी ज्ञात है कि केवल कठिन परिस्थितियों में ही हमें अपनी शक्तियों का अहसास होता है। अब हम यह भी जानते हैं कि सफल होने के लिए जीवन में एक उचित लक्ष्य भी निर्धारित करना होता है।

लक्ष्य निर्धारित करना कोई बच्चों का खेल नहीं है। यह विज्ञान भी है और कला भी है। यदि हमारा लक्ष्य उचित है और सोच समझ कर तय किया गया है तो हमें लक्ष्य प्राप्त करने और जीवन में सफल होने से कोई नहीं रोक सकता। यदि हमें लक्ष्य प्राप्ति का मार्ग ज्ञात है तो उस मार्ग पर चलना आसान हो जाता है। इस मार्ग का ज्ञान हमें अपने लक्ष्य से ही प्राप्त होता है। लक्ष्य बड़ा है तो मार्ग लम्बा होगा और यदि लक्ष्य छोटा है तो मार्ग भी सरल होगा। यदि लक्ष्य निर्धारण में हमसे चूक हो गई और हमने ग़लत लक्ष्य निर्धारित कर लिया तो हम जीवन भर भाग दौड़ ही करते रहेंगे परंतु हासिल कुछ नहीं कर पाएँगे। लक्ष्य प्राप्ति के अपने मार्ग से हम भ्रमित हो जाएँगे और अपना बहुमूल्य समय खो बैठेंगे।

लक्ष्य निर्धारित करने का यह आशय कदापि नहीं है, कि हम अपने लक्ष्य प्राप्ति के कार्यों को छोड़ कर जीवन में कुछ और नहीं करना चाहिए। जीवन तो जीवन है। इसमें हँसी मज़ाक़, मौज मस्ती का भी बड़ा महत्व है। दोस्तों के साथ मिल-जुल कर उठने बैठने से एक नई उर्जा प्राप्त होती है परंतु इसकी मात्रा सीमित होनी चाहिए ताकि लक्ष्य प्राप्ति में बाधा न हो। यदि हमें फलता-फूलता सफल जीवन चाहिए तो हमें अपने लक्ष्य पर गंभीरता से ध्यान देना होगा और भली भांति सोच-समझ कर अपना लक्ष्य चुनना होगा।

लक्ष्य दो प्रकार के होते हैं। एक लक्ष्य होता है परमलक्ष्य जिसे प्राप्त करना ही हमारे जीवन का उद्देश्य होता है। इससे ज्ञात होता है कि हम जीवन में अंततः क्या बनना चाहते हैं अथवा क्या करना चाहते हैं। इस लक्ष्य को प्राप्त करने के पश्चात् कुछ और प्राप्त करने की इच्छा सामान्यतः नहीं होती। इस लक्ष्य का स्वरूप बहुत बड़ा होता है और इसे प्राप्त करने में लम्बा समय लगता है। यह लक्ष्य वह लक्ष्य होता है जो हम जीवन में अंततः पाना चाहते हैं। दूसरे प्रकार के लक्ष्य छोटे छोटे होते हैं जो हमें हमारे अंतिम लक्ष्य को प्राप्त करने में सहायक होते हैं। बड़े लक्ष्य को अल्प अवधि में प्राप्त करने की कल्पना करना व्यर्थ है। इसमें बहुत समय और धैर्य की आवश्यक होती है। हम तो यह भी तय नहीं कर पाते कि हमें कल क्या करना है। अतः ऊँचे और बड़े लक्ष्य को प्राप्त करने की छलांग हमें पहले चरण में नहीं लगानी चाहिए। इसके विपरीत हमें पहले छोटे छोटे ऐसे लक्ष्य निर्धारित करने चाहिए जिन्हें करने में हमारी रुचि हो और जो हमें अपने बड़े लक्ष्य प्राप्त करने में सहायक हों। इससे हमें एक ओर कई कार्य करने का अवसर प्राप्त होगा तथा दूसरी ओर छोटे छोटे लक्ष्यों पर सफलता प्राप्त करने का अनुभव हो जाएगा। ऐसा करने से हम अपने बड़े लक्ष्य को निर्धारित करने और उसे प्राप्त करने के योग्य भी बन जाएँगे।

अब यदि हमने अपना लक्ष्य निर्धारित करने का निर्णय कर ही लिया हो तो हमें कुछ बातों पर ध्यान देना होगा। सबसे पहले हमें यह समझना है कि कुछ लोग अपने लक्ष्यों को सफलता पूर्वक कैसे प्राप्त कर लेते हैं? यह इस बात पर निर्भर करता है कि संबंधित सफल व्यक्ति का कार्य कौशल, योग्यता और सोच कैसी है तथा उसने किस प्रकार का लक्ष्य निर्धारित किया है? इसके लिए निम्न तथ्यों पर ध्यान देने की आवश्यकता है :—

1. हमारे लक्ष्य और हमारे सपने

हम सबसे बड़ी ग़लती यह करते हैं कि अपने सपनों और अपने लक्ष्यों में भेद नहीं कर पाते। हम सपने तो देख लेते हैं और सपने भी बड़े-बड़े। परंतु यह भूल

जाते हैं कि हमारा बड़ा सपना ही क्या हमारा अन्तिम लक्ष्य है? यदि हाँ, तो बड़े लक्ष्य को प्राप्त करने में कभी कभी पूरा जीवन ही बीत जाता है और हम थक हार कर प्रयास करना बंद कर देते हैं और हमारे सपने अधूरे रह जाते हैं। एक सॉफ्ट-वेयर इंजीनियर के साथ कुछ ऐसी ही घटना घटी थी। गाँव में उसके पास एक बहुत बड़ा ख़स्ताहाल बंगला था, जिसके चारों तरफ़ बहुत सारी ज़मीन ख़ाली पड़ी थी। वह इस ज़मीन पर खेती बाड़ी और पशुपालन का कार्य आरम्भ करना चाहता था। वह बंगले को नए सिरे से बनाकर ग्रामीण जीवन को अपनाना चाहता था। उसकी योजना एक लम्बी अवधि की योजना थी। अगर सच कहें तो यह लक्ष्य नहीं बल्कि उसके जीवन का सपना था। लक्ष्य तो बहुत हो सकते हैं परंतु सपना तो सपना ही होता है और वही हमारा अंतिम लक्ष्य भी होता है।

सबसे पहली बात यह है कि क्या सॉफ्टवेयर इंजीनियर की सोच ठीक थी या नहीं? ऐसा लगता है कि वह ख्याली पुलाव पका रहा था। अपनी इंजीनियर जीवन-चर्या को त्याग कर ग्रामीण जीवन में प्रवेश करना क्या उतना आसान था? ग्रामीण जीवन में तो हर रोज़ नई समस्याओं का सामना करना पड़ता है। इसके बावजूद यदि उसने अपना लक्ष्य निर्धारित कर ही लिया था तो अब वह करेगा क्या? टूटे हुए बंगले को नया बनाने, पशुओं को ख़रीदने, उनकी देख-भाल करने तथा इन सब से संबंधित अन्य कार्यों के लिए अधिक मात्रा में धन की आवश्यकता होगी? यह धन आएगा कहाँ से? इसके अतिरिक्त अपने रोज़मर्रा के ख़र्चों के लिए भी धन चाहिए। उसे इतनी आय की आवश्यकता होगी जिससे वह सब प्रकार के ख़र्चों के बाद कुछ धन भविष्य के लिए भी एकत्र कर सके। कोई भी नया व्यवसाय आरम्भ करने में समय लगता है और इस समय के दौरान भी धन की आवश्यकता होती है।

अभी तक तो वह आराम की शहरी ज़िंदगी बसर कर रहा था। ग्रामीण जीवन का उसे अभ्यास नहीं था। एक गाँव में रहने के लिए उसे हाई स्पीड इंटरनेट, आसानी से उपलब्ध स्वास्थ्य सेवाओं और अपने दोस्तों के साथ मिलकर मनोरंजन करने के अवसरों से भी हाथ धोना पड़ेगा। इस लक्ष्य के लिए उसे बहुत सारी तैयारियाँ करनी पड़ेंगी जैसे बंगले को बनाने का सामान एकत्र करना, मज़दूरों की खोज करना, पशुओं की ख़रीदारी, उनकी देख-भाल का प्रबंध करना। कहने को तो ग्रामीण जीवन आसान होता है, लेकिन वास्तविकता कुछ और ही है। कृषि उद्योग को सम्भालना एक अत्यंत कठिन काम है। इंजीनियर के सपने को पूरा करने के लिए जितने भी कार्यों की आवश्यकता है वे सभी कार्य लम्बी अवधि के कार्य हैं। ऐसे कार्यों को पूरा करने के लिए लम्बी कार्य योजना की आवश्यकता होती है। एक आम आदमी के लिए इतनी लम्बी अवधि तक प्रतीक्षा करना कठिन हो जाता है।

जब वह प्रतीक्षा करते-करते थक जाता है तो हारकर अपने सपने का परित्याग कर देता है। बल्कि यह कहना उचित होगा कि उसे अपने सपने को मजबूरन छोड़ना पड़ता है। अतः लक्ष्य ऐसा होना चाहिए जो एक समय सीमा में प्राप्त हो सके।

अपना सपना पूरा करने में इंजीनियर को जीवन के कई नए अनुभव प्राप्त हो सकते थे। उसी भांति अपने सपने पूरे करने में हमें भी नए नए अनुभव प्राप्त हो सकते हैं। हमारा सपना हमारे जीवन का लक्ष्य भी बन सकता है। जब हमारा कोई सपना पूरा होता है तो हमें परम आनंद की अनुभूति होती है। अपने लक्ष्य से ही हमें योजना बनाने का प्रोत्साहन प्राप्त होता है, कार्य पद्धति का ज्ञान होता है और अपने लक्ष्य को अपने सपनों में बदलने के साधनों का ज्ञान भी होता है। परंतु इसके लिए एकाग्र होकर कार्य करना पड़ता है। सभी सुविधाओं का त्याग करना पड़ता है। ऐसा स्वामी विवेकानंद जी ने भी कहा है:—

"जीवन में एक समय में एक लक्ष्य निर्धारित करें। उस लक्ष्य को अपना जीवन पूरी तरह समर्पित कर दें। सपनों में भी उसी लक्ष्य के बारे में सोचें, उसी लक्ष्य को अपना जीवन बना लें। यह लक्ष्य हमारे पूरे शरीर, मस्तिष्क, भुजाओं और शरीर के प्रत्येक अंग में समाहित हो जाना चाहिए। इसके अतिरिक्त अन्य सभी सपनों को भूल जाना चाहिए। केवल एक यही मार्ग है जिससे हमें सफलता मिल सकती है।"

हमारा सपना ही हमारे जीवन का उद्देश्य होना चाहिए।

2. लक्ष्य निर्धारण में हवाई किले न बनाएँ

यदि उक्त उदाहरण में इंजीनियर यह कहे कि मैं अपना सपना छह माह की अवधि में पूरा कर लूँगा तो इस बारे में आपका क्या विचार है? क्या आपको लगता है कि वह ऐसा कर पाएगा? मान लो उसने सब कुछ कर भी लिया तो क्या जल्दबाज़ी में लिए गए उसके निर्णय पूर्णतय ठीक होंगे? यही कार्य अगर वह धैर्य से सोच समझ कर करता तो अच्छे परिणामों की आशा की जा सकती थी। कोई भी बड़ा लक्ष्य प्राप्त करने में समय लगता है और जल्दबाज़ी में किए गए कार्यों में त्रुटि रह जाती है जिससे लक्ष्य को सफलतापूर्वक प्राप्त करना कठिन हो जाता है।

सारांश यह है कि हमें केवल ऐसा लक्ष्य निर्धारित करना चाहिए जिसे प्राप्त करना सम्भव हो और जिसे हम सफलतापूर्वक वास्तविक रूप से प्राप्त कर सकें। यदि आपने पिछले दस वर्षों में किसी दौड़ की प्रतियोगिता में भाग नहीं लिया तो आपसे एक सप्ताह के अंदर दौड़ का विश्व-विजेता बन जाने की अपेक्षा नहीं की जा सकती। इसका प्रयास करना भी आपकी सेहत के लिए हानिकारक होगा। इस प्रकार के लक्ष्य प्राप्त करना कभी सम्भव नहीं होता। अतः केवल वही लक्ष्य निर्धारित करना चाहिए जिसे हम एक निर्धारित समय सीमा में प्राप्त कर सकते हों।

उपर लिखित इंजीनियर के उदाहरण पर यदि हम ध्यान दें तो देखेंगे की वह इंजीनियर कृषि उद्योग प्रारम्भ करना चाहता है। वह कृषि योग्य ज़मीन जल्दी ही ख़रीद लेता है, पशुओं की ख़रीद भी जल्दबाज़ी में करता है। वह उचित प्रकार के बीजों का चुनाव भी जल्दबाज़ी में नहीं कर पाता। वह अपने लक्ष्य प्राप्त करने की जल्दबाज़ी में बुआई के ठीक मौसम की प्रतीक्षा भी नहीं करता और बेमौसम बीजों की बुआई कर देता है। यह सब कुछ इतनी जल्दी-जल्दी करने का परिणाम क्या होगा? क्या उसे अच्छी फसल मिल पाएगी? क्या उसका सपना पूरा हो पाएगा? ऐसा कुछ नहीं होगा, बल्कि इसके विपरीत जल्दबाज़ी में किए गए कार्य फलीभूत नहीं होते। उसकी सारी की सारी योजना विफल हो जाएगी। जब कोई महत्वपूर्ण योजना विफल हो जाती है तो आदमी हताश हो जाता है। यदि यही कार्य धैर्य से सोच समझ कर धीरे धीरे किया जाए तो अवश्य ही सफल हो सकता है।

हमें अपने आप को इंजीनियर की स्थिति में नहीं डालना चाहिए। हर कार्य योजनाबद्ध तरीके से, भली भांति सोच समझ कर करना चाहिए और वहीं लक्ष्य निर्धारित करना चाहिए जिसे प्राप्त करना सम्भव हो। हवाई किले वास्तविक धरातल पर नहीं बना करते।

3. लक्ष्य का पैमाना होना चाहिए

रमेश ने अपना एक लक्ष्य निर्धारित किया। उसका लक्ष्य था "**मैं स्वस्थ बनूँगा।**" यदि हम इस लक्ष्य को समझने का प्रयास करें तो हमें कुछ ज्ञात नहीं होता कि रमेश करना क्या चाहता है? हमें यह समझ नहीं आता कि स्वस्थ बनने से उसका वास्तविक तात्पर्य क्या है। क्या वह अपना वज़न कम करना चाहता है? अपना ब्लड प्रेशर नियंत्रित करना चाहता है या फिर अपने कोलेस्ट्रोल पर काबू पाना चाहता है? इस लक्ष्य से किसी कार्य का ठीक ठीक ज्ञान नहीं होता कि रमेश करना क्या चाहता है? जब किसी लक्ष्य का सटीक ज्ञान न हो तो उसकी प्रगति को नोट

नहीं किया जा सकता। यदि रमेश यह कहे कि "**मैं अपना वज़न दस किलो कम करूँगा**" तो उसके लक्ष्य के बारे में कुछ जानकारी प्राप्त हो सकती है। एक महीने के पश्चात् रमेश का वज़न नापा जा सकता है और उसकी प्रगति ज्ञात हो सकती है।

हमें ज्ञात हुआ कि दो वर्ष बीत गए परंतु रमेश का वज़न तिल भर भी कम नहीं हुआ। ऐसे लक्ष्य का क्या लाभ जिसे प्राप्त करने में वर्षों लग जाए? हमारा स्वभाव है जब तक कोई मुसीबत न खड़ी हो जाए हम कार्य नहीं करते। आग लगने के बाद ही कुआँ खोदना शुरू करते हैं। लक्ष्य को तभी प्राप्त किया जा सकता है जब हम समय-समय पर अपने कार्य की प्रगति नोट करते रहें। इससे हमें पता रहता है कि हमारा कितना कार्य पूर्ण हो चुका है और कितना कार्य बाक़ी बचा हुआ है। यदि अधिक मात्रा में कार्य करना बाक़ी हो तो हम अपने कार्य करने की गति बढ़ा सकते हैं। जिस कार्य की प्रगति को नापा न जा सके वह कार्य तो भगवान भरोसे ही होता है।

रमेश यदि अपना लक्ष्य "**मैं पाँच महीने के अंदर अपना वज़न दस किलो कम कर दूँगा**" निर्धारित करता है तो यह एक सटीक लक्ष्य है। इस लक्ष्य से न केवल कार्य की मात्रा को नापा जा सकता है बल्कि कार्य पूरा करने की अवधि को भी ध्यान में रखा जा सकता है। कार्य करने की मात्रा हमें कर्मठ बनाएगी और उसकी निर्धारित अवधि हमें अधिक कार्य करने का प्रोत्साहन प्रदान करेगी।

उक्त बातों का ध्यान रखते हुए यदि हम अपना लक्ष्य निर्धारित करते हैं तो हमें ज्ञात रहता है कि हम अपने जीवन में क्या प्राप्त करना चाहते हैं और कितने समय में प्राप्त करना चाहते हैं।

4. लक्ष्य उपयुक्त होना चाहिए

एक सॉफ्टवेयर इंजीनियर का लक्ष्य है तीन महीने मे पदोन्नति प्राप्त करना।

मान लो एक सॉफ्टवेयर इंजीनियर अपनी कम्पनी के लिए एक नया सोफ्ट-वेयर तैयार करने में जुटा हुआ है। यह सोफ्टवेयर कम्पनी की कार्य पद्धति की भिन्न-भिन्न अवस्थाओं की जानकारी एक पल में उच्च अधिकारियों को उपलब्ध करा देगा। उसे आशा है कि कार्य पूर्ण हो जाने के पश्चात् उसकी पदोन्नति हो जाएगी। इसी आशा में वह अपना कार्य तीन महीने में पूरा करने का लक्ष्य निर्धारित करता है। अपना कार्य पूरा करने में वह दिन रात लगा देता है और अथक परिश्रम करने के पश्चात् वह समय सीमा में अपना कार्य पूरा भी कर लेता है। उसे आशा है कि अब उसकी पदोन्नति कोई रोक नहीं सकता।

इसके विपरीत उस इंजीनियर को पदोन्नत नहीं किया जाता। कम्पनी में कार्य करने वाले उसके दूसरे साथियों की पदोन्नति हो जाती है। प्रबंधक से जब कारण पूछा गया तो प्रबंधक ने बताया कि जिस सॉफ्टवेयर को उसने बनाया है उसकी अब कम्पनी को आवश्यकता नहीं क्योंकि कम्पनी ने अपनी कार्य पद्धति बदल दी है। यह सुन कर इंजीनियर का दिल टूट गया।

आपको क्या लगता है उस इंजीनियर की क्या ग़लती थी? स्पष्ट है उसने अपना होमवर्क ठीक ढंग से नहीं किया था। लक्ष्य निर्धारित करने से पहले उसने यह जानने की कोशिश नहीं की, कि जो कार्य वह कर रहा है कम्पनी को उसकी आवश्यकता है भी या नहीं। इसके बारे में उसने अपने साथियों से भी कुछ नहीं पूछा और न हीं अपने प्रबंधक को कुछ बताया। उसने अपना लक्ष्य तो प्राप्त कर लिया पर क्या उसे उस लक्ष्य का कोई लाभ हुआ? वास्तव में निर्धारित लक्ष्य उपयुक्त लक्ष्य नहीं था। इसी कारण उसकी सारी मेहनत व्यर्थ गई और उसे कोई लाभ भी नहीं हुआ। इसलिए यह आवश्यक है कि हम जो भी लक्ष्य निर्धारित करें वह उपयुक्त हो।

5. लक्ष्य रुचिपूर्ण होना चाहिए

हमारे समाज का ढ़ांचा इस प्रकार का है कि हमें अधिकतर ऐसे कार्य करने पड़ते हैं जिन्हें करने में हमारी रुचि नहीं होती। बहुत से कार्य हमारे उपर थोप दिए जाते हैं। हम यह निर्णय नहीं ले सकते कि स्कूल में हमें विज्ञान विषय पढ़ना है या कला का विषय पढ़ना है। कोई हम से यह नहीं पूछता कि हम डॉक्टर बनना चाहते हैं अथवा इंजीनियर। हमें कब शादी करनी चाहिए और किस से करनी चाहिए हम इसका निर्णय भी नहीं कर सकते। हमें तो बस वहीं करना पड़ेगा जो हमसे करने के लिए कहा जाता है या जो हम दूसरों को करता हुआ देखते हैं। समाज के इन बन्धनों को निभाते-निभाते जब हम वृद्ध हो जाते हैं तो हम अपने बच्चों से भी वही अपेक्षा करने लगते हैं। हम चाहते हैं कि हमारे बच्चे भी वही कार्य करें जो हम चाहते हैं। कालान्तर में समाज की यह परम्परा हमारी आदत बन जाती है और अपनी इच्छानुसार किसी कार्य का चुनाव नहीं करना हमारे स्वभाव का अंग बन जाता है। हम अपनी इच्छा का प्रयोग करना बंद कर देते हैं। और यही कारण है जिसकी वज़ह से हम अपने लिए एक उपयुक्त लक्ष्य नहीं चुन पाते।

एक स्कूल में दो भाई पढ़ रहे हैं। बड़ा भाई बचपन से कुशाग्र बुद्धि है। पढ़ लिख कर वह डॉक्टर बनना चाहता है। स्कूल समय से ही वह डॉक्टर बनने की तैयारियाँ आरम्भ कर देता है। माध्यमिक स्तर पर वह विज्ञान विषय का चुनाव

करता है। मेडिकल की प्रतियोगी परीक्षा की तैयारी के लिए वह ट्यूशन पढ़ने जाता है। दिन-रात कठिन परिश्रम करने के पश्चात् वह प्रतियोगी परीक्षा में उतीर्ण होकर एक सफल डॉक्टर बन जाता है। सभी लोग उसकी बहुत प्रशंसा करते हैं। छोटा भाई अपने बड़े भाई को विज्ञान पढ़ते देखता है, उसे ट्यूशन पढ़ते देखता है। वह यह भी देखता है कि घर वाले उसकी बहुत प्रशंसा करते हैं। यह सब देख सुन कर छोटा भाई भी डॉक्टर बनने का निर्णय कर लेता है। उसकी रुचि तो लेखन कार्य करने या चित्रकारी करने में है। लेकिन अपने बड़े भाई की नक़ल करके वह भी माध्यमिक स्तर पर विज्ञान विषय का चुनाव कर लेता है। वह ट्यूशन भी पढ़ने लगता है। परंतु वह प्रतियोगी परीक्षा उतीर्ण नहीं कर पाता। डॉक्टर बनने के सपने को भूल जाता है और पुनः परीक्षा देने का प्रयास नहीं करता। उसने वही सब किया जो उसके बड़े भाई ने किया था फिर क्या कारण था कि छोटा भाई डॉक्टर नहीं बन सका?

इसका उत्तर बहुत सरल है। छोटे भाई के मन में डॉक्टर बनने की इच्छा उतनी तीव्र नहीं थी जितनी बड़े भाई के मन में थी। उसे तो चित्रकारी से प्रेम था और रुचि भी चित्रकारी के कार्य करने में थी। डॉकटरी की बड़ी-बड़ी पुस्तकें वर्षों तक पढ़ते रहने में उसकी रुचि बिल्कुल नहीं थी। इस प्रकार उसने डॉकटरी की पढ़ाई करने में अपना बहुमूल्य समय तो व्यर्थ किया ही माता-पिता के धन की भी हानि की।

छोटा भाई तो उम्र में बच्चा था इसलिए वह समझ ही नहीं पाया कि उसे क्या करना चाहिए। लेकिन कुछ लोग व्यस्क हो जाने के पश्चात् भी इस बात को नहीं समझ पाते। हम ऐसे कार्य करने में लगे रहते हैं जिन्हें करने में हमें कोई रुचि नहीं होती। हमें लगता है कि हम जो कर रहे हैं ठीक कर रहे हैं।

कुछ लोगों की किसी बहुराष्ट्रीय कम्पनी में प्रबंधक बनने की इच्छा होती है भले ही उन्हें प्रबंधन का कोई अनुभव न हो। ऐसा वह इसलिए नही चाहते कि इस कार्य में उनकी रुचि है बल्कि इसलिए चाहते हैं कि समाज में प्रबंधक पद की गरिमा होती है। लोग उन्हें इज़्ज़त से देखते हैं। देखा गया है ऐसे लोग प्रायः सफल नहीं हो पाते। जो कार्य हमारी रुचि का नहीं होता उस कार्य को हम पूरे मन से नहीं कर पाते। अधूरे मन से किया गया कोई भी कार्य सफल नहीं हो पाता। अरुचिकर कार्य करने में हम अपने समय व शक्ति दोनों का ह्रास करते हैं।

भेड़ चाल को अपनाना भी हमारा स्वभाव बन गया है। सारे लोग नई टेक्नो-लॉजी सीख रहे हैं हम भी सीखना आरम्भ कर देते हैं। सारे लोग पार्टी कर रहे हैं हम भी पार्टी में शामिल हो जाते हैं। दूसरे लोगों को देखकर हम बहुत कुछ ऐसा

करना शुरू कर देते हैं जिसकी हमें आवश्यकता नहीं होती। हम यह निर्णय भी तो ले सकते हैं कि हमें नई टेक्नोलॉजी नहीं सीखनी, हमें पार्टी में भाग नहीं लेना या हमें वह सब कुछ नहीं करना जो दूसरे लोग कर रहे हैं। हमें क्या करना है इसका निर्णय हमें लेना होगा। हमारे लिए क्या करना उचित है इसका निर्णय भी हमें ही लेना होगा। दूसरों को देखकर हमें अपना लक्ष्य निर्धारित नहीं करना। हमें हर हाल में अपनी रुचि को प्राथमिकता देनी होगी। जिस दिन हमने अपने निर्णय स्वयं अपनी रुचि के अनुसार लेना आरम्भ कर दिया हमारे अंदर नई स्फूर्ति का संचार होने लगेगा और फिर हमें अपनी मंज़िल तक पहुँचने से कोई नहीं रोक पाएगा।

6. लक्ष्य कैसा होना चाहिए?

ऊपर दो भाइयों के डॉक्टर बनने के प्रयास को हमने पढ़ा। डॉक्टर बनने की रुचि न होते हुए भी छोटा भाई इसके लिए काफ़ी कोशिश करता है लेकिन मन से नहीं। इसीलिए वह सफल नहीं हो पाता। उसी छोटे भाई को अब राजनीति के क्षेत्र में रुचि उत्पन्न हो गई है। अब वह एक राजनेता बनना चाहता है। राजनेता तो मुख्यमंत्री भी बन सकता है। छोटे भाई ने मुख्य-मन्त्रियों की शानो-शौकत को देखा है। लोग मुख्यमंत्री का कितना आदर करते हैं। बड़े बड़े लोग उसके चारों तरफ़ घूमते रहते हैं। मुख्यमंत्री किसी भी शहर का नक्शा बदल सकता है। इन सब बातों से छोटा भाई बहुत प्रभावित होता है और एक राजनेता बनने का लक्ष्य निर्धारित कर लेता है।

उसकी रुचि को देखकर माता-पिता उसके उत्साह को कम नहीं करना चाहते। लेकिन वे चाहते हैं कि राजनेता बनने से पहले उसे वास्तविकता का ज्ञान हो जाना चाहिए। वे उसे बताते हैं कि राजनीतिक पार्टियों के कार्यकर्ताओं को किस-किस प्रकार के कार्य करने पड़ते हैं। विश्वविद्यालयों में छात्र-संघो की दशा का वर्णन करते हैं। छात्र-नेताओं के भाषणों को सुनवाते हैं ताकि वह उन भाषणों के स्तर को समझ सके। समाचारपत्रों में राजनेताओं के जीवन के बारे में जो कुछ छपता है वे उसे उससे परिचित करवाते हैं ताकि उसे राजनेताओं की करनी और कथनी का अंतर पता लग जाए। उसे यह भी ज्ञात होना चाहिए कि राजनेता बनने के पश्चात् उसे किस प्रकार का जीवन व्यतीत करना पड़ेगा।

यह सब कुछ ज्ञात हो जाने के बाद भी यदि छोटा भाई राजनेता बनना चाहता है तो सम्भवतः वह एक दिन राजनेता बन भी जाएगा। यदि उसे उक्त बातें अच्छी नहीं लगती या उनसे उसे भय लगता है तो उचित यही होगा कि वह राजनेता बनने का सपना छोड़कर किसी अन्य लक्ष्य को निर्धारित करे। एक ऐसा लक्ष्य जो

उसे अच्छा लगता हो जिसे प्राप्त करने में उसकी रुचि हो। विशेषकर लम्बी अवधि के लक्ष्य निर्धारण में तो हमें अपनी पसंद तथा अपनी रुचि का पूरा-पूरा ध्यान रखना चाहिए।

7. लक्ष्य पर नियंत्रण होना चाहिए

कभी-कभी हम ऐसा लक्ष्य निर्धारित कर लेते हैं जिसके अंतिम प्रणाम पर हमारा नियंत्रण नहीं होता। उदाहरण के लिए यदि कम्पनी में नौकरी करने वाला कोई व्यक्ति यह लक्ष्य निर्धारित कर ले कि "मैं एक वर्ष के अंदर पदोन्नत हो जाऊंगा" तो क्या उसका ऐसा लक्ष्य निर्धारित करना उचित होगा? हमारा विचार है कि यह एक उचित लक्ष्य नहीं है क्योंकि उसकी पदोन्नति उसके अपने नियंत्रण में नहीं है। पदोन्नति प्राप्त करने के लिए वह मेहनत कर सकता है, कुशलता प्राप्त कर सकता है, अपनी इच्छा को व्यक्त कर सकता है। वह ऐसा सब कुछ कर सकता है जिससे प्रबंधन उसे पदोन्नति के योग्य समझने लगे। परंतु अंतिम रूप से उसकी पदोन्नति के संबंध में निर्णय लेने का अधिकार उसके उच्च अधिकारियों के हाथ मैं है।

अतः कोई ऐसा लक्ष्य निर्धारित करना बेकार है जिसके अन्तिम परिणाम पर हमारा नियंत्रण न हो। हमें अपना लक्ष्य गंभीरता से सोच समझ कर तय करना चाहिए। एक ऐसा लक्ष्य जो हमारी पहुँच में हो, जिसका समय निर्धारित किया जा सके, जिसे प्राप्त करने की हमारी इच्छा भी प्रबल हो। ऐसा करने के पश्चात् यदि हम अपना लक्ष्य तय करते हैं तो सफलता अवश्य मिलेगी।

8. अपना लक्ष्य याद रखें

यदि हमने अपना लक्ष्य निर्धारित कर लिया है तो हमें कुछ ऐसा करना चाहिए जिससे हमें अपना लक्ष्य याद रहे ताकि हम उसपर लगातार कार्य करते रहें। अच्छा होगा यदि लक्ष्य को एक काग़ज़ पर लिख लिया जाए। लिख लेने से हमारा लक्ष्य सदैव हमारी आँखों के सामने रहेगा और हमें याद दिलाता रहेगा कि हमें अपना लक्ष्य प्राप्त करना है। अपने लक्ष्य की सूचना हमें किसी विश्वसनीय व्यक्ति को भी दे देनी चाहिए। भले ही वह हमारा कोई मित्र हो, हमारा कोई बच्चा हो या फिर कोई ऐसा व्यक्ति हो जो हमें हमारी ज़िम्मेदारियों का अहसास करा सके। इसके पश्चात् लक्ष्य प्राप्त करने के लिए एक कार्य सूची बना लेनी चाहिए कि कौन सा कार्य कब करना है। इस सूची की एक प्रति भी उसी व्यक्ति को सौंप देनी चाहिए। हो सके तो इस व्यक्ति को हम कुछ और ज़िम्मेदारी भी सौंप सकते हैं। वह व्यक्ति

हमारे लिए समय नियंत्रक का कार्य कर सकता है जो समय-समय पर हमारी प्रगति पर निगरानी रख सकता है। यदि हम कार्य करने में ढीले पड़ते हैं या फिर सुस्ती दिखाने लगते हैं तो वह व्यक्ति हमें समय सीमा की चेतावनी दे सकता है।

किसी अन्य व्यक्ति को सम्लित करने का हमारा अभिप्राय मात्र इतना है कि हम अपने लक्ष्य के प्रति सदैव सचेत रहें और लक्ष्य प्राप्ति के लिए अधिक अधीरता से कार्य करते रहें। भगवान न करे यदि हमें लगे कि हम लक्ष्य प्राप्त नहीं कर पाएँगे तो इसका दायित्व केवल हमारा नहीं होगा बल्कि इस अन्य व्यक्ति को भी इसकी ज़िम्मेदारी लेनी होगी। इससे हम केवल अपने आप को कसूरवार मानने से बच जाएँगे और समाज में हमारी बदनामी भी नहीं होगी।

यदि हमने अपने लक्ष्य को लिखित रूप दे दिया है और उसकी एक प्रति अपने विश्वसनीय व्यक्ति को सौंप दी है तो सच मानिए हमने आधा किला फतह कर लिया है। हमें आशा है कि हम अपना लक्ष्य अवश्य प्राप्त करेंगे।

अब बारी है अपने उन छोटे छोटे लक्ष्यों को प्राप्त करने की जो बड़ा लक्ष्य प्राप्त करने में सहायक होंगे जिसके लिए हो सकता है हमें कुछ प्रशिक्षण लेना पड़े। इसके बारे में चर्चा अगले अध्याओं में की जाएगी।

5

अपने शत्रुओं को पहचानो

अब हमें ज्ञात है कि हमारे पास वास्तव में असीम शक्तियाँ हैं जिन्हें लोग सुपर पॉवर कहते हैं। हमने अपने लिए एक उपयुक्त लक्ष्य भी निर्धारित कर लिया है। अब तो केवल अपना लक्ष्य प्राप्त करना शेष रह गया है। लेकिन कैसे? इस पर कुछ गहन विचार करना होगा। लक्ष्य प्राप्त करने के मार्ग में हमें अनेकों कठिनाइयों तथा रुकावटों का सामना भी करना पड़ सकता है। ये रुकावटें न तो किसी व्यक्ति से संबंधित हैं और न ही बाहरी ताकतों से। यह रुकावटें तो हमारे अंदर छुपी हुई हमारी कमियाँ और हमारी अपनी कमज़ोरियाँ हैं। हमारी कमज़ोरियाँ और कमियाँ ही हमारी सबसे बड़ी शत्रु होती हैं। ये कमज़ोरियाँ पूरी मानव जाती में पाई जाती है। मानव जाती ही क्या अन्दरुनी कमज़ोरियाँ तो सभी जीव जन्तुओं में पाई जाती हैं। मानव जाती और जीव जन्तुओं की सबसे बड़ी कमज़ोरी होती है उनका भय, उनका डर।

कुछ न कर पाने का डर ही हमारा सबसे बड़ा शत्रु है। इसी डर के कारण हम अपनी शक्तियों का पूर्ण प्रयोग नहीं कर पाते। हमें असफल होने का भय सताता रहता है। हम चाहे कितनी भी मेहनत कर लें, कितना ही अच्छा कार्य कर लें, चाहे हम कितने ही निपुण क्यों न हों हमें सदैव इस बात की शंका रहती है कि कहीं हम कुछ ग़लत तो नहीं

कर रहे। यही शंका हमारे डर का उद्गम स्थान बन जाती है। हम चुनौतियों को स्वीकार करने से डरने लगते हैं। हमें डर लगने लगता है कि हम सफलतापूर्वक अपना लक्ष्य प्राप्त नहीं कर पाएँगे। हमें डर लगता है कि असफल होने पर हम अपने मित्रों और परिचितों की नज़र में उपहास का पात्र बन जाएँगे और उनका विश्वास खो देंगे।

असफल होने का डर और भी कठिनाईयाँ उत्पन्न कर देता है। डर के मारे हम चुनौतीपूर्ण कार्य स्वीकार करने से कतराने लगते हैं। चुनौतीपूर्ण कार्य न करना पड़े इसके लिए हम अनेक बहाने बनाने लगते हैं। हमारी पूरी सोच नकारात्मक हो जाती है। नकारात्मक सोच से कभी सफलता प्राप्त नहीं होती। असफल होने का डर कोई आज की बात नहीं है। डर तो प्राचीन समय से लोगों को भयभीत करता रहा है। प्राचीन ग्रन्थ भागवत गीता में भी इसका उल्लेख मिलता है:

> **"हमारा नियंत्रण अपने कर्मों पर हो सकता है, परंतु कर्मों के फल पर हमारा कोई नियंत्रण नहीं होता। असफल होने का डर, जोकि हमारी भावनाओं से जुड़ा होता है, हमारे रास्ते की सबसे बड़ी रुकावट बन जाता है। डर हमारे मन को निरन्तर भयभीत करता रहता है और हमारी कार्यक्षमता को नष्ट कर देता है।"**

डर के कारण हम अपनी कार्य कुशलता का प्रदर्शन नहीं कर पाते। डर शीघ्र ही हमारी कमज़ोरी बनकर हमारी शक्तियों के विकास में बाधक बन जाता है। डर की छाया में हमारा आत्म-विश्वास भी कमज़ोर होने लगता है। जो कार्य हमने आरम्भ किया है उसके असफल हो जाने का भय हमें हमेशा सताता रहता है। हम सोचते रहते हैं कि कुछ अनिष्ट होने वाला है। बचपन में हमने पंचतन्त्र में डर से संबंधित एक कहानी पढ़ी थी जो आज भी अक्षरशः सही प्रतीत होती है :—

पुनः मूषको भव — साधू और मूषक (चूहा)

एक बार एक साधू घने जंगलों में रहता था। प्रातःकाल जंगल के सभी जानवर साधू की कुटिया के पास उनका प्रवचन सुनने के लिए एकत्र हो जाते थे। साधू प्रभु की प्रार्थना करने के पश्चात् सभी जानवरों को जीवन संबंधी अच्छी अच्छी बातें बताते थे। सभी जानवर साधू की बातों को बड़े ध्यान से सुनते थे। साधू के लिए सभी जानवर अपनी क्षमता के अनुसार भेंट भी लाते थे। साधू कुछ ही भेटें अपने पास रखते थे और बची हुई भेंटें जानवरों में बांट देते थे।

उसी जंगल में एक मूषक (चूहा) भी रहता था। वह भी साधू की कुटिया में प्रवचन सुनने प्रतिदिन आता था। एक बार वह चूहा जंगल में भोजन की तलाश में घूम रहा था तभी एक भयंकर बिल्ली ने उसपर आक्रमण कर दिया। बिल्ली भूखी थी और चूहे को खाना चाहती थी। चूहा सतर्क था। उसने तुरंत भाग कर अपनी जान बचाई और भागते भागते साधू की कुटिया में पहुँच गया। चूहे को भयभीत देखकर साधू ने पूछा क्या बात है, तुम इतने घबराए हुए क्यों हो? चूहे ने बताया कि एक भयंकर बिल्ली ने उसे मारने के लिए उस पर आक्रमण किया है। उसने साधू से प्रार्थना करते हुए बिल्ली से सुरक्षा प्रदान करने की विनती की। उसी समय वह बिल्ली भी चूहे का पीछा करते-करते साधू की कुटिया में पहुँच गई। बिल्ली ने हाथ जोडकर साधू से विनती की कि वह भूखी है और चूहा उसका शिकार है। उसने साधू से चूहे को मारने और खा जाने की अनुमति मांगी।

साधू धर्मसंकट में पड़ गया। दोनों ही जानवर साधू के शिष्य थे। दोनों में से वह किसी एक की सहायता कर सकते थे। उन्होंने भली भांति सोच विचार कर कमज़ोर प्राणी अर्थात चूहे की सहायता करने का निर्णय लिया। अपनी दैवी शक्ति के बल पर साधू ने चूहे को बिल्ली से भी बड़े आकार की बिल्ली में परिवर्तित कर दिया। अपने से बड़े आकार की बिल्ली को देखकर पहले वाली बिल्ली डर कर वहाँ से तुरंत भाग गई।

चूहा बिल्ली बन जाने के बाद निडर हो गया। अब उसे बिल्ली का भय नहीं था। वह जंगल में और भी मस्ती के साथ निडर होकर घूमने लगा। पहले वह बिल्लियों से डरता था परंतु अब बड़ी बिल्ली बन जाने के पश्चात् अन्य बिल्लियों को डराने लगा। अब वह अपने आप को शक्तिशाली महसूस करने लगा और उसका आत्म-विश्वास बढ़ गया। परंतु एक दिन एक कुत्ते ने उस पर आक्रमण कर दिया। कुत्ता उसे और भी भयंकर जानवर प्रतीत हुआ। चूहे के रूप में तो उसे बिल्ली ही सबसे भंयकर जानवर लगती थी लेकिन कुत्ता तो उससे भी भयंकर है। अब उसे ज्ञात हुआ कि जंगल में केवल बिल्ली ही नहीं बल्कि अन्य भयंकर जानवर भी शिकार की तलाश में घूमते रहते हैं जो उसको बिल्ली के रूप में भी मार सकते है।

चूहे को अब बिल्ली के रूप में भी डर लगने लगा। वह भागा भागा फिर साधू की शरण में पहुँच गया और बताया कि उसपर एक कुत्ते ने आक्रमण कर दिया है। उसे कुत्ते से बहुत डर लगता है। साधू ने चूहे को एक बड़े कुत्ते

का रूप दे दिया। अपने नए कुत्ते के रूप को पाकर वह बहुत प्रसन्न हुआ। बिल्लियाँ उसे बहुत डराती थीं अब कुत्ते का रूप पाकर वह बिल्लियों को डराने लगा। दूसरे छोटे छोटे जानवरों को डराने में भी उसे मज़ा आने लगा। अब वह अपने आप को बहुत शक्तिशाली समझने लगा और निडर होकर जंगल में घूमने लगा। कुत्ते के रूप में जंगलों में घूमते घूमते पर्याप्त समय बीत गया। एक दिन उसका सामना शेर से हो गया। शेर बहुत भयंकर था कुत्ते को देखते ही वह उसपर झपट पड़ा। अपने उपर हुए अचानक आक्रमण से कुत्ता घबरा गया। एक भयंकर शेर को सामने देख उसकी सिट्टी पिट्टी गुम हो गई और वह दुम-दबाकर वहाँ से भाग निकला।

कुत्ता भागते-भागते सीधा साधू की शरण में पहुँच गया और शेर द्वारा आक्रमण की बात बताई। कुत्ता, जो वास्तव में एक चूहा था, बहुत घबराया हुआ था। वह शेर के डर से थर-थर कांप रहा था। उसकी घबराहट को देख कर साधू को दया आ गई और साधू ने अपनी शक्ति से उसे शेर बना दिया।

यह शेर जो पहले चूहा था, फिर बिल्ली बना, उसके बाद कुत्ता बना और अब शेर बन कर पूरे जंगल में दहाड़ने लगा। शेर बनकर उसने जंगल का राजपाठ सम्भाल लिया और दूसरे जानवरों पर राज करने लगा। राजा बनने के घमंड में वह दूसरे जानवरों की हत्या करने लगा। कसूर न होने पर भी वह अन्य जानवरों को मार डालता। वास्तव में उसे दूसरे जानवरों को मारने में, उनको सताने में मज़ा आने लगा। वास्तविक शेर दूसरे जानवरों को तभी मारता है जब उसे भूख लगती है परंतु यह शेर तो बिना भूख लगे ही दूसरे जानवरों को मारने लगा। सभी जानवर इस भयंकर शेर से डरने लगे।

डर तो डर होता है। चूहे से शेर बन जाने के पश्चात् भी उसके मन में अब भी डर बना रहता था। एक ऐसा डर जो उसकी रातों की नींद हराम कर रहा था। उसे मालूम था कि वास्तव में तो वह एक चूहा है। शेर तो उसे साधू ने बनाया है। जो साधू उसे चूहे से शेर बना सकता है वह उसे फिर से चूहा भी बना सकता है। इसी बात के डर से उसकी रातों की नींद हराम हो गई थी। जब तक साधू ज़िन्दा है उसे यह डर सताता ही रहेगा। उसने सोचा, अगर डर से मुक्ति पानी है तो उसे सर्वप्रथम साधू को मारना होगा। इस विचार के आते ही वह दहाड़ता हुआ साधू की कुटिया में पहुँच गया। उसके आते ही साधू को आभास हो गया कि शेर के मन में क्या विचार चल रहा है। एक चूहे को शेर बनाने से अभी तक साधू को कोई आपत्ति नहीं थी। लेकिन अब चूहे के हाव

भाव देखकर उसे बहुत गुस्सा आया। बिना समय गवाए साधू ने शेर को फिर से चूहा बना दिया और कहा पुनः मूषको भव।

चूहे का डर सत्य साबित हुआ और उसे अपनी करनी पर बहुत पश्चाताप हुआ। लेकिन अब तो बहुत देर हो चुकी थी। उसने साधू से क्षमा भी मांगी लेकिन साधू यह जान गया था कि चूहा दी गई शक्ति का उचित प्रयोग करने के योग्य नहीं है। वह अपने डर पर कभी नियंत्रण नहीं कर पाएगा। शेर बनने के पश्चात् भी डर ने उसका पीछा नहीं छोड़ा।

पंचतंत्र की उक्त कहानी हमें जीवन के अनेक पाठ पढ़ाती है। पहला पाठ तो यह कि शक्ति प्राप्त करने के पश्चात् भी चूहा कभी भी डर से मुक्त नहीं हुआ। जब वह चूहा था तो उसे बिल्ली से डर लगता था। जब वह बिल्ली बना तो उसे कुत्ते से डर लगता था। जब वह कुत्ता बना तो उसे शेर से डर लगने लगा। हमारे जीवन में भी यही डर सदैव सताता रहता है। यदि हम एक डर से अपना पीछा छुड़ाते हैं तो हमें दूसरा डर पकड़ लेता है। हम जीवन में कभी भी डर से मुक्त नहीं हो पाते। कभी कभी तो हम अपने डर का हौवा ख़ुद खड़ा कर लेते हैं। अधिकतर व्यक्ति अनेक प्रकार के डर सहते हुए जीवन व्यतीत कर देते हैं। कभी हमें फेल होने का डर लगता है, कभी हमें किसी प्रिय को खो देने का डर लगता है, कभी अपने बॉस का डर और कभी अपने अभिभावकों का डर सताने लगता है। हमें तो अपनी मृत्यु से भी डर लगता है। हमारा यह डर एक भयंकर बीमारी का रूप धारण करके हमें कुछ भी नया कार्य करने से रोकता है। यदि हम डर से अपना पीछा छुड़ाना चाहें तो डर हमारा ही पीछा करने लगता है और हम पर हावी हो जाता है जिसके कारण हम अपना अनिष्ट कर बैठते हैं। ऐसा ही कुछ उस चूहे के साथ हुआ था। डर से मुक्ति पाने के लिए वह साधू को मारने चला था और ख़ुद अपनी शक्तियाँ गवां बैठा। हमारा डर भी हमें अनेक बन्धनों में बांधे रखता है और हमें अपनी शक्तियों का पूरा उपयोग करने से रोक देता है।

वास्तव में डर एक मानसिक अवस्था है जो हमारी सोच में समाया हुआ है। हम यह पहले से ही सोच लेते हैं कि हमारे साथ कुछ बुरा होने वाला है। हमें यह भय बना रहता है कि आगे क्या होगा? अगर हम ऐसा करते हैं तो क्या होगा और अगर हम वैसा करते हैं तो क्या होगा? हम उन परिस्थितियों के बारे में सोचने लगते हैं जिनका कोई आस्तित्व ही नहीं होता। यदि कोई विपरीत परिस्थिति हमारे समक्ष है ही नहीं तो हमारा डर कोरी कल्पना ही है। भविष्य का डर कोरी कल्पना होती है इससे अधिक कुछ नहीं होता।

कुछ विशेषज्ञों का मानना है कि डर का स्रोत्र हमारी सोच से जुड़ा होता है और वास्तव में इसका कोई आस्तित्व नहीं होता। डर की अनुभूति हमारी कल्पना में होती है वास्तव में इसका कोई आस्तित्व नहीं होता। डर की अनुभूति ही हमारी प्रगति के मार्ग में सबसे बड़ी रुकावट का काम करती है। डर की अनुभूति से न तो हम अपने कार्य सुचारू ढंग से कर पाते हैं और न ही ठीक निर्णय ले पाते हैं। इससे हमारे आत्मविश्वास में कमी आती है। इस बारे में स्वामी विवेकानंद ने कहा है :—

"किसी भी प्रकार का भय न करो। निर्भीक होकर कार्य करने से ही सफलता मिलती है। भय की अनुभूति हमें अक्षम बना देती है। विश्व में दुखों का सबसे बड़ा कारण डर है। डर दुनिया का सबसे बड़ा अन्धवि-श्वास है। सभी कठिनाइयों का वास भय में है और निर्भय होने से ही आनंद की अनुभूति होती है।"

जीवन में कभी कभी ऐसी परिस्थितियाँ उत्पन्न हो जाती हैं जिनसे हमें डर लगने लगता है। हम ऐसी परिस्थितियों से अपना पीछा छुड़ाना चाहते हैं, परंतु हम उनसे जितना दूर भागना चाहते हैं वे हमारा पीछा करती रहती हैं। अंत में यह परिस्थितियाँ हमारे मस्तिष्क पर हावी हो जाती हैं। वह इसलिए क्योंकि उनका मुकाबला करने के स्थान पर हम उनसे डरने लगते हैं। यदि हम इन परिस्थितियों का मुकाबला करना आरम्भ करदें तो निश्चय ही हम न केवल अपने डर पर विजय प्राप्त कर लेंगे बल्कि अपने लक्ष्य को भी प्राप्त कर लेंगे।

कुत्ता और डर

एक सामान्य सी परिस्थिति का उदाहरण लेते हैं। हम में से बहुत से लोगों ने इस परिस्थिति का सामना किया होगा। एक युवक सड़क पर चल रहा था और सड़क के दूसरे किनारे पर एक कुत्ता खड़ा था। कुत्ते को देखते ही युवक घबरा जाता है। वह सोचता है कि अगर वह कुत्ते के नज़दीक गया तो कुत्ता उस पर आक्रमण कर देगा और उसे काट लेगा। कुत्ते से पीछा छुड़ाने के लिए वह युवक भागने लगता है। युवक को भागता देख कुत्ता भौंकने लगता है। इस पर युवक और भी तेज़ी से भागने लगता है। कुत्ता भी ज़ोर ज़ोर से भौंकते हुए युवक के पीछे भागने लगता है। कुत्ते को पीछा करते देख युवक और भी तेज़ी से भागने लगता है। उसे लगता है कुत्ता शीघ्र ही उस तक पहुँच जाएगा

और उसे काट लेगा। भागते भागते वह थक गया था लेकिन कुत्ता उसका अब भी पीछा कर रहा था। अचानक युवक रुक जाता है और एक पत्थर उठा कर कुत्ते को ज़ोर से मारता है। पत्थर की मार से कुत्ता घबरा जाता है और दुम दबा कर वहाँ से भाग जाता है।

उक्त घटना से ज्ञात होता है कि जब तक युवक कुत्ते से डर कर भागता रहा कुत्ता उसका पीछा करता रहा और युवक भयभीत होता रहा। लेकिन जब उसने रुक कर कुत्ते का सामना करने का निर्णय लिया तो कुत्ता दुम दबा कर भाग गया। हमारे डर की स्थिति भी इससे मिलती जुलती है। जब तक हम कठिन परिस्थितियों से डर कर भागते रहेंगे डर हमारा पीछा करता रहेगा। जिस क्षण हम डर का सामना करना प्रारम्भ कर देंगे हमें डर से मुक्ति मिल जाएगी और हम स्वतंत्र रूप से अपने सपने साकार कर सकेंगे।

इस उदाहरण से भी अधिक सटीक एक अन्य उदाहरण का अवलोकन करना भी उचित होगा।

रागनी एक ऐसी बहुराष्ट्रीय कम्पनी में कार्य करती है जिसकी हालत ख़स्ता हो गई है। अफ़वाह है कि कम्पनी कुछ लोगों को नौकरी से निकालने का निर्णय लेने वाली है। रागनी को डर है कहीं उसे भी नौकरी से न निकाल दिया जाए? इस डर के कारण उसकी रातों की नींद और दिन का चैन खो जाता है। इससे उसके मन की शांति भंग हो जाती है और मष्तिक का तनाव बढ़ जाता है। फलस्वरूप उसका आत्मविश्वास कमज़ोर होने लगता है और वह न तो अपने कार्य ठीक ढंग से कर पाती है और न ही ठीक ढंग से कुछ सोच पाती है। डर के कारण उससे ग़लतियाँ होने लगती हैं। अगर वह ग़लतियाँ करती रही तो हो सकता है कम्पनी उसे वास्तव में नौकरी से निकाल दे। ग़लतियाँ करने वाले कर्मचारी को नौकरी से निकालना कम्पनी के लिए मुश्किल नहीं होता।

इससे पहले रागनी एक बहुत अच्छी कर्मचारी थी। अपना समस्त कार्य ठीक प्रकार से निर्धारित समयावधि में पूरा कर लेती थी। जब से उसके मन में डर समाया वह तभी से ग़लतियाँ करने लगी और कम्पनी को नौकरी से निकालने का एक उचित कारण बनती रही। उसकी यह हालत देखकर एक दिन प्रबंधक ने उसे बुलाकर समझाया। उसने रागनी को कहा, "यह ठीक है कि हमारी कम्पनी की माली हालत ठीक नहीं है और कभी भी कुछ भी हो सकता है लेकिन तुम अपनी हिम्मत मत हारो। तुम एक अच्छी कर्मचारी हो

और अपने कार्य को पूरा मन लगा कर करती रहो। तुम अपना कर्तव्य भली भांति निभाओ शेष क़िस्मत पर छोड़ दो। प्रबंधक के शब्दों ने रागनी के लिए रामबाण का कार्य किया। प्रबंधक को उसके कार्य पर विश्वास था इसी सोच ने रागनी के अंदर नई स्फूर्ति का संचार कर दिया और वह निडर होकर अपने कार्य में जी-जान से जुट गई।

यदि प्रबंधक ने रागनी के कार्य की प्रशंसा न की होती तो शायद रागनी अपना आत्म-विश्वास खो देती और उसे नौकरी से भी हाथ धोना पड़ता। यहाँ तो प्रबंधक ने रागनी के मनोबल को बनाए रखने में सहायता की लेकिन हर किसी को ऐसा प्रबंधक नहीं मिलता। डर से लड़ने के लिए तो हमारा विश्वास ही हमारे काम आएगा। यदि हमें नौकरी चले जाने का भय सता रहा है तो हम में हिम्मत होनी चाहिए कि हम बॉस से जाकर इस संबंध में बात करें। बुरे से बुरा क्या होगा? यदि बॉस हमें नौकरी से निकालने के लिए तैयार बैठा है तो उससे बात चीत करने से वह अपना निर्णय नहीं बदलेगा। लेकिन हमें अपनी स्थिति का ज्ञान हो जाएगा और हम अपने लिए कोई नई नौकरी ढूँढने का प्रयास आरम्भ कर देंगे। इसके विपरीत यदि बॉस का हमें नौकरी से निकालने का विचार नहीं है तो हमारा डर निर्मूल है और हम बिना किसी कारण के डर कर रातों की नींद हराम कर रहे हैं। अगर बॉस के साथ हमारी अच्छी जान पहचान नहीं है और हमें यह ज्ञात नहीं कि बॉस से बात-चीत करने का क्या परिणाम होगा तो ऐसी स्थिति में हमें परिणाम की चिंता छोड़कर अपने कार्य में ध्यान लगाना चाहिए। साथ ही साथ हमें अपने कार्य-कौशल में वृद्धि करते रहना चाहिए और अच्छी नौकरी के लिए अपने जानकारों से सम्पर्क साधना चाहिए। ऐसा करने से हम अपनी बिगड़ती हुई स्थिति को बुरा समय आने से पहले ही सम्भाल सकते हैं। अगर डर कर हम चुप बैठे रहे तो हमारी हार निश्चित है। अतः हमें हर हाल में अपने डर से लड़ना ही होगा।

उक्त उदाहरण से हमें एक सीख तो मिलती है। हमारा डर अगर हमें कर्यविमुख कर सकता है तो यही डर हमारे लिए नए अवसर भी प्रदान करता है। कैसे? इसकी चर्चा अगले अध्याय में की जाएगी फ़िलहाल हमें यह जानना है कि डर कोरी कल्पना है कोई वास्तविक स्थिति नहीं होती। यदि हम डर का मुकाबला करना आरम्भ कर दें तो जीत हमारी होगी। यह भी सत्य है कि मानव कभी डर से मुक्ति नहीं पा सकता परंतु सामना तो कर ही सकता है।

6

भय नए अवसर प्रदान करता है

यह तो एक विरोधाभासी बात प्रतीत होती है कि हमारा भय हमें नए अवसर प्रदान कर सकता है। यदि हम गंभीरता से सोचें तो हमें इसमें सत्यता प्रतीत होगी। हमारा डर हमें सफलता के नए मार्ग दिखा सकता है। यदि हम अपने डर को पहचान लें, डर के कारणों का पता लगा लें तो हम अपनी सफलता के नए रास्ते ढूंढ सकते हैं। इससे हमें डर को नियंत्रित करने में सहायता मिलेगी। डर पर काबू पाने का अर्थ है हमारी विजय। जितनी सोची थी उससे अधिक विजय।

हम अपने जीवन में कई अच्छे मौकों या अवसरों को कई कारणों से छोड़ देते हैं और उनमें से मुख्य कारण है हमारा डर। व्यवहारिक जीवन में डरने के बहुत से कारण हो सकते हैं। जैसे हमारी असुरक्षा की भावना, अनिश्चित्ता की भावना, अविश्वास की भावना और हमारी शंकाएँ। हम बचपन से ही आराम की ज़िंदगी जीने के आदि हो गए हैं और आराम की ज़िंदगी ही जीना चाहते हैं। यदि कुछ हट कर करने का मौका मिले या फिर कुछ ऐसा करने का मौका मिले जो बहुत चुनौतीपूर्ण हो तो हमारे पसीने छूट जाते हैं और हम डर से थर-थर कांपने लगते हैं। हमारे दिमाग़ में कुछ नया कार्य आरम्भ करने से पहले ही डर समा जाता है।

हम अपने डर का मुकाबला तभी कर पाएँगे जब हम अपनी अरामपरस्त जीवनशैली से बाहर आकर अपने भय और अपनी शंकाओं का मुकाबला करने के लिए तैयार होंगे। डर हमें डराता ही नहीं बल्कि कुछ सिखाता भी है। एक शिक्षक के रूप में वह हमें अपनी दकियानूसी सोच से बाहर आने का अवसर प्रदान करता है ताकि हम एक नई शुरुआत कर सकें, जीवन में कुछ ऐसा कर सकें जो हम करना चाहते हैं।

अब तक हम यही सोच रहे थे कि डर कोरी कल्पना होती है और इसका वास्तविकता से कोई संबंध नहीं होता। अब ज़रा सोचो अगर डर एक वास्तविकता है तो क्या होगा? मान लो रागनी का डर सच्चा था और उसे नौकरी से निकाल दिया गया। अब आप का बॉस भी आपको नौकरी से निकालना चाहता है। ऐसी स्तिथि में आप क्या करोगे? क्या आप दूसरी नौकरी की तलाश नहीं करोगे? ऐसा करना पड़ेगा। एक रास्ता बंद हो गया तो दूसरे रास्ते की तलाश करनी पड़ेगी। लेकिन उससे पहले जानना होगा कि नौकरी से निकालने का कारण क्या था? यदि कम्पनी की ख़स्ता हालत के कारण कम्पनी कर्मचारियों की छटनी कर रही है तो इसमें आपका कोई दोष नहीं और न ही आपके कार्य में कोई कमी है। यदि कम्पनी ने आपको आपकी ग़लतियों के कारण निकाला है तो आप को सबसे पहले अपनी ग़लतियों को सुधारना होगा। यदि आप अपनी कमियों को पहले ही सुधार लेते तो यह नौबत ही नहीं आती। कुछ घटने से पहले हम उसके दुष्परिणामों के बारे में सोचने लगते हैं और कुछ ग़लत होने का डर हमें सताने लगता है। हमारा यही डर हमारे आत्म-विश्वास को कम कर देता है। हमें डर से होने वाले परिणाम से प्रभावित न होकर डर के मूल कारणों को जानना होगा। हमें जानना होगा कि क्या वास्तव में हमसे कोई त्रुटि हुई है? क्या हमें भय लगता है कि हमने कोई ग़लती कर दी है और हमारी ग़लती पकड़ी जाएगी? यदि वास्तव में ऐसा हुआ हो तो अभी भी कुछ नहीं बिगड़ा। हमारे पास अपनी ग़लतियों को सुधारने का पर्याप्त समय है। जीवन बहुत लम्बा है और अभी बहुत कुछ करना बाक़ी है। अतः अपनी ग़लतियों को सुधारने से भविष्य में लाभ होगा। कभी कभी अपनी ग़लतियों को सुधारने का समय हमारे पास नहीं होता। ऐसी स्थिति में भी घबराने की आवश्यकता नहीं। हमें अपनी ग़लती से होने वाले नुक्सान की मात्रा का अंदाज़ा लगाकर उसकी भरपाई के अन्य उपाय करने होंगे। ऐसा कर लेने के पश्चात् हम चैन की सांस ले सकेंगे।

डर से केवल नुक्सान ही नहीं होता बल्कि यह हमारे शुभचिंतक के रूप में भी कार्य करता है। यह हमें भावी सम्भावनाओं का संकेत देता है। डर तो हमारे जीवन के हर क्षेत्र में विद्यमान है। हमें नया कार्य आरम्भ करना है, नई नौकरी तलाश करनी है, नए संबंध बनाने हैं सभी प्रकार के कार्य आरम्भ करने से पहले हम डरने लगते है। हमारा यही डर हमें सावधान हो जाने की शिक्षा भी देता है। कुछ अनहोनी घटने से पहले उसकी सूचना

दे देता है ताकि हम बुरी स्थिति के लिए तैयार हो सकें। एक शिक्षक के रूप में डर हमें सतर्क हो जाने की सलाह देता है। इससे हम अपना कार्य अधिक सावधानीपूर्वक करने लगते हैं और अपने सपनों को साकार करना प्रारम्भ कर देते हैं।

सन्त कबीर ने डर के बारे में बहुत सुंदर कहा है। उनका कहना है:

डर करनी डर परम गुरू, डर पारस डर सार।
डरत रहे सो ऊबरे, गाफ़िल खाई मार।

इसका अर्थ है कि डर के कारण हम कार्य करना आरम्भ करते हैं अतः डर हमारा गुरू है। यह एक पारस पत्थर है जो लोहे को सोने में बदल देता है। डर हमारे जीवन के हर क्षेत्र में विद्यमान है। जो डर का अनुभव करते हैं वही उस पर विजय प्राप्त कर पाते हैं और जो लापरवाह रहते हैं उन्हें हानि उठानी पड़ती है।

रमन और अमन की कहानी

रमन साज़ सजावट वाली टाईल्स बनाने की फ़ैक्ट्री खोलना चाहता था। यह उसका सपना था। वह चाहता था कि टाईल्स बना कर बड़े-बड़े भवन निर्माताओं को बेचे ताकि उसका नाम हो। उसने टाईल्स बनाने का प्रशिक्षण लिया था। इस सपने को पूरा करने के लिए कड़ी मेहनत की आवश्यकता थी और अनेक कठिनाइयों को पार करना था। सबसे पहले उसे प्रयाप्त धन एकत्र करना था फिर फ़ैक्ट्री के लिए ज़मीन की ज़रूरत थी। टाईल्स बनाने के लिए चिकनी मिट्टी की आवश्यकता होती है और उसे इसकी व्यवस्था भी करनी थी। उसके पिताजी के पास उसकी सहायता करने के लिए धन नहीं था। ऐसी परिस्थितियों में वह अकेला इस कार्य को करने में समर्थ नहीं था। उसने अपने एक मित्र अमन को अपनी योजना के बारे में बताया। अमन सिविल इंजीनियर था उसे भवन निर्माण का अनुभव था। अमन को रमन की योजना पसंद आ गई और दोनों ने साथ मिलकर इस योजना पर कार्य करने का निर्णय कर लिया।

दोनों मित्र अपने अपने क्षेत्र के विशेषज्ञ थे। उनकी प्रतिभा को देखते हुए बैंक ने उन्हें व्यवसाय आरम्भ करने के लिए ऋण भी प्रदान कर दिया। उस धन से उन्होंने चिकनी मिट्टी वाली कुछ ज़मीन ख़रीद ली। अपनी कम्पनी का रजिस्ट्रेशन करवाने के पश्चात् उन दोनों मित्रों ने भागीदारी कम्पनी का

उद्घाटन बड़ी शानो-शौकत से किया और टाईल्स बनाने की फ़ैक्ट्री खोल ली। अब इस स्वप्न को पूरा करने की ज़िम्मेदारी दोनों मित्रों की थी।

फ़ैक्ट्री चलाने के लिए कुछ ख़र्चे ऐसे होते हैं जिन्हें करना ज़रूरी होता है। इन्हें निश्चित व्यय कहा जाता है। पहले वर्ष में उन दोनों मित्रो को इन ख़र्चों के कारण कोई लाभ नहीं हुआ बल्कि कुछ हानि का सामना करना पड़ा। परंतु दूसरे वर्ष में उन्हें कुछ लाभ तो नहीं हुआ लेकिन हानि भी नहीं हुई। मामला बराबर रहा। अब उन्हें आशा हो गई कि अगले वर्ष से वह लाभ कमाना आरम्भ कर देंगे।

लेकिन हम जैसा सोचते हैं वैसा होता नहीं। दुर्भाग्यवश जिस ज़मीन को उन्होंने चिकनी मिट्टी प्राप्त करने के लिए खरीदा था थोड़ी खुदाई के पश्चात् उसके नीचे चट्टानें थीं। चट्टानों से तो चिकनी मिट्टी प्राप्त नहीं हो सकती। बिना चिकनी मिट्टी के टाईल्स नहीं बन सकती थीं। यह एक ऐसी समस्या थी जिसका पहले से अंदाज़ा नहीं लगया जा सकता था। इस समस्या का कोई समाधान भी नहीं था। न चिकनी मिट्टी होगी न टाईल बनेंगी। चिकनी मिट्टी के न मिलने के कारण फ़ैक्ट्री का उत्पादन बंद हो गया। मज़दूर बिना काम के ख़ाली बैठकर वेतन लेने लगे। जो ज़रूरी ख़र्चे थे वे तो करने ही थे। फ़ैक्ट्री को नुक्सान होने लगा।

इस प्रकार उनकी वित्तीय स्थिति पर प्रितिकूल प्रभाव पड़ने लगा। बैंक की किश्तों का भुगतान रुक गया। मज़दूरों के वेतन का भुगतान भी नहीं हो सका। उन पर न केवल बैंक का दबाव बढ़ने लगा मज़दूर भी अपने वेतन की मांग ज़ोर शोर से उठाने लगे। लेनदार तो तकाज़ा कर ही रहे थे खुर्दा व्यापारियों ने भुगतान करने से इंकार कर दिया। फ़ैक्ट्री का कार्य ठप्प पढ़ गया।

दोनों मित्र बड़ी दुविधा में फंस गए। रमन की तो रातों की नींद हराम हो गई। उसे भय था कि बैंक उन पर कानूनी कार्यवाही आरम्भ कर देगा। मज़दूर अलग से उनके विरुद्ध कार्यवाही करेंगे। ऐसी परस्थिति में हो सकता है बैंक उनके अभिभावकों के घर नीलाम करवा दे जो बैंक के पास गिरवी पड़े थे। रमन के मन को भयानक डर ने घेर लिया। उसे डर था कि उसका सब कुछ लुट जाएगा और वह तथा उसका परिवार सड़क पर आ जाएँगे।

रमन डर से थर-थर कांपने लगा और इस व्यवसाय को त्यागने का फ़ैसला कर लिया। अपने हिस्से की मलकीयत को अमन को सौंप कर उसने भागीदारी से नाता तोड़ लिया और व्यवसाय से अलग हो गया। अब फ़ैक्ट्री

को चलाने का भार अमन के कंधों पर आ गया। अब यह अमन पर निर्भर था कि वह फ़ैक्ट्री को आगे चलाएगा अथवा उसे बंद कर देगा। परंतु अमन ने हार नहीं मानी। उसने फ़ैक्ट्री को चलाने का निर्णय लिया। उसने टाईलों के डिज़ाइन को बदल दिया। साज़ सज्जा वाली टाईल्स के स्थान पर उसने छत के लिए प्रयोग होने वाली टाईल बनाने का निर्णय लिया। ये टाईलें चट्टानों की राख़ से बनती हैं। टाईलों की क़ीमत कम करने के लिए उसने नई तकनीक और नई मशीनों का प्रयोग करना आरम्भ कर दिया।

अपने नए उत्पाद का प्रदर्शन उसने बैंक अधिकारियों, खुर्दा व्यपारियों, तथा भवन निर्माताओं के समक्ष किया और सबने उसके प्रयासों की प्रशंसा की। दो वर्षों के कड़े परिश्रम के पश्चात् वह न केवल फ़ैक्ट्री को सफलतापूर्वक चलाने में सफल हुआ बल्कि उसकी टाईलें निमार्ण जगत में बहुत प्रसिद्ध हो गईं।

रमन ने फ़ैक्ट्री के काम को क्यों त्याग दिया और उसी फ़ैक्ट्री को चलाने का साहस अमन में कहाँ से आया? रमन के मन में डर ने घर कर लिया था और डरकर कठिन परिस्थितियों का सामना करने का उसमें साहस नहीं था। उसके डर ने उसके सपने पूरे नहीं होने दिए। डर के कारण उसने अपने सपनों को अधूरा छोड़ दिया। इसके विपरीत अमन ने साहस दिखाते हुए न केवल अपने डर पर नियंत्रण किया बल्कि अपने डर को अपनी शक्ति में परिवर्तित कर दिया। उसके साहस और उसके सकारात्मक दृष्टिकोण को देखते हए दूसरे लोगों ने भी उसका साथ दिया। ऐसा इसलिए हुआ कि अमन को अपनी योग्यता पर पूरा विश्वास था और उसने अपने आत्म-विश्वास को बनाए रखा। रमन आत्म-विश्वास की कमी के कारण मैदान छोड़ कर भाग गया। अमन अपने विश्वास के कारण जीत गया और रमन आत्मविश्वास न होने के कारण हार गया।

उक्त कहानी से स्पष्ट हो जाता है कि हमें किसी भी परिस्थिति में अपना आत्म-विश्वास नहीं खोना चाहिए। विश्वास रखने या विश्वास खोने का एक विशेष कारण होता है। हमारे मस्तिष्क में चुम्बक की भांति तरंगे उठती रहती हैं। यदि हमारी सोच नकारात्मक है तो पर्यावरण में नकारात्मक तरंगें फैलती हैं जो लौट कर हमारे पास आ जाती हैं। हम जो भी सोचते हैं, जो भी अनुभव करते हैं उन सबका चुम्बकीय प्रभाव होता है। हमारी सारी भावनाओं जैसे प्यार, भय, क्रोध, आनंद, आदि में, चुंबकीय आकर्षण होता है। इसी चुम्बकीय आकर्षण के कारण हमारे कर्म, हमारी योजनाएँ और अन्य घटनाएँ हमारी तरफ़ आकर्षित होती है। ठीक इसी प्रकार हमारे भय का चुम्बकीय प्रभाव भय को हमारी ओर खींचता है। जितना अधिक हम डरेंगे उतना अधिक भय हम पर हावी होगा।

यह एक मानवीय गुण है। सभी को जीवन में कोई न कोई भय लगा रहता है। हमें हर समय कोई न कोई चिंता सताती रहती है।

कभी-कभी तो हम आकारण ही चिंता करने लगते हैं या उन परिस्थितयों की चिंता करने लगते हैं जिन पर हमारा कोई बस नहीं चल सकता। हम सभी जानते हैं की चिंता चिता के समान होती है। एक बार चिंता ने घेर लिया तो जीवन बर्बाद हो सकता है। जब हम चिंता करने लगते हैं तो हमारी सोच नकारात्मक हो जाती है। नकारात्मक सोच से हमें हर कार्य में बुराई नज़र आने लगती है. नकारात्मक सोच के कारण हम कभी कभी अपनी सफलता पर भी प्रसन्न नहीं हो पाते. यहाँ तक कि सकारात्मक स्थिति होने के बाद भी हमारी सोच नकारात्मक ही बनी रहती है। बच्चे ने स्कूल परीक्षा में 90 प्रतिशत अंक प्राप्त किए हैं लेकिन हम चिंता के कारण उत्साहित नहीं हो पाते। हमारे मस्तिष्क में तनाव बना रहता है।

तिल का ताड़ बनाना भी हमारी आदत है। चिंता के कारण हम छोटी छोटी समस्या को भी बड़ा रूप दे देते हैं। जैसे हमारी परछाई हमारे शरीर से बड़ी प्रतीत होती है ठीक उसी प्रकार चिंता के कारण छोटी समस्या भी बड़ी लगने लगती है। छोटी छोटी समस्याओं के लिए दुनिया भर की चिंता करने से समस्या इतनी बड़ी प्रतीत होने लगती है जितनी वह वास्तव में होती नहीं। अत: हमें छोटी समस्या को छोटा ही रहने देना चाहिए अन्यथा वह इतनी बड़ी बन जाएगी जितनी वह है नहीं। निम्न उदाहरण से बात स्पष्ट हो जाएगी:

आशा के पिताजी की समस्या

पिछले कुछ दिनों से आशा के पिता श्री विपिन अरोरा अस्वस्थ चल रहे थे और उनका स्वास्थ्य दिन प्रतिदिन गिरता जा रहा था। उनकी पत्नी को अपने पति के स्वास्थ्य की चिंता सता रही थी। उसने अपनी बेटी आशा से पिता के स्वास्थ्य की जाँच करवाने के लिए कहा। आशा ने अपनी कम्पनी द्वारा दी गई चिकित्सा सुविधाओं का लाभ उठाते हुए अपने पिता के स्वास्थ्य की जाँच एक बड़े प्रसिद्ध हस्पताल में करवाने का प्रबंध कर दिया। अपने पिता की चिंता उसे भी थी। स्वास्थ्य जाँच में किसी गम्भीर बीमारी का पता नहीं लग पाया। उन्हें कोई जानलेवा बीमारी नहीं थी। लेकिन उनके स्वास्थ्य में कोई सुधार नहीं हो पा रहा था। होम्योपैथी के इलाज से भी कोई आराम नहीं आया। अंत में आशा अपनी सखियों की सलाह पर माता-पिता को एक एकांत, शांत पर्वतीय स्थान ले गई। हो सकता है जलवायु परिवर्तन से और नगरीय प्रदुषण से दूर रहकर

उन्हें कुछ स्वास्थ्य लाभ हो। एक सप्ताह बीत गया फिर दूसरा सप्ताह भी बीत गया लेकिन श्री अरोरा के स्वास्थ्य में कोई लाभ नहीं हुआ। अपने कार्यालय से आशा को अधिक लम्बे समय का अवकाश नहीं मिल सकता था। इसलिए उसने घर वापिस आने का विचार बना लिया। जब स्वास्थ्य ठीक नहीं हो रहा तो पर्वतीय स्थान पर रुकना बेकार था।

लौटते समय रास्ते में एक स्थान पर वे लोग भोजन के लिए रुक गए। अपने माता-पिता को मेज़ के निकट बैठा कर आशा भोजन का सामान ख़रीदने की लाइन में खड़ी होकर अपनी बारी की प्रतीक्षा करने लगी। जब वह भोजन की ट्रे लेकर वापिस लौटी तो देखा कि उसकी माता मेज़ के पास अकेली बैठी थी और उसके पिता वहाँ पर नहीं थे। माता ने बताया की वह शौचालय गए हैं। माँ बेटी दोनों बैठ कर श्री अरोरा की प्रतीक्षा करने लगे। बहुत समय बीत गया लेकिन श्री अरोरा नहीं आए। अब माँ बेटी को चिंता होने लगी। हार कर आशा अपने पिता को खोजने चली गई।

उसने देखा कि उसके पिता एक अन्य मेज़ पर बैठे हैं और किसी व्यक्ति से हँस-हँस कर बातें कर रहे हैं। ऐसा लगता है वह व्यक्ति उनके बहुत ही नज़दीकी जान पहचान का व्यक्ति था जिससे वे घुल मिलकर बातें कर रहे थे। मिस्टर अरोरा के चेहरे को देखने से ऐसा नहीं लगता था कि वह बहुत बीमार हैं बल्कि वह तो हृष्ट-पुष्ट नज़र आ रहे थे। दूसरे दिन ये लोग अपने घर पहुँच गए। मिस्टर अरोरा प्रसन्न थे और उनकी बिमारी भी ठीक हो गई थी। किसी को यह ज्ञात नहीं हो सका कि उनकी बीमारी क्या थी और वह ठीक किस प्रकार हो गए।

कुछ दिनों के पश्चात् उनकी बीमारी के रहस्य का पता लगा। जिस व्यक्ति से वह हँस हँस कर बातें कर रहे थे वह कोई और नहीं बल्कि उनका पड़ोसी था और मिस्टर अरोरा ने उनसे बहुत बड़ी राशी का ऋण लिया हुआ था। ऋण लेने के लिए मिस्टर अरोरा ने अपना पुश्तैनी मकान उसके पास गिरवी रख दिया था। इसकी सूचना उन्होंने घर के किसी सदस्य को नहीं दी थी। काफ़ी भुगतान तो वह कर चुके थे परंतु अभी कुछ किश्तों का भुगतान नहीं हो पा रहा था। उन्हें अपने घर के काग़ज़ वापस प्राप्त करने की चिंता सता रही थी। पड़ोसी अपने पैसे वापिस मांग रहा था और अरोरा साहेब के पास उधार चुकाने के पैसे थे नहीं। उधार चुकाने की समय सीमा भी समाप्त हो गई थी। यदि उधार की बकाया राशी का भुगतान तुरंत नहीं किया गया तो पड़ोसी उनके

मकान की कुर्की करके उनको घर से बेदखल कर सकता था। यदि ऐसा हुआ तो उनका परिवार सड़क पर आ जाएगा। भय के कारण मिस्टर अरोरा अपने पड़ोसी से आँखें चुरा रहे थे और उनसे मिलने से कतरा रहे थे।

पर्वतीय स्थान पर मिस्टर अरोरा की अपने पड़ोसी से अचानक भेंट हो गई। जब दोनों की आपसी मुलाकात हुई तो मिस्टर अरोरा ने अपने पड़ोसी को बकाया किश्तें अदा न कर पाने का कारण बताया और उनसे बकाया किश्तों के भुगतान के लिए कुछ और समय माँगा। पड़ोसी ने मिस्टर अरोरा की समस्या को समझते हुए उन्हें बाक़ी का भुगतान अगले एक वर्ष में करने का समय प्रदान कर दिया। पड़ोसी के साथ हुई बातचीत के बाद मिस्टर अरोरा की चिंता समाप्त हो गई और उनके स्वास्थ्य में सुधार हो गया। पिता की बीमारी का रहस्य ज्ञात होने के पश्चात् आशा ने पड़ोसी के पूरे ऋण का भुगतान कर दिया।

मिस्टर अरोरा के अस्वस्थ रहने का कारण कोई बीमारी नहीं बल्कि उनकी चिंता थी। मकान को गिरवी रखने से पहले उन्होंने अपने परिवार के सदस्यों को सूचित नहीं किया। उन्होंने परिवार के सदस्यों को अपनी चिंता का कारण भी नहीं बताया। चिंता के कारण उनकी सोच नकारात्मक हो गई थी जिसके कारण उनके मन में बुरे बुरे विचार आने लगे। इसी नकारात्मक सोच के कारण वह अपने पड़ोसी से बात करने से कतराने लगे। उन में इतना डर समा गया था कि वह सदैव तनाव में रहने लगे और अपना स्वास्थ्य बिगाड़ लिया। अगर उन्होंने अपने पड़ोसी से खुलकर बात कर ली होती और अपनी समस्या उसे बता दी होती या फिर अपनी बेटी को ही अपनी समस्या से अवगत करा दिया होता तो शायद यह स्थिति न आती।

कभी कभी हम उन परिस्थितियों के बारे में चिंता करने लगते हैं जिनको घटित ही नहीं होना। और कभी कभी हम कुछ ऐसा कर बैठते हैं जो न केवल हमारी ही नहीं बल्कि हमारे परिवार की चिंता का कारण भी बन जाता है। हम चिंता का कोई न कोई कारण खोजते रहते हैं। प्रसिद्ध लेखक ब्रायन ट्रेसी का कहना है:

"जब आप पूरी निष्ठा से यह कहते हो कि, 'मैं यह कार्य कर सकता हूँ' तो जितनी बार आप इस बात को दोहराते हो उतनी ही बार आप अपने डर को समाप्त करते हो और अपने आत्म-विश्वास को बढ़ाते हो। इस सोच को बार बार दोहराने से आप अपने साहस तथा आत्म-विश्वास को इतना बल प्रदान करते हो जिससे आपका डर उड़न छू हो जाता है।"

हमारे भूतपूर्व राष्ट्रपति माननीय अब्दुल कलाम साहेब ने सुझाव दिया है कि हमें प्रतिदिन प्रात: निम्न पाँच पंक्तियों का उच्चारण करना चाहिए:

मैं सर्वश्रेष्ठ हूँ।

मैं कर सकता हूँ।

भगवान सदैव मेरे साथ है।

मैं विजेता हूँ।

आज मेरा दिन है।

यदि हम अपना दिन सकारात्मक सोच से प्रारम्भ करते हैं तो हमें दिन भर अपूर्व स्फूर्ति प्राप्त होती है। फिर भी भय तो लगता ही है और लगता ही रहेगा। भय तो हमारे जीवन का एक अंग है। यह भी सच है कि हमारा डर ही हमें आगे बढ़ने से रोकता रहता है। इसके अतिरिक्त हमारे जीवन का एक और महत्वपूर्ण पहलू होता है और वह पहलू है हमारे सपने व हमारे लक्ष्य जो हमें विपरीत परिस्थितियों को झेलते हुए सदैव आगे बढ़ने की प्रेरणा देते रहते हैं। हम जिस मार्ग पर चल रहे हैं हो सकता है वह काँटों से भरा हो। उस पर चलने में अनेकों कष्ट हो सकते हैं। हमें यह भी नहीं ज्ञात कि हमारी इस यात्रा का भविष्य क्या होगा। इस सबके बावजूद यदि हम अपने मार्ग पर अग्रसर हैं तो निश्चय ही हम आगे बढ़ते जा रहे हैं। चलते चलते हमें ज्ञात होता है कि हमने जिन कठिनाइयों की कल्पना की थी उनका तो कहीं अस्तित्व ही नहीं है। इसके अतिरिक्त हमें तो नए नए अनुभव प्राप्त हो रहे हैं और नए तथ्यों का ज्ञान हो रहा है। यह जीवन हमारा जीवन है और हमारे सामने एक खुली सड़क है। हमें अपने वाहन को दोनों हाथों से सम्भाल कर सभी कठिनाइयों और सभी प्रकार के भय पर विजय प्राप्त करते हुए आगे बढ़ना है।

यदि विश्वास नहीं होता तो अपने आस पास घूमने वाली चींटियों को देख लीजिए। चींटियाँ अपने निर्धारित मार्ग पर बिना किसी काल्पनिक भय के चलती रहती हैं। यदि कोई कठिनाई उत्पन्न होती है तो वे उसका तत्काल उपचार कर लेती है। मार्ग में आने वाली बाधाओं के भय से चींटियाँ रुक नहीं जाती। वे उन बाधाओं को पार करने का उपाय खोजती हैं। ये सूक्ष्म जीव हमें जीवन का मुख्य पाठ पढ़ाते हैं, बाधाओं को पार करके आगे बढ़ने का पाठ। वे हमें भय पर विजय प्राप्त करने का पाठ पढ़ाती हैं। वे हमें सिखाती हैं कि जीवन की कोई बाधा ऐसी नहीं होती जिसे पार न किया जा सके।

7

साधारण बाधाओं के चंगुल से बचें

जीवन में सफल होना एक बात है और उस सफलता को पचा पाना दूसरी, जोकि बहुत कठिन है। सफल होने के पश्चात् अपने अहम पर नियंत्रण रखना और स्वभाव में विनम्रता बनाए रखना कहने को तो सरल है पर वास्तव में ऐसा होता नहीं। पहली सफलता पा जाने के पश्चात् हम भूल जाते हैं कि इस सफलता को प्राप्त करने के लिए हमने कितने पापड़ बेले थे। सबसे बड़ी बात यह है कि सफल हो जाने के पश्चात् हम उन लोगों को भी भूल जाते हैं जिनके सहयोग से हमने सफलता प्राप्त की है। अगर हम अपनी सफलता का श्रेय अपने सहयोगियों को नहीं देते तो हो सकता है इसी कारण हम अपनी सफलता को सम्भाल भी न पाएँ। सफल होना सरल है लेकिन सफलता को बनाए रखना अत्यंत कठिन होता है। यदि हमें जीवन में सफल बने रहना है तो इसके लिए आवश्यक है कि हम उन रुकावटों को याद रखे जिनको पार करके हमने सफलता प्राप्त की है और उन से सीख लें कि भविष्य में आने वाली बाधाओं से कैसे बचना है। कभी कभी हम अपनी कठिनाइयाँ स्वयं ही बन जाते हैं। निम्न उदाहरण देखें:

अहम (Ego)

अहम और गर्व में भेद करना बहुत कठिन कार्य है। हम में से अधिकांश लोग अहम और गर्व के भेद को नहीं जान पाते। इसी कारण कभी कभी हम भयंकर भूल कर बैठते हैं। अतः यह आवश्यक है कि हम अहम और गर्व के भेद को भली भांति जान लें।

अहम : अपने आप को महान और सर्वोपरि समझना हमारा अहम है।

गर्व : अपनी सफलता की सुखद अनुभूति करना और उस पर संतोष व्यक्त करना हमारा गर्व है जिसकी लोग प्रशंसा करें जिसमें हमारे सहयोगियों की सहभागिता भी सम्मिलित हो।

अहम और गर्व की उक्त परिभाषा से यह ज्ञात होता है कि अहम एक नितांत व्यक्तिगत तथ्य हैं जिसमें कोई व्यक्ति केवल अपने आप को ही महत्व प्रदान करता है जबकि गर्व की अनुभूति किसी व्यक्ति द्वारा किए गए उन वास्तविक कार्यों से होती है जिन्हें अनेक बाधाओं को पार करने के पश्चात् उसने स्वयं सम्पन्न किया हो। हमारे अहम का कोई ठोस आधार नहीं होता (यदि कोई व्यक्ति अपने आप को महान समझने लगे या दूसरों के मुकाबले अपने आप को श्रेष्ठ समझने लगे तो इससे वह महान नहीं हो जाता। यह केवल उसकी कल्पना होती है वास्तविकता नही होती)। इसके विपरीत गर्व का एक ठोस आधार होता है जो हमारी उपलब्धियों से परिलक्षित होता है। सफलता तभी मिलती है जब आधार ठोस हो न कि अहम की भांति काल्पनिक हो। गर्व सफलता की सीढ़ी है और अहम पतन का मार्ग। अहम हमें कठोर, रुखा, निष्ठुर तथा अप्रिय बनाता है जबकि गर्व से हमें विनम्रता व सद्भाव प्राप्त होता है। अहम हमें घमण्डी बनाता है और गर्व से हमें आत्म-विश्वास प्राप्त होता है। दोनों का भेद जान लेने के पश्चात् भी जब अहम हमारा पीछा नहीं छोड़ता तो हमारा वही हाल होगा जो मिस्टर पाल का हुआ था:

मिस्टर पाल और उसका अहम

मिस्टर पाल अपने कार्यालय में सबका चहेता कार्यकर्ता था। अभी छह माह पूर्व उसकी नियुक्ति बैंक में कार्यालय-सहायक के पद पर हुई थी। बैंक में कार्य की भरमार थी और हर कर्मचारी कार्य की अधिकता से परेशान था। कार्य की अधिकता के कारण कर्मचारियों को मिल बैठ कर बात चीत करने का समय ही नहीं मिलता था। बैंक प्रबंधक प्रधान कार्यालय के आदेशों से अलग परेशान रहता था। कार्य की अधिकता के कारण कर्मचारी प्रबंधक की कोई सहायता नहीं कर पाते थे। लेकिन मिस्टर पाल सदैव प्रबंधक की सहायता करने के

लिए समय निकाल लेता था। केवल प्रबंधक ही नहीं मिस्टर पाल अपने दूसरे साथियों की सहायता करने के लिए भी सदैव तत्पर रहता था।

उसकी एक विशेषता थी कि वह दूसरों की सहायता हँस कर और ख़ुशी ख़ुशी करता था। दूसरों की सहायता करने में न तो उसे गुस्सा आता और न ही वह अप्रसन्न होता था। मुस्कराहट के साथ दूसरों के कार्य में सहयोग करता रहता। अपनी विनम्रता, हँसमुख स्वभाव और मानवीय गुणों के कारण वह सब की आँखों का तारा था। ऐसा होना भी चाहिए था क्योंकि वह एक कर्मठ, ईमानदार और विश्वसनीय कार्यकर्ता था। उसके गुणों से प्रभावित होकर बैंक प्रबंधन ने उसे पदोन्नत कर दिया। कुछ ही वर्षों के पश्चात् वह बैंक के महाप्रबंधक के पद पर पहुँच गया। अपनी विनम्रता, शिष्टता, सरलता, ईमानदारी और कठिन परिश्रम के बल पर उसे महान सफलता प्राप्त हुई।

महाप्रबंधक के लिए विशेष कक्ष होता है जहाँ बैठ कर वह बैंक के कार्य को देखता है। अपने कक्ष को देख कर वह हैरान रह गया। एक बहुत बड़ा साज़ सजावट वाला वातानुकूलित कमरा, शीशे की बहुत बड़ी मेज़, चमकदार फर्नीचर और आरामदायक कुर्सियाँ लगता था वह किसी राजमहल के किसी कक्ष में प्रवेश कर गया है। इसके अतिरिक्त रहने के लिए वातानुकूलित बंगला, वातानुकूलित बड़ी कार, वर्दीधारी ड्राईवर, मोबाइल फ़ोन, लैपटॉप, फ्री हवाई यात्रा, फ्री चिकित्सा सुविधा आदि पाकर वह अपने आप को महान व्यक्ति समझने लगा। कार्यालय में प्रवेश करते ही सारे कर्मचारी अपने-अपने स्थानों पर खड़े होकर उसका सम्मान करते और उसकी हर आज्ञा का तुरंत पालन करते। ऐसा वातावरण पाकर वह अपने आप को महान शासक (राजा) समझने लगा।

उसे लगने लगा कि वह अन्य लोगों से अलग एक सर्वगुण सम्पन्न व्यक्ति है जिसके पास ऐसी अनोखी योग्यताएँ हैं जो किसी और के पास नहीं है। उसे लगने लगा कि बैंक में उस जैसी विलक्षण योग्यताओं वाला कोई और व्यक्ति है ही नहीं। वह सोचने लगा जो मैं कहता हूँ वह ठीक है, जो मैं करता हूँ वह ठीक है, जो मैं सोचता हूँ केवल वही ठीक है। दूसरे कर्मचारियों के बात करने के ढंग में, काम करने के ढंग में, उनके सोचने के ढंग में उसे कमियाँ ही कमियाँ नज़र आने लगी। वह दूसरे कर्मचारियों के हर कार्य में त्रुटियाँ निकालने लगा। उसे "मैं" और "मेरा" सबसे महत्वपूर्ण लगने लगा। उसे लगता कि जो मैं सोचता हूँ वही ठीक है, जो मैं करता हूँ वही ठीक है, जो मेरे पास है वह सर्वश्रेष्ठ है। उसका कहना था कि बैंक के लिए वही नीति

उचित है जो मैं सोचता हूँ। अन्य कर्मचरियों के कार्य को जांचने के मानदण्ड भी उसने स्वयं निर्धारित कर लिए।

उसने अपने निजी सचिव को कठोर आदेश दे दिया कि उसकी आज्ञा के बिना किसी भी व्यक्ति को उसके कक्ष में प्रवेश न करने दिया जाए। एक दिन उसका निजी सचिव छुट्टी पर था और उसकी अनुपस्थिति में एक सभ्य व्यक्ति मिस्टर पाल के कक्ष में एक अति आवश्यक कार्य के संबंध में चला गया। एक अपरिचित व्यक्ति को बिना आज्ञा के अपने कक्ष में पाकर वह आग बबूला हो गया। उसका गुस्सा आसमान को छूने लगा। कक्ष में आने का कारण पूछे बिना मिस्टर पाल उस व्यक्ति को भली बुरी सुनाने लगा। अपनी आँखें तरेरते हुए उसका अपमान करने लगा। वह व्यक्ति मिस्टर पाल को पागलों जैसा व्यवहार करते देख बिना कोई बात किए तुरंत उसके कक्ष से बाहर चला गया।

वास्तव में मिस्टर पाल एक आवश्यक कार्य में बहुत व्यस्त था। अगले सप्ताह बैंक में एक विदेशी प्रतिनिधि मण्डल आने वाला था। इस प्रतिनिधि मण्डल के समक्ष अपने बैंक की कार्यप्रणाली को प्रस्तुत करने का दायित्व उस पर था। कार्यप्रणाली की विस्तृत जानकारी मिस्टर पाल को नहीं थी। इसी कारण उसने यह कार्य बैंक के एक चार सदसीय दल को सौंप दिया था जिसका नेतृत्व मिस्टर भल्ला कर रहे थे। मिस्टर भल्ला और उसके दल के अन्य सदस्य इस कार्य को सफलता पूर्वक करने के लिए रात-दिन कठिन परिश्रम करते रहे। इस संबंध में उन्होंने एक प्राइवेट विशेषज्ञ मिस्टर जॉली को भी नियुक्त किया था। मिस्टर पाल को ख़ुद तो जानकारी नहीं थी इसीलिए उसने यह कार्य मिस्टर भल्ला को सौंप दिया था। मिस्टर भल्ला को कार्य सौंप देने के पश्चात् निश्चिन्त होकर वह चैन की बंसी बजाने लगा।

निश्चित तिथि पर विदेशी प्रतिनिधि मण्डल बैंक में समय पर पहुँच गया और बैंक के कार्यकारी निदेशक ने मिस्टर पाल का परिचय उस कार्यक्रम के कर्णधार के रूप में कराया। कर्णधार का शब्द सुनते ही मिस्टर पाल की बांछे खिल गई और वह गर्व का अनुभव करने लगा। प्रतिनिधि मण्डल को बैंक कार्यप्रणाली की व्याख्या करने के स्थान पर मिस्टर पाल अपनी प्रशंसा करते हुए यह बताने लगा कि उसने स्वयं इस कार्य के लिए कितनी मेहनत की है। उसने बताया कि उसके अतरिक्त बैंक का कोई अन्य कर्मचारी इस कार्य को करने के योग्य ही नहीं था। अगर वह इस कार्य को दिन रात जाग कर पूरा

नहीं करता तो यह कार्य हो ही नहीं सकता था। मिस्टर पाल ने इस कार्य के लिए मिस्टर भल्ला को तथा उसके दल के अन्य सदस्यों को श्रेय देना आवश्यक नहीं समझा।

विदेशी प्रतिनिधि मण्डल को मिस्टर पाल के कार्य में कोई रुचि नहीं थी। वे लोग तो बैंक की विस्तृत कार्यप्रणाली के बारे में अधिक से अधिक जानकारी प्राप्त करने आए थे। वे चाहते थे कि उनकी जिज्ञासा उनके प्रश्नों के सटीक उत्तर देकर की जाए। इसी कारण वे लोग मिस्टर पाल से अनेक प्रकार के प्रश्न पूछने लगे। पाल साहेब ने ख़ुद तो कोई काम किया ही नहीं था। सारा काम मिस्टर भल्ला को सौंप कर वह तो चैन की बंसी बजा रहे थे। प्रतिनिधि मण्डल के प्रश्नों का उत्तर देना उनके बस की बात नहीं थी। इसका पूर्ण ज्ञान तो मिस्टर जॉली को था जिसको मिस्टर भल्ला ने विशेषज्ञ के रूप में नियुक्त किया था। लेकिन मिस्टर जॉली वहाँ उपस्थित नहीं था। अतः उनके सभी प्रश्नों के उत्तर मिस्टर भल्ला को देने पड़े। मिस्टर जॉली ने भल्ला को जो बताया था मिस्टर भल्ला ने वही बातें प्रतिनिधि मण्डल को बता दीं। यदि मिस्टर जॉली इस अवसर पर स्वयं उपस्थित होते तो प्रतिनिधि मण्डल को न केवल संतुष्ट कर सकते थे बल्कि बैंक का नाम भी रोशन हो जाता।

जो सभ्य व्यक्ति मिस्टर पाल के कक्ष में बिना अनुमति के प्रविष्ट हो गया था और मिस्टर पाल ने जिसको अपमानित करके वापिस भेज दिया था वह और कोई नहीं बल्कि मिस्टर जॉली ही था। उस दिन मिस्टर जॉली सम्भावित प्रश्नों के उचित उत्तर तैयार करके उनकी एक फ़ाइल मिस्टर पाल को सौपने आए थे। ताकि प्रतिनिधि मण्डल द्वारा पूछे गए प्रश्नों के ठीक ठीक जवाब दिए जा सकें। परंतु मिस्टर पाल के दुर्व्यवहार के कारण मिस्टर जॉली अपमानित होकर लौट गए थे और जाते-जाते संबंधित फ़ाइल उनके निजी सचिव की मेज़ पर रख गए थे। साथ ही मिस्टर जॉली ने एक स्लिप पर यह संदेश भी छोड़ा था कि वह मिस्टर पाल के साथ आगे से कोई कार्य नहीं करेंगे।

कार्यक्रम के अंत में कार्यकारी निदेशक को ज्ञात हो गया कि मिस्टर पाल ने न केवल बैंक के एक बहुत महत्वपूर्ण कार्यक्रम का बेड़ा-गर्क कर दिया था बल्कि मिस्टर जॉली के साथ बैंक के संबंधों को भी बिगाड़ दिया था। मिस्टर जॉली काफ़ी समय से बैंक के महत्वपूर्ण कार्यों में सहयोग कर रहे थे। उनसे संबंध टूटना भी हानिकारक था। मिस्टर पाल के व्यवहार के कारण बैंक की एक महत्वपूर्ण योजना पर पानी फिर गया था। इसको ध्यान

में रखते हुए निदेशक मण्डल ने मिस्टर पाल को महाप्रबंधक के पद से हटा कर एक निचले स्तर पर नियुक्त कर दिया और उसका स्थानान्तरण दूर के ग्रामीण प्रदेश में कर दिया।

मिस्टर पाल की उक्त कहानी से हम समझ गए होंगे की अचानक अपेक्षा से अधिक प्राप्त प्रगति और सुख सुविधाएँ एक अच्छे भले आदमी के अहम को किस प्रकार सातवें आसमान पर पहुँचा देती हैं। यदि अहम को नियंत्रण में न रखा जाए तो बहुत हानि हो सकती है। निसंदेह हमारे अंदर योग्यता है, गुण हैं, दक्षता है, शक्ति है जिनसे हमारी कार्यकुशलता बढ़ती है। परंतु यह सभी गुण वास्तविक होने चाहिए काल्पनिक नहीं। यदि हमारे इन गुणों का कोई ठोस आधार नहीं है तो हम व्यर्थ ही अपने आप को महान और दूसरों से अधिक गुणवान समझने लगते हैं जिससे हमारा अहम अपनी सीमाएँ लांग जाता है। जब अहम सीमा लांग जाता है तो विनाश का आरम्भ हो जाता है। अतः हमें अपने वास्तविक स्वरूप को समझना चाहिए।

एक सन्त ने इस बारे में कहा है:

"आप एक नहीं बल्कि तीन व्यक्ति हैं, पहला वह जो आप अपने बारे में सोचते हैं, दूसरा जो अन्य लोग आपके बारे में सोचते हैं, और तीसरा वह जो आप वास्तव में हैं।"

आकस्मिक सफलता प्राप्त हो जाने के पश्चात् हम अपने बारे में जो सोचने लगते हैं और वास्तव में हम जो होते हैं इसमें ज़मीन आसमान का अंतर होता है। महानता प्राप्त हो जाना अलग बात है और महान बनना अलग बात है। बिना महान बने जब हम अपने आप को महान सोचने लगते हैं तो हमारी अवनती आरम्भ हो जाती है। उक्त कहानी में मिस्टर पाल एक लोकप्रिय कर्मचारी था। उसकी विनम्रता, मधुर स्वभाव, कर्मठता, दूसरों का सम्मान करने और सहायता करने के गुणों के कारण उसे महाप्रबंधक का पद प्राप्त हुआ था। अति शीघ्र सफलता पा जाने के फलस्वरूप मिस्टर पाल अपनी जड़ों को अर्थात वास्तविक गुणों को भूल गया और उसका अहम सिर चढ़ कर बोलने लगा। जिन लोगों के सहयोग से उसने इतनी पदोन्नति प्राप्त की थी उन्हीं लोगों को वह अब तुच्छ समझने लगा था। वह अन्य सभी लोगों को हेय दृष्टि से देखने लगा। परिणाम स्वरूप वह न केवल अलग थलग पड़ गया बल्कि अपने वास्तविक स्वरूप को भी खो बैठा। जहाँ लोग, उसके गुणों के कारण उसको स्नेह करते थे अब उसे नकारने लगे थे।

अपने वास्तविक गुणों को भुलाकर अहम में जीने के कारण ही उसे महाप्रबंधक के पद से हटा दिया गया।

यदि हम अपने अहम को फलने फूलने देते हैं और अपने अहंकार में रहने लगते हैं तो कुछ समय के पश्चात् वह हमारी पहचान बन जाता है। लोग हमें घमण्डी व्यक्ति के रूप में जानने लगते हैं। अनियंत्रित अहंकार हमारी भयानक तबाही का कारण बन सकता है। हमारी दूसरी कमज़ोरियाँ इतनी हानि नहीं पहुँचातीं जितनी हानि हमारा घमंड पहुँचाता है। इतिहास साक्षी है अहम के कारण बड़े बड़े राज्य मिट्टी में मिल गए, बड़े बड़े साम्राज्यों के नामों निशान मिट गए, भंयकर युद्ध लड़े गए। इसी अहम के कारण विवाह बंधन टूट जाते हैं और करीबी दोस्त रूठ जाते हैं। मानवीय इतिहास में जितनी हानि अहम के कारण हुई है उतनी हानि मानव के किसी अन्य अवगुण से नहीं हुई।

अहम के कारण हम अपने आप को एक अँधेरी गुफा में बंद कर लेते हैं जिसमें बाहरी संसार का प्रकाश नहीं आ पाता। हमारा अहम ही हमारी सोच बन जाती है, हमारा विचार बन जाता है और अहम ही हमारा सब-कुछ बन जाता है जिसमें दूसरे व्यक्तियों के विचारों की अथवा उनकी सोच के लिए कोई स्थान नहीं होता। स्वयं अपने गुणों के गुणगान में हम दूसरों के विचारों को जानने का प्रयास नहीं करते। हम दूसरों की भावनाओं को नहीं समझते, उनके सुख- दुःख से अपना नाता तोड़ लेते हैं। यदि हम अपने अहम के पिंजरे को तोड़ कर बाहर निकल आएँ तो पाएँगे कि जीवन में हमारी सोच, हमारी शिक्षा व हमारे विचारों के अतिरिक्त भी बहुत बड़ा संसार है। हमें ज्ञात होगा कि जीवन में जानने के लिए बहुत कुछ ऐसा है जो हम दूसरों से सीख सकते हैं।

अहम (Ego) से दोस्ती करना

अहम किस इंसान में नहीं होता? हमारे अंदर भी अहम है परंतु यह हमारा दायित्व है कि हम अपने अहम को अपने नियंत्रण में रखें ताकि हमारे अन्य गुण इसकी छाया में न दब जाएँ। इसका सबसे सरल तरीका है कि अपने अहम से मित्रता कर लेना। क्या अहम से मित्रता हो सकती है?

लोगों का कहना है अहम हमारा शत्रु है मित्रता नहीं करता। अहम के कारण हम बहुत सी ग़लतियाँ कर बैठते हैं। यह जो लोगों की सोच है वह पूरी तरह सत्य नहीं है। यह सत्य है कि थोड़ा बहुत अहम हम सबमें होता है। किसी में अधिक और किसी में कम लेकिन होता सबमें है। अंतर इतना है कि कुछ लोग अपने अहम पर संयम रखते हैं और कुछ लोग इसे सिर पर चढ़ा लेते हैं।

वास्तव में अहम से हमारा परिचय बचपन में ही हो जाता है। हम बचपन से ही अपने व्यक्तिव को दूसरों से अलग महसूस करने लगते हैं। विशेषकर जब हमें अपने उत्तरदायित्व का, अपनी सफलता का या अपनी असफलता का अनुभव होना प्रारम्भ होता है तो हम अपना महत्त्व समझने लगते हैं। असफलता की दशा में निराश होते हैं तो सफल होने पर प्रसन्न हो जाते हैं। और अधिक सफलता पाने के प्रयास में हम जी जान लगा देते हैं। जबकि सफलता का पैमाना हर व्यक्ति के लिए अलग अलग होता है लेकिन आजकल तो अधिक से अधिक धन कमाने और अधिक से अधिक शक्तियाँ प्राप्त करने को ही सफलता माना जाता है। जो जितना अधिक धनवान होता है या जितना अधिक शक्तिशाली होता है लोग उसे उतना अधिक सफल मानते हैं। इसी कारण हम भी अपने निजी लाभों को अधिक प्राथमिकता देना प्रारम्भ कर देते हैं और अपने अहम को संयम में नहीं रख पाते।

अहम के कारण हम अपने आप को दूसरों से अलग और महान महसूस करने लगते हैं। हमारा कौशल, हमारी सोच, हमारे गुण, हमारी आदतें, हमारा व्यवहार ये सब हमारी निजी शक्तियाँ हैं जिनके बल पर हम सफलता प्राप्त कर सकते हैं और लोगों से अच्छे संबंध बना सकते हैं. जब तक हम इन शक्तियों को नियंत्रण में रखते हैं तब तक ये हमारी प्रगति में सहायक होती है। जब हम इन पर अपना नियंत्रण खो देते हैं यही शक्तियाँ हमारी रुकावटें बन जाती हैं।

बुद्ध साहित्य में अहम के बारे में रोचक वर्णन मिलता है:

> "अहम को हम दुश्मन समझते हैं क्योंकि यह आक्रमक और अनियंत्रित हो जाता है। लेकिन अहम जैसे अनेक दूसरे भाव भी हमारे तनावग्रस्त मस्तिष्क में घूमते रहते हैं। अगर हमारा पालतु कुत्ता काटना आरम्भ कर दे तो क्या हम उसकी हत्या कर देंगे? चाहिए तो यह कि कुत्ते की हत्या करने की बजाए हम उसे अच्छी आदतें सिखाएँ। अगर हम कुत्ते को डांटते रहेंगे, फटकारते रहेंगे, उसकी अवहेलना करते रहेंगे तो हमें उससे सुधर जाने की आशा नहीं करनी चाहिए। काटना तो कुत्ते के स्वभाव में होता है। इसी प्रकार अहम भी हर मानव में होता है। अगर मानव में अहम का लेश मात्र भी अंश न हो तो मानव न तो कोई इच्छा कर पाएगा, न उसमे जागरूकता ही आ पाएगी और वह सम्पूर्ण मानवीय गुणों से वंचित भी रह जाएगा।"

अहम हमारे व्यक्तिव का अभिन्न अंग होता है। इसको जड़ से समाप्त कर देना नितांत असम्भव है। लेकिन हमें अपने अहम को संयम में रखना चाहिए अन्यथा यह हमारी छवि, हमारे विवेक और हमारे अनुभव को धूमिल कर देगा। अहम को मस्तिष्क पर हावी होने से पहले ही रोकना होगा। अगर हमारा अहम एक बार हमारे मस्तिष्क पर हावी हो गया तो हम अपनी महत्वाकांक्षाओं के समक्ष घुटने टेक देंगे और यथार्थ से अपनी आँखें बंद कर लेंगे, अपनी अंतर-आत्मा की आवाज़ भी हमें सुनाई नहीं देगी। आपने एक नई तकनीक जी.पी.एस. (G.P.S.) के बारे में तो सुना होगा? हमारे अहम को G.P.S. की भांति हमारे लक्ष्य तक पहुँचने में हमारा मार्गदर्शन करना चाहिए। यदि G.P.S. ख़राब हो और केवल हमारे निजी लाभ और लालच के अनुसार तैयार किया गया हो तो इससे हमारा लक्ष्य प्राप्त होने से रहा। ऐसा G.P.S. हमारे किसी काम का नहीं। इसकी सहायता से तो हम अपने लक्ष्य तक नहीं पहुँच पाएँगे बल्कि हम अपने मार्ग से भटक जाएँगे और हम कभी अपना लक्ष्य प्राप्त नहीं कर पाएँगे। ऐसा ही कुछ हमारे अहम के साथ होता है। इसलिए नहीं कि अहम एक दुर्गुण है बल्कि इसलिए कि अहम जो मार्ग दिखता है उसकी सूचना का आधार ग़लत होता है। उसमें हमारे निजी लाभ और लालच की भावना निहित होती है जो ठीक नहीं होती। अत: हमें अपने अहम के G.P.S. में ऐसी सूचना को सम्मलित करना होगा जो हमारी ठीक सहायता करे और हमें हमारे लक्ष्य तक पहुँचाने में उचित मार्गदर्शन करे। अहम के G.P.S. में सूचना सम्मलित करने का अर्थ है अपने अहम से मित्रता करना।

अहम से मित्रता हो जाने के पश्चात् हमारा अहम न केवल हमारे आत्म-विश्वास में वृद्धि करेगा बल्कि लक्ष्य प्राप्त करने में भी सहायक होगा। हमें अपने अहम से तभी लाभ प्राप्त होगा जब हम उसपर अपना नियंत्रण रखेंगे। नियंत्रण रखने का तात्पर्य यह नहीं कि हम अपने मूलभूत स्वरूप को भुला दें, हमें केवल अपनी सोच में ऐसा बदलाव करना होगा जिससे लोगों को हमारे वास्तविक गुण दिखाई दें, हम विनम्र बनें और उनका सम्मान करें जिनके सहयोग से हम कुछ कर पा रहे हैं। इसी को कहते हैं अहम से मित्रता करना। अहम को मित्र बनाने का एक लाभ तो यह है कि हम जीवन में कुछ रचनात्मक कार्य कर पाएँगे। यह उस कच्ची मिट्टी के समान है जो कुम्हार के हाथों में जा कर सुविधा के अनुसार भिन्न भिन्न आकर प्राप्त कर लेती है। लेकिन होती तो वह मिट्टी ही है। इसी प्रकार अहम तो अहम ही रहता है परंतु नियंत्रण में रहकर वह रचनात्मक कार्य करता है और अनियंत्रित होकर विनाश का कारण बनता है। कुम्हार की मिट्टी के समान हमें अपने अहम को रचनात्मक कार्यों का रूप देना पड़ेगा।

इस प्रकार हम अपने अहम को ऐसा रूप दे सकते हैं जो कल्याणकारी है, रचनात्मक है, मितव्ययी है और जिसके माध्यम से हम जीवन के नए-नए लक्ष्य प्राप्त कर सकते हैं।

मिस्टर मीर मुहम्मद अली ख़ान ने अपने अहम से मित्रता की थी। जानिए इस मित्रता का मीर को क्या लाभ हुआ:

मीर मुहम्मद अली ख़ान और उसका अहम

*मीर मुहम्मद अली ख़ान जब अमेरिका पहुँचा तो उसकी आयु मात्र 19 वर्ष थी। वहाँ की जगमगाहट, अनजान चेहरे, नई संस्कृति, नए लोग, नई भाषा, अलग रहन-सहन से जब उसका सामना हुआ तो वह हतप्रद रह गया। अमेरिका तो वह नौकरी की तलाश में गया था। नौकरी की तलाश में घूमते घूमते एक दिन उसे "बर्गर किंग" के रेस्टोरेंट पर लगा एक बोर्ड दिखाई दिया "**कामगारों की आवश्यकता है, आवेदन करें**" मीर मुहम्मद को कुछ आशा बंधी और वह अंदर जाकर वहाँ के प्रबंधक मिस्टर जोहन रीड को मिला। छोटे से साक्षात्कार के पश्चात् उसे 3.55 डालर प्रति घंटे के हिसाब से नौकरी मिल गई। उसका काम था मेजों को साफ़ करना, फर्श को धोना और बाथरूम की सफाई करना।*

अपनी ड्यूटी के कामों को देखकर उसके पसीने छूट गए। उसका संबंध एक शाही परिवार से था। उसके दादा जी माने हुए नवाब थे। उसके नाना जी पाँच प्रान्तों के गवर्नर थे। कराची पाकिस्तान में उनके शाही मकान में नौकरों की फौज काम करती थी। इतने बड़े ख़ानदान से संबंध होने के कारण छोटे स्तर की नौकरी स्वीकार करने में उसका अहम उसके आड़े आ रहा था। लेकिन उसे यह भी ज्ञात था कि वह अमेरिका एक उद्देश्य को लेकर आया है। हर हाल में वह अपना लक्ष्य प्राप्त करना चाहता था। यूनिवर्सिटी की फ़ीस देने के लिए उसे पैसों की ज़रूरत थी। इसलिए वह मिलती हुई नौकरी को छोड़ना भी नहीं चाहता था। वह दुविधा में पड़ गया। कुछ समय तक वह अपने शाही ख़ानदान की इज़्ज़त के बारे में सोचता रहा। फिर उसने अपनी वर्तमान स्थिति पर ध्यान दिया और अपनी भविष्य की योजनाओं के बारे में भी गंभीरता से सोचा। गहन चिन्तन करने के पश्चात् उसने अपने अहम को त्याग कर नौकरी को स्वीकार कर लिया। यदि मीर मुहम्मद अली ख़ान ने अहम के कारण यह मौका हाथ से जाने दिया होता तो वह वाल स्ट्रीट में इंवेस्टमेंट बैंक का आज मालिक नहीं बनता। अपने अहम से मित्रता करने का उसे यह फल मिला था।

बर्गर किंग में नौकरी करने के लिए उसे हर रोज़ अपनी बहन के घर से बर्गर किंग पहुँचने तक चार मील घुटनों ऊँची बर्फ में चल कर पैदल जाना पड़ता था। पहले ही दिन जब उसे सफाई कर्मचारी की वर्दी पहन कर फर्श धोने

पड़े तो उसकी आँखों में आँसू आ गए। शाही ख़ानदान का होने के बावजूद उसे सफाई कर्मचारी बनना पड़ा। अपने इस हाल को देखकर वह ज़ोर ज़ोर से रोने लगा। प्रबंधक ने जब उससे रोने का कारण पूछा तो वह अपनी भावना को छुपा गया और कहा कि सफाई के लिए प्रयुक्त अमोनिया के प्रयोग से उसकी आँखों में पानी आ गया था।

*उक्त घटना से उसने पहला सबक यह सीखा कि चाहे जीवन में कितनी भी कठिनाईयाँ आएँ हमें न केवल उनका मुक़ाबला हँस के करना है बल्कि उनसे आगे के लिए कुछ सीखना भी है। उसने अपना लक्ष्य निर्धारित कर लिया था और लक्ष्य था यूनिवर्सिटी की फ़ीस के लिए धन अर्जित करना। अहम के कारण वह अपना लक्ष्य नहीं छोड़ना चाहता था। उसका ध्यान अपने लक्ष्य पर केन्द्रित था। वह बर्गर किंग में सांय 4 बजे तक कार्य करता फिर सांय 5.45 से रात 11.45 तक पूर्णकालिक कक्षाओं में भाग लेता। शनिवार और रविवार को वह कॉर्पोरेट सिक्यूरिटी डेस्क पर प्रातः 7 बजे से रात 11 बजे तक ड्यूटी देता। शनिवार और रविवार को लोगों की छुट्टी रहती थी अतः उसे पढ़ाई के लिए काफ़ी समय मिल जाता था। यह ऐसी ड्यूटी थी जिसको करने के साथ साथ वह अपनी पढ़ाई भी कर सकता था। अगले वर्ष से उसने गर्मियों में काउन्टी से न्यू यॉर्क हवाई अड्डे तक टैक्सी चलाना आरम्भ कर दिया। उसका सामना भिन्न-भिन्न प्रकार के यात्रियों से हुआ। कुछ यात्री तो अच्छे थे लेकिन कुछ यात्री गुस्सैल, रोबदार, धमकी देने वाले और कुछ तो टैक्सी का किराया भी नहीं देते थे। अपनी छोटी सी आयु में उसने जीवन के बड़े बड़े सबक सीखे। "**उसने सीखा की दूसरों द्वारा फैंकी गई ईंटों से अपना घर कैसे बनाते हैं।**"*

उसने यह सीखा कि हमें सदैव अपना ध्यान फालतू चीजों पर नहीं बल्कि अपने लक्ष्य पर रखना चाहिए। बर्गर किंग में नौकरी करने के दौरान उसने उसकी कार्यप्रणाली का विस्तृत अध्यन किया था। बाद में जब उसने अपना इंवेस्टमेंट बैंक खोला तो वह बैंक के निदेशक-मण्डल में कुछ सम्मानित व्यक्तियों को शामिल करना चाहता था। इसके लिए उसे तलाश थी अमेरिका के सम्मानित धन-कुबेरों की। इस सिलसिले में वह 32 खरब डालर की कम्पनियों के मालिक मिस्टर जोए अंटोनीयस (Joe Antonius) से मिलने पहुँच गया। उन दोनों में एक समानता थी। मीर मुहम्मद अली ख़ान जिस कार्यालय के फर्शों की धुलाई का काम करता था, जोए उस कम्पनी का संचालक था।

जोए को मिलने के लिए वह सीधा उसके कक्ष में गया और अपना परिचय देने लगा। उसने कहा:

"मेरा नाम मीर मुहम्मद अली ख़ान है और मैं के.एम.एस. इंवेस्टमेंट बैंक का संस्थापक अध्यक्ष हूँ। मैंने पहली नौकरी आप द्वारा संचालित एक रेसटोरेंट के फर्श धोने के काम से शुरू की थी।

इतना सुनते ही मिस्टर जोए अंटोनीयस ज़ोर ज़ोर से हँसने लगा। वह अपनी हँसी नहीं रोक पा रहा था। वहाँ बिल गेट्स, वारेन बुफेट, और पीटर लिंच जैसे अमेरिका के अन्य धनकुबेर भी बैठे थे। मीर मुहम्मद अली ख़ान की बात पर उन्हें विश्वास नहीं हुआ। वे हैरान थे कि एक प्रसिद्ध इंवेस्टमेंट बैंक का अध्यक्ष फर्श साफ़ करता था और वह इस बात को सबके सामने स्वीकार भी करता है।

जोए अंटोनीयस ने मीर को बुलाया और उसे एक कोने में ले जाकर उससे पूछा, "फर्श साफ़ करते समय तुम्हें सबसे अच्छा क्या लगता था?"

मीर ने कहा, "अमोनिया।"

"क्यों?"

मीर ने बताया, "मैं अपनी नौकरी से सख़्त नफ़रत करता था। इससे मेरे अहम को बहुत चोट पहुँचती थी। इस नौकरी से मुझे इतनी नफ़रत थी कि नौकरी के पहले सप्ताह मैं रोता रहता था। अगर कोई मेरे रोने का कारण पूछता तो में कह देता कि मेरी आँखों में पानी अमोनिया के कारण आ रहा है और में रो नहीं रहा। अमोनिया ने मेरे अहम को छुपा के रखने में मेरी बहुत सहायता की थी। बाद में जोए अंटोनीयस उसके निदेशक मण्डल में न केवल शामिल हुआ बल्कि उसने फोरबिस, योबलोन, मारियो, एंडरेती तथा अन्य स्थानों से अन्य छह सदस्यों को भी निदेशक मण्डल में शामिल करवा दिया। उसने मीर से कोई वेतन भी नहीं लिया।

निदेशक मण्डल की पहली मीटिंग में जोए अंटोनीयस ने सभी सदस्यों को सम्बोधित करते हुए कहा, "यदि एक शाही परिवार का नौजवान अपने लक्ष्य को प्राप्त करने के लिए अपने अहम को ताक पर रख कर बाथरूम की सफाई का कार्य कर सकता है और यह बात सब लोगों को बताने में गर्व भी महसूस कर सकता है तो उसने वास्तव में अपने लक्ष्य की प्रप्ति के लिए अपने अहम पर विजय पाई है। अगर 29 वर्ष की आयु में वह एक इंवेस्टमेंट बैंक का मालिक बन गया है तो सोचो 50 वर्ष की उम्र में वह क्या कर गुज़रेगा।"

इस समय मीर मुहम्मद अंतर्राष्ट्रीय ख्याति प्राप्त इंवेस्टमेंट बैंकर है, कैपिटल मार्किट का परामर्शदाता है, एक अन्य वित्तीय संस्था का संस्थापक अध्यक्ष है, न्यू जर्सी स्टेट मेयर्स का सदस्य है और अमेरिका का सीनेटर भी है।

हमारे मस्तिष्क में सदैव विचारों का संघर्ष चलता रहता है हमारा अहम हमारे मस्तिष्क में उत्तेजना पैदा करता है जिससे हमारा मन अशांत होता है। एक ओर हम ऐसा व्यक्ति बनने के बारे में सोचते हैं जिसे सब लोग प्यार करें, उसका सम्मान करें और उसे अपनी आँखों पर बिठाएँ परंतु तुरंत ही हमें अपने लक्ष्य पाने में असफल होने का डर सताने लगता है। इसका मुख्य कारण हमारा अहम होता है जो पग-पग पर हमारा रास्ता रोक लेता है। ऐसी स्थिति में हम अपने विचारों का परीक्षण भली भांति नहीं कर पाते और दुविधा की स्थिति में ग़लत कार्य कर बैठते हैं। दूसरी ओर जब हमारा मस्तिष्क शांत होता है हम अपने विचारों पर उचित ध्यान दे पाते हैं तो हमारे मस्तिष्क और मन की शांति हमारे अहम को सीमा से बाहर जाने से रोकने में सहायक होती है।

हमारी हीन भावना

आत्म-सम्मान और आत्म-विश्वास की कमी का होना हीन भावना कहलाता है। इसका मुख्य कारण है अपनी योग्यता पर संदेह करना, सदैव अस्थिरता की स्थिति में रहना और अपने आप को दूसरों से कम आँकना। इस प्रकार की भावनाएँ जब हमें घेर लेती हैं तो उनके दबाव में हम साधारण कार्य करने में भी असमर्थ रहते हैं तो समझो हम हीन भावना के शिकार हो गए हैं। आमतौर पर हीन भावना तब उत्पन्न होती है जब हम यह मानने लगते हैं कि दूसरे लोग हर क्षेत्र में हम से अधिक सफल हैं। हम अपने आपको सबसे कमज़ोर समझने लगते हैं। हम यह समझने लगते हैं कि हम उतना अच्छा कार्य नहीं कर सकते जो दूसरे लोग कर सकते हैं। हम सोचने लगते हैं कि हम कोई भी कार्य सफलतापूर्वक नहीं कर सकते। इससे होता क्या है, हम अपना वर्तमान जीवन भी आराम और सुख से नहीं जी पाते और तनाव में रहने लगते हैं। यदि हमें कोई महत्वपूर्ण कार्य करने का अवसर प्राप्त होता है जिसे करने की योग्यता तो हमारे पास है लेकिन हीन भावना के कारण हम उस कार्य को करने में बिना कारण हिचकिचाने लगते हैं। हम सोचने लगते हैं कि यह कार्य हम नहीं कर पाएँगे। पता नहीं यह नकारात्मक सोच हमारे दिमाग़ में आती कहाँ से है? यह नकारात्मक सोच ही हमें आगे बढ़ने से रोकने लगती है। हम जो भी कार्य आरम्भ करते हैं उसे अधूरा ही छोड़ देते हैं। यह सब हमारी हीन भावना के कारण होता है। प्राची और स्वाति की कहानी भी कुछ ऐसी ही है:

प्राची और स्वाति का साक्षात्कार

एक नौकरी पाने के लिए प्राची ने आवेदन भेजा था और अब उसे साक्षात्कार के लिए बुलाया गया था। वह एक मेधावी छात्रा थी और स्नातक की उपाधि बड़े अच्छे अंकों से प्राप्त की थी। साक्षात्कार का निमंत्रण पाकर वह फूली नहीं समा रही थी। साक्षात्कार में सफल होने के लिए वह दिन रात मेहनत करने लगी। तैयारी करने के लिए उसने अनेक पुस्तकें ख़रीद लीं, नोट्स तैयार करने लगी और एक प्रशिक्षण केंद्र में दाख़िला भी ले लिया। वह हर हाल में साक्षात्कार में सफल होना चाहती थी। इतनी मेहनत करने के पश्चात् उसे विश्वास हो गया था कि उसका साक्षात्कार सफल होगा और उसका चयन हो जाएगा।

निश्चित तिथि को वह साक्षात्कार के लिए निर्धारित स्थान पर पूरी तैयारी के साथ पहुँच गई। इस नौकरी को पाने के लिए वहाँ पर और भी बहुत सारे उम्मीदवार आए हुए थे। साक्षात्कार आरम्भ होने में अभी समय था और एकत्र उम्मीदवार आपस में वार्तालाप करने लगे। हर उम्मीदवार एक दूसरे की योग्यता व अनुभव जानना चाह रहा था। प्राची उम्मीदवारों के वार्तालाप को बड़े ध्यान से सुन रही थी। उसे जानकर हैरानी हुई कि बाक़ी सब उम्मीदवारों की शैक्षणिक योग्यताएँ उससे अधिक थीं और उसकी शिक्षा सबसे कम थी। उन्हें नौकरी करने का अनुभव भी था और वे सब प्राची से अच्छी अँग्रेज़ी बोल लेते थे। दूसरे उम्मीदवारों की योग्यता, उनका अनुभव और अँग्रेज़ी भाषा का ज्ञान अपने से अधिक जानकर प्राची के मन में अपनी सफलता पर शक होने लगा। हतोत्साहित होकर वह यह भूल गई कि स्वयं उसने भी इस साक्षात्कार के लिए दिन रात जाग कर कड़ी मेहनत की है और यहाँ पूरी तैयारी के साथ आई है।

अभी वह कुछ सोच ही रही थी कि वहाँ स्वाति नाम की एक और लड़की साक्षात्कार के लिए आ गई। स्वाति को देखकर प्राची की बाँछें खिल गईं। दोनों सहेलियाँ थीं और एक ही स्कूल में साथ-साथ पढ़ती थीं। जाने पहचाने चेहरे को देखकर प्राची को बड़ा सुकून मिला। बाकी सब उम्मीदवार तो अनजान लोग थे। स्वाति ने नए फ़ैशन की बहुत सुंदर ड्रेस पहन रखी थी। उसके हाथों में बहुत कीमती मोबाइल फ़ोन था। वह मंद मंद मुस्करा भी रही थी। बहुत सारे उम्मीदवारों की निगाहें स्वाति को देखने लगी। स्वाति को पहली बार यहाँ देखकर प्राची को जो प्रसन्नता हुई थी वह उसकी चमक दमक को देखकर गायब हो गई। अब प्राची मन ही मन घबराने लगी। स्वाति के

रोबदार व्यक्तित्व को देखकर उसे लगने लगा वह साक्षात्कार में सफल हो जाएगी। इससे उसके मस्तिष्क में तनाव बढ़ने लगा और वह नर्वस हो गई। उसे असफल होने का डर सताने लगा। वह हीन भावना की शिकार हो गई जिससे उसकी तबियत बिगड़ने लगी। इससे पहले कि लोग उसे हँसी का पात्र बनाएँ उसने साक्षात्कार में भाग न लेने का फ़ैसला कर लिया। असफल होने से उसकी बदनामी होगी लेकिन बीमारी के बहाने से वह अपनी असफलता को छुपा सकती थी। यह सोचकर प्राची बिना साक्षात्कार में भाग लिए वहाँ से चली गई।

एक सप्ताह के बाद स्वाति प्राची की तबियत का हाल जानने के लिए उसके घर पहुँच गई। स्वाति प्राची से उसकी सेहत के बारे में बात करना चाहती थी लेकिन प्राची के मन में साक्षात्कार का परिणाम जानने की उथल-पुथल मची हुई थी। दूसरे उम्मीदवारों की उच्च शिक्षा और उनके अनुभव को ध्यान में रखते हुए प्राची को लग रहा था कि स्वाति का चयन भी नहीं हुआ होगा। स्वाति ने उसे बताया कि साक्षात्कार में उसने भाग लिया था और उसका चयन भी हो गया है। अब प्राची को लगने लगा हो न हो स्वाति का चयन उसकी योग्यता के बल पर नहीं बल्कि उसकी फैशनेबल पोषाक और कीमती मोबाइल फ़ोन के कारण हुआ होगा। स्वाति ने प्राची को बताया कि कम्पनी ऐसे उम्मीदवारों का चयन करना चाहती थी जो फ्रेश हों जिन्होंने हाल ही में स्नातक की परीक्षा पास की हो ताकि कम्पनी उन्हें अपनी ज़रूरत के अनुसार प्रशिक्षण दे कर कार्य के लिए तैयार कर सके। साक्षात्कार मण्डल उम्मीदवारों का चयन उनके अंकों की आधार पर या उनके अनुभव के आधार पर नहीं कर रहा था। उनको ऐसे उम्मीदवारों की खोज थी जो साधारण प्रकृति के हों, जिनमें मानवीय गुण हों और जो अपने आप को कम्पनी की संस्कृति के अनुसार ढाल सकते हों।

प्राची को यह जानकर बहुत दुःख हुआ। उसने एक सुनहरा अवसर अपनी हीन भावना के कारण छोड़ दिया था। वह अपने आप को दूसरों के मुकाबले कम आँकती रही। उसे यह जानकर भी हैरानी हुई कि जिस स्वाति को वह उसकी पोशाक व कीमती मोबाइल के कारण अपने से अधिक योग्य समझ रही थी वह स्वाति भी साक्षात्कार से पहले घबरा गई थी और उसके पसीने छूट गए थे। लेकिन अपनी घबराहट को उसने आड़े नहीं आने दिया और नर्वस होने के बावजूद साक्षात्कार में भाग लेने का निश्चय कर लिया। उसने यह सोच कर साक्षात्कार में भाग लिया कि यदि उसे नौकरी न भी मिली

तो कम से कम साक्षात्कार में भाग लेने का अनुभव तो प्राप्त हो ही जाएगा। यह स्वाति का आत्म-विश्वास था जिसके बल पर उसे सफलता प्राप्त हुई थी। अब प्राची को ज्ञात हुआ कि उसके हाथ से अवसर खो जाने का कारण न तो उसकी योग्यता की कमी थी न ही उसके अनुभव की कमी। उसने यह अवसर अपनी हीन भावना के कारण खोया था।

हीन भावना हम सब में होती है। किसी में कम और किसी में अधिक। एक विद्यार्थी अपने को अध्यापक से हीन समझता है, एक क्लर्क अपने को बॉस से हीन समझता है। यदि क्लर्क का संबंध किसी धनवान और उच्च ख़ानदान से हो तो उसका बॉस भी अपने आपको क्लर्क से हीन समझने लगता है। यह एक आम बात है। अपने आप को दूसरों से कम आँकने से कोई हानी नहीं होती। हानी तब होती है जब हम हीन भावना से ग्रस्त हो जाते हैं। यदि मानव हीन भावना से ग्रस्त हो जाए तो यह उसकी चाल में, उसकी बात चीत में, उसके व्यवहार में और उसके हर कार्य में झलकने लगती है। जब ऐसा होता है तो यह लक्ष्य प्राप्ति के मार्ग में बड़ी बाधा बन जाती है।

हीन भावना के कारण हम अपनी सफलता और अपनी उपलब्धियों का श्रेय अपनी योग्यता, अपने परिश्रम और अपने प्रयासों को न देकर अपने भाग्य और अपनी क़िस्मत को देने लगते हैं। हमने यह सफलता अपनी क़िस्मत से पाई है, यह प्रथम स्थान हमें हमारे भाग्य से प्राप्त हुआ है। जब हम ऐसा सोचने लगते हैं तो कहीं न कहीं अपने आत्म-विश्वास को अपनी कर्तव्यनिष्ठा को ठेस पहुँचाते हैं। किसी कार्य को पूरा करने में हम कठिन परिश्रम करते हैं, जी जान लगा देते हैं। जब कार्य सफलतापूर्वक पूरा हो जाता है तो हम अपने परिश्रम को भूलकर सारा श्रेय अपने भाग्य को या अपनी क़िस्मत को देने लगते हैं। जब हम किसी कार्य में सफलता अपनी शारीरिक और बौद्धिक क्षमताओं के बल पर प्राप्त करते हैं तो उसके लिए अपने आप को श्रेय क्यों नहीं देते? क्यों हम अपने से अधिक अपने भाग्य पर भरोसा करने लगते हैं? इसका मुख्य कारण है कि हमें अपनी क्षमता, अपनी योग्यता पर विश्वास नहीं होता। हमें अपने आप पर ही संदेह होने लगता है।

कभी कभी हम अधिक महत्वकांक्षी हो जाते हैं। जब हम अपना लक्ष्य निर्धारित करने के बारे में सोचते हैं तो ऊँचे से ऊँचा लक्ष्य निर्धारित करना चाहते हैं। हम चाहते हैं कि सम्पूर्ण साम्राज्य का निर्माण तुरंत हो जाए। मान लो एक उद्यमी बहुत बड़ा उद्योग स्थापित करना चाहता है। वह एक बहुत बड़ी ऐसी अंतर्राष्ट्रीय कम्पनी स्थापित करना चाहता है जिसके कार्यालय विश्व के अनेक देशों में हों। यह लक्ष्य कोई साधारण लक्ष्य

नहीं है। इसके पूरा होने में कई वर्षों का समय लग सकता है। इसके लिए बहुत अधिक धन की आवश्यकता होगी, नए नए बहुत से लोगों के साथ सम्पर्क करना होगा और कार्य पूरा होने तक लम्बे समय तक धैर्य भी रखना होगा। कार्य पूरा करने के लिए सभी प्रकार के प्रबंध करने होंगे, कुशल कर्मचारियों की भर्ती करनी होगी, विभिन्न सरकारों, उनके कार्यालयों व प्राधिकरणों की मंजूरी प्राप्त करने के अतिरिक्त कई प्रकार की कानूनी औपचारिकतायें निभानी पड़ेंगी। इन सभी कार्यवाहियों को पूरा करने में बहुत समय लग सकता है। फिर भी अनिश्चितता की स्थिति बनी रहती है। यह लक्ष्य प्राप्त करने में जितना समय लगेगा उतने समय में तो पहले से ही स्थापित कई अन्य कम्पनियाँ बहुत आगे पहुँच चुकी होंगी। उनकी उन्नति को देखकर उद्यमी के मन में हीन भावना अवश्य उत्पन्न हो जाएगी। अपनी सामर्थ्य से ऊँचा लक्ष्य तय करने से भी हीन भावना उत्पन्न होती है।

हम कोई कार्य करने के लिए सक्षम हैं। उस कार्य को करने की हमारी योग्यता भी है और क्षमता भी है फिर भी यदि हम उस कार्य को किसी कारणवश पूरा नहीं कर पाते तो ऐसी स्थिति में भी हम हीन भावना के शिकार हो जाते हैं। मान लो हम कॉलेज में वरिष्ठ प्रवक्ता का कार्य करने में निपुण हैं लेकिन कॉलेज में प्रवक्ता का स्थान रिक्त न होने के कारण हमें निम्न स्तर के अध्यापक के रूप में कार्य करना पड़ता है। काफ़ी लम्बे समय तक इस स्थिति में बने रहने के पश्चात् हमें अपनी योग्यता पर, अपनी क्षमता पर संदेह होने लगता है। हम सोचने लगते हैं कि हमारी योग्यता में कमी है या फिर हमारी क्षमता में कमी है। सक्षम होने के पश्चात् भी यदि हमें प्रवक्ता का पद प्राप्त नहीं हुआ तो इसमें कुछ न कुछ कमी हमारी ही है। हमारी यही सोच हमें हीन भावना की ओर ले जाती है।

एक बार हीन भावना का शिकार हो जाने के पश्चात् इसका प्रभाव हमारे सभी कार्य क्षेत्रों में दिखने लगता है। हम अपने आप को दूसरे लोगों के मुकाबले हीन समझने लगते हैं। अपनी हीन भावना को छुपाने के लिए हम कई अन्य प्रकार के उपाय अपनाने लगते हैं। हम बिना विश्वस्त हुए अपने आत्म-विश्वास का झूठा प्रदर्शन करने लगते हैं। बिना साहस के हम साहसी होने का प्रदर्शन करते हैं। जिन्हें हम अपने से अधिक श्रेष्ठ समझते हैं उन्हें नीचा दिखाने का प्रयास करते हैं। आर्थिक सामर्थ न होने के बावजूद हम महंगे कपड़े ख़रीद कर, महंगे उपकरण ख़रीद कर दूसरों के मुकाबले बड़ा होने का ढोंग रचने लगते हैं। इन प्रयासों से कुछ समय तक तो हम दूसरों को बेवकूफ़ बना सकते हैं पर अधिक समय तक यह चाल काम नहीं करती। मन में तो हम असुरक्षित महसूस करते ही रहते हैं। हमें भांडा फूट जाने का डर सदैव सताता रहता है। हम हीन भावना से ग्रस्त हैं इसके बावजूद यदि हमें किसी उच्च पद पर तैनात कर दिया जाए

तो फिर हमारे आधीन कार्य करने वाले कर्मचरियों की खैर नहीं। अपने आप को सबसे अधिक योग्य साबित करने के लिए हम अपने अधीनस्त कर्मचारियों के कार्य में हर प्रकार की त्रुटि निकालते रहेंगे। हम ऐसा इसलिए करते हैं क्योंकि हीन भावना के कारण हम अपने आप को असुरक्षित महसूस करते हैं। अपनी कमियों को छुपाने के लिए दूसरों के कार्य में कमियाँ ढूँढने लगते हैं।

कुछ शोधकर्ताओं का मानना है कि हीन भावना के बीज बचपन से ही प्राप्त हो जाते हैं। कुछ अभिभावक अज्ञानतावश बच्चों में आत्म सम्मान की कमी का अहसास करवा देते हैं। इससे यह अभिप्राय नहीं कि अभिभावक बच्चों को सख़्त अनुशासन में रखते हैं। इसका प्रभाव तब होता है जब अभिभावक अपने बच्चों की तुलना दूसरे बच्चों से करके अपने बच्चों की कमियाँ गिनाने लगते हैं। अपने बच्चों में उन्हें दूसरे बच्चों की तुलना में कमियाँ ही कमियाँ दिखाई देती हैं। ऐसी अवस्था में बच्चों के अपरिपक्व मन में हीन भावना घर कर जाती है। बचपन में प्राप्त यह भावना जीवन पर्यन्त उनका पीछा नहीं छोड़ती। हम जितनी भी कोशिश करें बचपन की हीन भावना से छुटकारा पाना कभी कभी अत्यंत कठिन हो जाता है।

हमें अपनी हीन भावना के कारण जानने का प्रयास करना चाहिए। हमें पता लगाना होगा कि हम अपने आप को दूसरों के मुकाबले हीन क्यों समझते हैं? इस समस्या की जड़ें बहुत गहरी हैं और पूरे समाज में फैली हुई हैं। यद्यपि इसका कोई सरल समाधान नहीं है फिर भी हम यह जानने की कोशिश कर सकते हैं कि हमारे जीवन में इसका क्या प्रभाव होता है और हम इस प्रभाव को कैसे कम कर सकते हैं।

सामान्य तौर पर हमारे समाज में यह समझा जाता है कि जो लोग खूबसूरत हैं, दिखने में अच्छे लगते हैं, लम्बे हैं जिनके नयन नक्श अच्छे हैं वे लोग दूसरों से श्रेष्ठ होते हैं। आम तौर पर यह मान लिया जाता है कि ऐसे लोग जीवन के हर क्षेत्र में अन्य लोगों के मुकाबले अधिक सफल होते हैं। हम अनचाहे ही ऐसे लोगों का सम्मान करने लगते हैं और दूसरे लोगों को नीची निगाह से देखने लगते हैं।

यह भावना बचपन से ही हमारे मन में पैदा हो जाती है। जो हम देखते हैं वही करने लगते हैं। हम कभी भिखारियों को इज़्ज़त की नज़र से नहीं देखते। अपने घर में काम करने वाले नौकरों का सम्मान नहीं करते। हम कुछ लोगों का उपहास उनकी शक्ल को देखकर करने लगते हैं। कुछ लोगों की चाल पर हमें हँसी आने लगती है और कुछ असहाय लोगों का मज़ाक उड़ाने में हमें आनंद आता है। यदि हमें किसी सफल बड़े उद्योगपति, या बड़े नेता को मिलने का अवसर प्राप्त हो तो हम उनसे न केवल मिलने को आतुर रहते हैं बल्कि उनकी प्रशंसा के गीत गाने लगते हैं। हम हर सम्भव प्रयास

करके उनसे व्यक्तिगत सम्पर्क बनाने का प्रयास करते हैं भले ही हमें उनके चरित्र के बारे में कोई जानकारी न हो। इसके विपरीत हम कमज़ोर लोगों को हेय दृष्टि से देखते हैं चाहे उनके मानवीय गुण हम से अच्छे ही क्यों न हों। हम ऐसा इसलिए करते हैं क्योंकि ऐसा करना हमने बचपन में ही सीख लिया था।

इस प्रकार हीन भावना का थोड़ा बहुत तत्व हम सब के अंदर मौजूद रहता है जिसके कारण हमारे मन में डर और संदेह की स्थिति बन जाती है। डर और मन का संदेह प्रगति में रुकावट पैदा करते हैं। जब हमें अपने आप पर संदेह होने लगता है, अपनी क्षमता और योग्यता से हमारा विश्वास उठ जाता है तो हमारे लिए किसी चुनौती भरे कार्य को करना कठिन हो जाता है। आत्म-विश्वास की कमी और निष्ठा में गिरावट होने से हमारा मन हीन भावना से भर जाता है। हमें भगवान ने तेज़-तरार मस्तिष्क दिया है जिससे हम नित्य नए कार्यों को आयाम दे सकते हैं, हम अपने लक्ष्य को पाने के नए नए उपाय कर सकते हैं लेकिन हमारी हीन भावना हमारी सोच को कुण्ठित कर देती है और हम कुछ भी नहीं कर पाते।

याद रहे हीन भावना का होना हमारे कमज़ोर होने की निशानी नहीं है। हीन भावना एक सोच है, मनोवैज्ञानिक स्थिति है जिसके माध्यम से किसी भी व्यक्ति के अंदर हीन भावना पैदा हो सकती है। यदि हम किसी भले-चंगे व्यक्ति को बार बार पागल कहते रहें और दूसरों से भी कहलवाते रहें तो वह व्यक्ति एक समय के पश्चात् अपने आपको पागल समझने लग जाएगा। साधारण व्यक्ति ही क्या एक प्रतिभाशाली व्यक्ति भी हीन भावना का शिकार हो सकता है यदि उसके कार्य में लगातार, बार बार और हर बार ग़लतियाँ निकाली जाए और उसकी उपलब्धियों का श्रेय उसे न दिया जाए। इस धरती पर ऐसा कोई व्यक्ति नहीं है जो बिना ग़लतियाँ किए कोई कार्य पहली बार में ही बिल्कुल ठीक ढंग से कर ले। यदि हम उसके कार्य की प्रशंसा न करके केवल उसकी ग़लतियाँ ही गिनते रहेंगे और बात बात पर उसका अपमान करते रहेंगे तो निश्चय ही वह हीन भावना से ग्रस्त हो जाएगा।

हमें चाहे जितनी बड़ी सफलता क्यों न मिल जाए कोई न कोई व्यक्ति हमेशा हमारे से अधिक सफल होता रहेगा। सभी व्यक्ति शीर्ष स्थान पर नहीं पहुँच सकते। यदि हम अपनी तुलना दूसरों से करके परेशान होते हैं तो यह हमारी बेवकूफ़ी है। यह ऐसा दुश्चक्र है जिसका कोई अंत नहीं होता। हम दूसरों में तो गुण तलाशते रहते हैं और अपने आप में हमें कमियाँ ही कमियाँ दिखाई देती हैं। यही सोच हमारे कष्ट का कारण बनती है। दूसरों से तुलना करने का प्रभाव निम्न कहानी से परखें:

कौआ और उसकी ख़ुशी

एक जंगल में एक कौआ रहता था। पेड़ों से घिरे जंगल में चारों ओर हरियाली ही हरियाली थी। पेड़ फल फूलों से लदे हुए थे। प्राकृतिक सौन्दर्य से भरे जंगल में रहने से वह कौआ बहुत प्रसन्न था। जब उसे प्यास लगी तो जंगल के किनारे स्थित तालाब पर वह पानी पीने जा पहुँचा। पानी में उसे अपना प्रिबिम्ब दिखाई दिया। पानी में अपने चमकदार पंखों को देख कर वह फूला नहीं समाया। प्रकृति ने उसे बहुत चमकदार पंख दिए थे। उसे अपने सौन्दर्य पर गर्व महसूस होने लगा। तभी उसकी नज़र तालाब में तैरती हुई एक सफ़ेद रंग की बतख़ पर गई। तालाब के किनारे पर कुछ बगुले खड़े थे जो बतख़ के सौन्दर्य की प्रशंसा कर रहे थे और कौवे के काले रंग के कारण उसकी निन्दा कर रहे थे। कौवे को भी महसूस हुआ कि बतख़ उससे अधिक सुंदर है। कौआ बतख़ के पास जाकर उसके सौन्दर्य की प्रशंसा करने लगा और कहा कि सम्भवतः वह विश्व का सबसे सुंदर पक्षी है।

कौवे की बात सुनकर बतख़ को विशेष प्रसन्ता नहीं हुई। कौवे ने बतख़ से इसका कारण पूछा तो बतख़ ने बताया, "अब तक मैं भी अपने आप को दुनिया का सबसे सुंदर और प्रसन्न पक्षी समझती थी, लेकिन जब मैंने तोते को देखा तो मेरा भ्रम टूट गया।" बतख़ ने आगे कहा, "आप के पास एक ही रंग है काला रंग और मेरे पास भी एक ही रंग है सफ़ेद रंग। आप मानोगे नहीं तोते के पास दो दो रंग हैं। हरा रंग और लाल रंग। मेरे हिसाब से तो तोता इस दुनिया का सबसे सुंदर और सबसे प्रसन्न पक्षी है।" कौवे को यह सुनकर बहुत अच्छा लगा और उसने तोते से मिलने की ठान ली। तोते को देखकर कौआ सोचने लगा वास्तव में तोता ही दुनिया का सबसे सुंदर पक्षी है। कौवे ने तोते से कहा कि आप तो इस जंगल के सबसे सुंदर पक्षी हैं। कौवे की बात सुनकर तोता हँसने लगा और कहा, "मैं भी अपने आप को सबसे सुंदर समझता था लेकिन मोर की सुंदरता का तो वर्णन ही नहीं किया जा सकता। मोर ही दुनिया का सबसे सुंदर पक्षी है। मेरे पास तो केवल दो ही रंग हैं लाल रंग और हरा रंग परंतु मोर के पास तो अनेकों रंग हैं।" तोते की बात सुनकर कौवे ने मोर से मिलने का मन बना लिया। मोर की सुंदरता को देखकर कौवे की आँखें चका चौंध हो गईं। मोर अपने रंग बिरंगे पंख लहरा कर नाच रहा था। ऐसा सुंदर दृश्य कौवे ने पहले कभी नहीं देखा था।

देखते ही देखते पीछे झाड़ियों में छुपकर बैठा एक शिकारी तेज़ी से आया और मोर को पकड़ लिया। शिकारी ने मोर के अतिरिक्त तोते को भी पकड़ लिया और बतख़ को भी अपने जाल में फसा लिया। शिकारी ने न तो कौवे को पकड़ा न उसको पकड़ने की चेष्ठा ही की। शायद कौवे के काले रंग के कारण उसकी जान बच गई। समाज जिस कौवे को हीन समझता था वही कौआ सबसे भाग्यशाली निकला।

कौवे की भांति ही हम अपनी तुलना व्यर्थ में दूसरों से करके अपने भाग्य को कोसते रहते हैं और अपने गुणों, अपनी क्षमता, और अपने आत्म-विश्वास को नकारते रहते हैं। हर व्यक्ति का एक विशेष व्यक्तिव होता है, हर व्यक्ति के पास अपना एक विशेष सौन्दर्य भी होता है। हमें अपनी क्षमता पर, अपनी योग्यता पर पूरा भरोसा करना चाहिए। दूसरों से तुलना करके अपने आप को कम नहीं आँकना चाहिए।

एक प्रसिद्ध लेखक हेनरी सी लिंक ने कहा है:

"एक व्यक्ति अपने को हीन समझ कर कुछ करने से हिचकिचाता रहता है जबकि दूसरा व्यक्ति ग़लतियाँ पर ग़लतियाँ कर कर के अपने को श्रेष्ठ बनाने में व्यस्त रहता है।"

दूसरों के विशेष गुणों को देख देखकर अपने मन में हीनता का अनुभव न करके हमें जो हमारे पास है उस पर गर्व अनुभव करना चाहिए और अपने गुणों के बल पर कुछ कर दिखाने की हिम्मत दिखानी चाहिए। भले ही हमारे अंदर सौ अवगुण हों पर जब हमारा मन प्रसन्न होगा तो हमारा बाहरी व्यक्तित्व भी सुंदर लगने लगेगा।

किसी ने ठीक ही कहा है:

"सबसे तेज़ धावक सदैव रेस नहीं जीतता और सबसे महान योद्धा सदैव युद्ध में विजयी नहीं होता।"

सम्पन्न व्यक्ति को भी कभी कभी भूखा रहना पड़ता है। ज़रूरी नहीं कि बुद्धिमान व्यक्ति सदैव धनवान बन जाए। यह भी आवश्यक नहीं कि अधिक शिक्षित व्यक्ति ही जीवन में सफलता प्राप्त करते हैं। यदि आप कृतसंकल्प हैं और कर्तव्यनिष्ठ हैं तो सच मानिए आप किसी से कम नहीं हैं। आप जो ठान लेंगे वह होकर रहेगा।

क्रोध

क्रोध से किसका वास्ता नहीं पड़ता? कभी न कभी हम क्रोध की अग्नि में अवश्य जले होंगे। यदि हम दूसरों के क्रोध से परेशान हुए हैं तो कोई न कोई हमारे क्रोध से भी प्रताड़ित हुआ होगा। आज के ज़माने की जीवनशैली में हुए परिवर्तन के कारण ज़िंदगी कठिन होती जा रही है। कार्यालय के अनियमित घंटे, नींद और खाने का अनियमित समय और कार्य के अधिक भोझ के फलस्वरूप मस्तिष्क में तनाव का दबाव बढ़ता जाता है और हमें अपने लिए समय निकाल पाना मुश्किल होता जा रहा है। ऐसी स्थिति में छोटी छोटी बातों के कारण भी क्रोध हमारे उपर हावी हो जाता है। कभी कभी गुस्से के कारण हम आपे से बाहर हो जाते हैं और कुछ ऐसा कर बैठते हैं जिससे जीवन भर पछताना पड़ता है। मामूली नोंक झोंक हो जाना आम बात है परंतु आजकल शीघ्र ही मामूली गुस्सा हिंसा का रूप ले लेता है। सड़कों पर मामूली बात भी मार काट तक पहुँच जाती है और व्यक्ति एक दूसरे के खून का प्यासा बन जाता है। गुस्से के कारण ही दिनों दिन अपराध के मामले बढ़ते जाते हैं। गुस्से के कारण हमें जीवन में कभी कभी बहुत हानि उठानी पड़ती है।

ऐसा नहीं कि क्रोध एक आवश्यक अवगुण है। अन्य मानवीय भावनाओं के समान क्रोध भी हमारे स्वभाव का एक अनिवार्य अंग है। जब हमें कुछ अच्छा नहीं लगता तो हम क्रोध करने लगते हैं। अगर भोजन हमारी पसंद का नहीं बना हमें तब भी क्रोध आ जाता है। कुछ सोचने से पहले ही क्रोध की अनुभूति होने लगती है। यह आवश्यक नहीं कि बहुत बड़ी घटना होने पर हमें क्रोध आए या फिर बड़ी हानि होने पर हमारा गुस्सा फूट पड़े। गुस्सा तो हर समय हमारी नाक पर बैठा रहता है। बच्चे ने शरारत की तो हम आग बबूला हो जाते हैं, बॉस ने डांटा तो हमें गुस्सा आ जाता है, ड्राईवर ने बिना सूचना छुट्टी कर ली तो पूछो मत हमारा गुस्सा सातवें आसमान पर पहुँच जाता है। कुछ भी अनचाहा हो जाए तो हम गुस्से से लाल पीले होने लगते हैं।

गुस्से का पहला लक्षण है चिड़चिड़ापन। हम ट्रेफ़िक जाम में फस गए तो चिड़चि-ड़ापन, किसी लाइन में खड़ा होना पड़े तो चिड़ जाते हैं, गर्मी अधिक हो गई या फिर बरसात नहीं रुक रही, हम खीजने लगते हैं। यही चिड़चिड़ापन अथवा खीज हमारे गुस्से में परिवर्तित हो जाती है।

कभी कभी क्रोधित होना तो ठीक है लेकिन जब अधीरता के कारण हम क्रोधित हो जाते हैं तो हमें बाद में पछताना पड़ता है। अनावश्यक क्रोध करने से परिस्थितियाँ बिगड़ जाती हैं और फिर बिगड़ी हुई परिस्थिति को सम्भालना मुश्किल हो जाता है। यदि हम अपने क्रोध पर संयम रखें तो अनवांछित कठिनाइयों से बच सकते हैं। हम भली भांति

जानते हैं कि क्रोध करने का परिणाम सदैव बुरा होता है परंतु फिर भी हम क्रोध करने से बाज़ नहीं आते। हम तो साधारण मनुष्य हैं क्रोध से तो बड़े बड़े सन्त महात्मा भी नहीं बचे। महान चिन्तक स्वामी विवेकानंद ने क्रोध के विषय में कहा है:

"संसार में होने वाले समस्त शुभ कार्यों पर क्रोध और घृणा के कारण पानी फिर जाता है।"

आज हम क्रोध के कारण होने वाले विनाश को महसूस भी कर रहे हैं। क्रोध एक ऐसा तत्व है जिसमें सब कुछ नष्ट कर देने की अपूर्व शक्ति होती है। इसके कारण असंख्य दर्दनाक घटनाएँ घट सकती हैं। यदि हमें अपने क्रोध पर नियंत्रण नहीं रखा तो यह एक दिन हमारे सभी संबंधों का विच्छेद कर देगा, हमारी नौकरी पर ग्रहण लगा देगा,, हमारे परिवार को और मित्रों को हम से अलग कर देगा। क्रोध के कारण हमें ज़िंदगी में क्या क्या झेलना पड़ता है इसका विशद विवरण महाग्रन्थ गीता में भी किया गया है:

क्रोधाद्भवति सम्मोहः सम्मोहात्स्मृति विभ्रमः
स्मृतिभर्ंशाद् बुद्धिनाशो बुद्धिनाशत्प्रणश्यति।

(क्रोध की स्थिति में हमारा मन भटक जाता है। जब मन भटक जाता है तो हमारा मस्तिष्क उचित और अनुचित में भेद नहीं कर पाता। क्रोध की स्थिति में मनुष्य अपनी प्रतिक्रिया पर नियंत्रण नहीं रख पाता। जब हम क्रोधित होते हैं तो हमारा मस्तिष्क भले और बुरे की पहचान नहीं कर पाता। क्रोध में अन्धा होकर मनुष्य इसके बुरे परिणाम की चिंता नहीं करता। वह यह भी नहीं जानता कि वह जो कुछ कर रहा है अपने रोष के कारण कर रहा है। क्रोध से मति मारी जाती है और मनुष्य भूल जाता है कि उसे क्या करना चाहिए और क्या नहीं। क्रोध की स्थिति में मनुष्य की उन शक्तियों का ह्रास हो जाता है जिन के बल पर वह अपने सपने पूरा करने का ताना बाना बुनता है। क्रोध के कारण मनुष्य का विवेक कार्य करना बंद कर देता है। जब विवेक साथ छोड़ देता है तो विनाश का मार्ग खुल जाता है। ऐसी स्थिति में मनुष्य के मन के भाव कठोर, शत्रुतापूर्ण और विरोधाभासी हो जाते हैं जिनकी प्रतिक्रिया से मनुष्य को जीवन पर्यन्त पछताना पड़ता है। मनुष्य के जीवन में असफल होने का मूलभूत कारण उसका क्रोध ही होता है।)

प्रसिद्ध लेखक मार्क ट्वेन ने इस बारे में कहा है:

"क्रोध ऐसा रसायन है जो उस वस्तु की उतनी हानि नहीं करता जिस
पर उसे फैंका जाता है बल्कि उस बर्तन की अधिक हानि करता है जिस
में उसे रखा जाता है।"

यदि हम क्रोध को अपने अंदर रखेंगे तो यह हमारा ही विनाश करेगा।

मिस्टर पोपली और उसका क्रोध

सर्दी का मौसम था और दिल्ली के चारों ओर धुंध छाई हुई थी। सर्दी अपनी
चरम सीमा पर थी। ऐसी सर्दी के मौसम में सुबह-सुबह बिस्तर से उठना
आफ़त से कम नहीं था। इसी कारण एक दिन मिस्टर पोपली को सुबह नींद से
उठने में विलम्ब हो गया। देरी से उठने के कारण उसे लगा आज वह कार्यालय
पहुँचने में लेट हो जाएगा। घबराहट में वह नहाने धोने, शेव करने और वस्त्र
आदि पहनने के सभी कार्य जल्दी जल्दी करने लगा। जब जल्दी हो तो लगता
है हर कार्य में ज़रूरत से ज़्यादा समय लग रहा है। हर बीतते मिनट के साथ
पोपली का क्रोध बढ़ता जा रहा था। उसे लग रहा था कि आज हर कार्य में
देरी हो रही है। उसके मन की अशांति बढ़ती जा रही थी।

उसकी पत्नी पिछले कुछ दिनों से मिस्टर पोपली को घर का कुछ ज़रूरी
सामान कार्यालय से लौटते वक्त लाने का अनुरोध कर रही थी। लेकिन मिस्टर
पोपली हर बार यह सामान बाज़ार से लाना भूल जाते थे। इसलिए पत्नी आज
सारे सामान की एक सूचि बनाकर उसे देने वाली थी ताकि वह फिरसे सामान
लाना न भूल जाए। इससे पहले कि पत्नी सामान की सूचि देती, उसने देखा
कि मिस्टर पोपली गुस्से में भुनभुनाते हुए इधर-उधर हाथ पैर मार रहा था।
इसी गुस्से में वह जल्दी जल्दी बिना नाश्ता किए घर से जाने लगा। ऐसी
स्थिति में सामान की सूचि देने का वह साहस न जुटा पाई। सूचि को हाथ
में पकड़े वह उसके रास्ते से हट कर खड़ी हो गई।

पत्नी को हाथ में सूचि पकड़े देख उसने सोचा आज वह फिर उसको घर
का सामान लाने की याद दिलाना चाहती है। गुस्से में तो वह पहले से ही था
पत्नी को सूचि के साथ खड़ा देख उसका पारा और भी चढ़ गया। गुस्से में उसने
पत्नी के हाथ से सूचि को छीन लिया और उसके टुकड़े टुकड़े करके उसके मुँह
पर दे मारे। क्रोध में आकर उसने पत्नी को धक्का दिया, उस पर अपशब्दों
की बौछार करते करते दरवाज़े को झटका और घर से बाहर निकल गया।

दुर्भाग्यवश उसी दिन कार्यालय में एक अति आवश्यक मीटिंग थी जिस को सम्बोधित करने के लिए कम्पनी के उपाध्यक्ष को आना था। मिस्टर पोपली पागलों की तरह ख़तरनाक ढंग से तेज़ गति से कार चलाते हुए अपने कार्यालय पहुँच तो गया परंतु आधा घंटा देरी से पहुँचा। हाँफते हाँफते अपनी कुर्सी पर तो वह बैठ गया लेकिन बिना कारण कभी वह अपनी आँखें तरेरता, कभी मुँह बिचकाता, कभी दांत पीसने लगता और कभी हाथों की मुठियाँ भींचने लगता। उसे ज्ञात नहीं था कि उसके साथ क्या हो रहा था और क्यों हो रहा था। बस उसका तनाव बढ़ता ही जा रहा था। अपने दिमाग़ को ठंडा करने के लिए एक गिलास पानी पिया और फिर उस फ़ाइल को खोजने लगा जिसकी उसे मीटिंग में आवश्यकता थी। यह क्या हुआ? ज़रूरी फ़ाइल तो वह घर पर ही भूल आया था। अब उसका गुस्सा देखने लायक था। कभी वह अपने बाल नोचता और कभी अपने मुँह पर थप्पड़ मारने लगता। जब और कुछ नहीं बचा तो मेज़ पर रखे हुए पेपर वेट को घुमाने लग गया।

उसके केबिन के बाहर बैठा एक कर्मचारी मिस्टर पोपली की हरकतों को बड़े ध्यान से देख रहा था। उसने सोचा शायद मिस्टर पोपली की तबियत ठीक नहीं है। उसे पोपली की चिंता होने लगी और वह अपने स्थान से उठकर मिस्टर पोपली के केबिन के अंदर चला गया।

कर्मचारी ने मिस्टर पोपली से पूछा कि क्या आप की तबियत ठीक है?

मिस्टर पोपली ने कोई उत्तर नहीं दिया।

कर्मचारी ने पुनः पूछा, "श्रीमान आपको कोई समस्या है क्या?"

मिस्टर पोपली ने आँख उठाकर कर्मचारी को देखा लेकिन उत्तर नहीं दिया।

अब कर्मचारी को अधिक चिंता सताने लगी। वह मिस्टर पोपली के निकट जाकर अपना प्रश्न फिर पूछने लगा।

मिस्टर पोपली यकायक अपनी कुर्सी से खड़ा हो गया, अपने दोनों हाथ ज़ोर-ज़ोर से मेज़ पर पटकने लगा। अचानक उसके हाथ में पेपर वेट आ गया। पेपर वेट को मिस्टर पोपली ने कर्मचारी की ओर पूरी ताक़त से फैंक के मार दिया। कर्मचारी ने फुर्ती दिखाते हुए अपना सिर नीचे झुका लिया और पेपर वेट की मार से बच गया। वह कर्मचारी तो बच गया लेकिन एक बहुत बड़ी दुर्घटना घट गई। उस समय कम्पनी का उपाध्यक्ष उस कर्मचारी के ठीक पीछे खड़ा हुआ था। कर्मचारी जब नीचे झुका तो पेपर वेट सीधे उपाध्यक्ष के सिर में

ज़ोर से जाकर लगा। अचानक लगी भयंकर चोट से उपाध्यक्ष नीचे गिर गया और उसके सिर से ख़ून बहने लगा। अब मिस्टर पोपली की आँखें खुलीं। उसे नहीं मालूम कि उसने गुस्से में क्या कर डाला था। अपने किए पर वह बहुत पछताया परंतु अब जो होना था वह हो चुका था उसे किसी भी प्रकार ठीक नहीं किया जा सकता था। अब बारी मिस्टर पोपली की थी। उसे उपाध्यक्ष के कोप का भाजन बनना पड़ा। अपने क्रोध पर नियंत्रण न रख पाने के कारण मिस्टर पोपली को अपनी नौकरी से हाथ धोना पड़ा।

देखा जाए तो मिस्टर पोपली का क्रोध करने का कोई विशेष कारण नहीं था। क्रोध में वह यह नहीं समझ पा रहा था कि दूसरे लोग तो उसकी सहायता करने का प्रयास कर रहे थे। पत्नी ने सामान की सूचि उसकी सहायता करने के लिए ही बनाई थी। कर्मचारी को उसकी सेहत की चिंता हो रही थी इसी कारण वह बार बार उसका हाल पूछ रहा था। पोपली द्वारा अपने क्रोध पर नियंत्रण न रख पाने के कारण ही यह बवाल मचा था।

किसी ने ठीक ही कहा है:

"माचिस की तीली दूसरों को जलाने से पहले ख़ुद को ही जला लेती है। हमारा क्रोध भी माचिस की तीली के समान होता है। दूसरों को हानि पहुँचाने से पहले यह हमारा विनाश कर डालता है।"

मिस्टर पोपली का क्रोध सुबह लेट उठने के कारण था। उसे कार्यालय में समय से न पहुँच पाने की चिंता सता रही थी। शांति से समस्या का हल ढूँढने के स्थान पर उसने जल्दी मचानी शुरू कर दी जिससे एक के बाद एक कार्य बिगड़ते गए। देरी से निपटने के लिए उसने अन्य विकल्पों के बारे में सोचने की कोशिश ही नहीं की। फ़ोन करके वह अपने कार्यालय को लेट आने की सूचना दे सकता था। नाश्ता खाने का समय नहीं था तो पैक करवा सकता था। अलमारी से कपड़े निकालने और उन्हें प्रेस करने के लिए अपनी पत्नी की सहायता ले सकता था। लेकिन गुस्से में आकर उसने ऐसा कुछ नहीं किया।

इतना ही नहीं, कार्यालय पहुँच जाने के पश्चात् भी उसने अपने गुस्से को नहीं थूका। कम से कम कार्यालय पहुँच जाने की बाद तो वह शांति-पूर्वक कार्य कर सकता था। फ़ाइल घर पर भूल जाने का गुस्सा उसने कर्मचारी को पेपर वेट मार कर निकालना चाहा। पत्नी को फ़ोन करके घर से फ़ाइल मंगवा सकता था। यदि वह क्रोध को शांत करके ठंडे दिमाग़ से सोचता तो परिस्थिति को अच्छे ढंग से सम्भाला जा सकता था।

हम तो साधारण मानव हैं। क्रोध के प्रकोप से तो बड़े बड़े महाऋषि भी नहीं बच पाए। क्रोध का एक वृतांत स्वामी विवेकानंद की जीवनी में पाया जाता है: कहते हैं युवा जीवन में स्वामी विवेकानंद भी क्रोधी स्वभाव के थे। लेकिन धीरे-धीरे उन्होंने यह ज्ञात कर लिया कि क्रोध के कारण जहाँ विनाश हो सकता है वहीं अगर क्रोध पर नियंत्रण पा लिया जाए तो इसके अनेक लाभ भी हो सकते हैं।

स्वामी विवेकान्नद और उनका क्रोध

"जब मुझे क्रोध आता है तो मेरे पूरे मस्तिष्क में क्रोध की तरंगें दौड़ने लगती हैं। मैं इन तरंगों को अनुभव कर सकता हूँ, इन्हें देख सकता हूँ, छू सकता हूँ और इनका मुकाबला भी करना चाहता हूँ। परंतु क्रोध के साथ मुकाबले में जीतना तब तक सम्भव नहीं होता जब तक मैं अपने क्रोध के कारणों को नहीं जान लेता। मान लो कोई व्यक्ति मुझे अपशब्द (गाली देता है) कहता है तो मुझे ऊष्मा महसूस होने लगती है। यदि अब भी वह व्यक्ति अपनी हरकतों से बाज़ नहीं आता और गाली गलोच करता रहता है तो मुझे क्रोध की अनुभूति होने लगती है और मैं क्रोध के कारण आपे से बाहर होने लगता हूँ। अब क्रोध का प्रभाव मेरे ऊपर छाने लगता है और मैं क्रोधित होने लगता हूँ। मैं अपने वास्तविक स्वरूप को भूल कर एक क्रोधित स्वरूप को ग्रहण कर लेता हूँ।

जब उस व्यक्ति ने मुझे पहली गाली दी थी तो मुझे गुस्सा तो आ रहा था परंतु मैंने गुस्से को अपने पर हावी नहीं होने दिया। क्रोध एक तरफ़ था और मेरा व्यक्तित्व दूसरी तरफ़ था। लेकिन जब मुझे क्रोध आ ही गया तो अपना वास्तविक रूप त्याग कर मैंने क्रोध का रूप धारण कर लिया। अब मैं था और मेरा क्रोध था। क्रोध तो क्रोध ही होता है, मन का एक विकार है जो कुछ भी अनिष्ट कर सकता है। मानव के लिए आवश्यक है कि मन के इस विकार को इसकी प्रारम्भिक अवस्था में ही रोक ले। क्रोध एक ऐसा विकार है जिसका स्वरूप अति सूक्ष्म होता है। इसके होने या न होने का ज्ञान तब तक नहीं हो पाता जब तक इसका विकराल स्वरूप, विनाशकारी स्वरूप हमारे सामने नहीं आ जाता। मानव को क्रोध के सूक्ष्म रूप या मन के विभिन्न भावों के सूक्ष्म रूप का ज्ञान ही नहीं होता। ये सब भाव मानव मस्तिष्क के सुप्त भाग में वास करते हैं।

जब समुंद्र की तलहटी में कोई बुलबुला उठता है तो हमें दिखाई नहीं देता, जब वह समुंद्र तल तक पहुँचता है हमें तब भी उसका एहसास नहीं होता।

लेकिन जब बुलबुला फूटता है और समुंद्र में तूफ़ान आने लगता है तब हमें उसका ज्ञान होता है। हम क्रोध रूपी तूफान को तभी नियंत्रण में रख पाएँगे जब हम इसे सुप्त अवस्था में ही नियंत्रित करने का प्रयास करेंगे। मस्तिष्क में उठने वाली तरंगों पर काबू पाना आसान नहीं होता। यदि इनका वेग बढ़ जाए तो ये हमारे नियंत्रण से बाहर हो जाती हैं और हमारे जीवन के साथ खिलवाड़ करने लगती हैं। हम अपने आप में नहीं रहते तथा इन तरंगों के प्रभाव में कार्य करने लगते हैं। यदि हमने इन पर इनकी प्रारम्भिक अवस्था के सूक्ष्म रूप में नियंत्रण नहीं रखा तो फिर ज़िंदगी भर हम इनपर पूरी तरह काबू नहीं पा सकेंगे। इनकी प्राम्भिक अवस्था में हमें इनके सभी बीजों को जड़ से उखाड़ कर जला देना होगा। जिस प्रकार जले हुए बीज नहीं उग सकते इसी प्रकार अवांछित भाव भी हमारे मस्तिष्क में पैदा नहीं होंगे।"

अभी तक हमने क्रोध के विनाशक रूप को पहचानने का प्रयास किया है। जिस प्रकार अग्नि में विनाश के गुणों के साथ साथ सृजन के गुण भी होते हैं ठीक उसी प्रकार क्रोध में भी विनाश के साथ-साथ सृजन के गुण होते हैं।

आपने देखा होगा कि जब हमें क्रोध आता है तो अक्स्मात नहीं आता। उससे पहले हमारे मन में अन्य प्रकार के भाव उत्पन्न होते हैं। जैसे क्रोधित होने से पहले डर का अनुभव होना या फिर कोई हमारे उपर हमला करे दे, हमारा अपमान कर दे, हमारे से धोखा करने का प्रयास करे, हमसे कोई ज़बरदस्ती करने लगे तो हमारे मन में क्रोध का भाव उत्पन्न होने लगता है। यदि हम इन भावों को समय रहते शांत नहीं कर पाते तो अंत में हमारे क्रोध का भाव उजागर हो जाता है। इस बात से हमें जान लेना चाहिए कि हमारे मन के भिन्न-भिन्न भाव ही ऐसे भाव हैं जो हमारे क्रोध की अग्नि में घी डालने का कार्य करते हैं। ये भाव हमारे क्रोध के संकेतक हैं और इनका संकेत मिलते ही हमें सावधान हो जाना चाहिए और कुछ ऐसे प्रबंध कर लेने चाहिएँ जिससे हम अपने क्रोध का प्रयोग सृजनात्मक कार्यों के लिए कर सकें। जब हमारे मन में डर, अपमान, धोखा, विश्वासघात आदि होने के संकेत मिलने लगें तो समझ लो हमें गुस्सा आने वाला है। ये भाव क्रोध के संकेत होते हैं। हमें तभी इन भावों को रोकना होगा।

गुस्सा आने का सीधा और स्पष्ट अर्थ है कि कुछ न कुछ ग़लत होने वाला है। कुछ न कुछ अनहोनी होने वाली है, ज़रूरी नहीं यह अनहोनी हमारे साथ ही हो। क्रोध के संकेत मिलते ही हमें इसके परिणाम भुगतने की तैयारी कर लेनी चाहिए। यह तैयारी आंतरिक भी हो सकती है और बाहरी भी। हमें यह नहीं भूलना चाहिए कि क्रोध के सभी

परिणाम विनाशकारी होते हैं। यदि हम अपने क्रोध का प्रदर्शन संयम व सम्मान से करें तो इसके परिणाम अच्छे भी हो सकते हैं। क्रोध के नियंत्रित प्रयोग से हमारे कार्य सिद्ध हो सकते हैं, हमारी समस्याओं का समाधान हो सकता है तथा हम विपरीत परिस्थिति का ठीक से सामना कर सकते हैं।

क्रोध से हम लाभ भी उठा सकते हैं। संयमित क्रोध से हम अपनी बात दूसरों को प्रभावी ढंग से समझा सकते हैं। क्रोध के कारण हम स्वयं को अधिक सशक्त अनुभव करने लगते हैं। हमारे मन से डर का भाव भी गायब हो जाता है। यदि क्रोध के समय हम अपनी भाषा, अपने शब्दों और अपने हाव-भाव को नियंत्रण में रख लें तो हमें लगने लगता है कि हम कुछ भी करके दिखा सकते हैं। हम स्वयं को अधिक सक्षम महसूस करने लगते हैं। यदि क्रोध का भाव बिल्कुल समाप्त हो जाए और हम एकदम से शांत स्वभाव के ऐसे व्यक्ति बन जाएँ जो कभी क्रोध नहीं करता तो हमारा जीना कठिन भी हो सकता है। आजकल के ज़माने में लोग ऐसे व्यक्ति का नाजाइज़ फ़ायदा उठाने लगते हैं। अधिक शांतिप्रिय व्यक्ति की बात को सुनने के लिए लोग सहज ही तैयार नहीं होते और आमतौर पर उसकी अवहेलना करते रहते हैं। यदि वही व्यक्ति साहस दिखाकर, अपनी बात ज़रा ऊँची आवाज़ में कहने लगे तो लोग उसकी बात को सुनने लगते हैं।

प्रसिद्ध चिन्तक अरस्तु ने ठीक ही कहा था:

"जो व्यक्ति अपने क्रोध की अभिव्यक्ति उचित स्थान पर, उचित लोगों पर, उचित ढंग से करता है और जब तक उसकी बात उचित होती है, उसका व्यवहार उचित होता है लोग उसकी प्रशंसा करते हैं।"

भिक्षुक और उसकी नाव

एक भिक्षुक ऐकांत में कुछ समय के लिए साधना करना चाहता था। अपने मठ से चलकर वह एक झील के किनारे पहुँच गया। एक नाव में बैठ कर वह झील के बीचों बीच गया और वहाँ जाकर उसने नाव को रोक दिया। भिक्षुक ने अपनी आँखें बंद करके उस ऐकांत स्थान पर अपनी नाव में बैठे-बैठे साधना करना आरम्भ कर दिया। कुछ समय तक बिल्कुल ऐकांत में बिना किसी बाधा के वह साधना करता रहा। कुछ घण्टों के पश्चात् उसे लगा किसी अन्य नाव ने उसकी नाव को पीछे से ज़ोरकी टक्कर मारी है। उसकी नाव हिचकोले खाने लगी। उसकी आँखें अभी भी बंद थी लेकिन वह भिक्षुक क्रोध का अनुभव

करने लगा। उसके मन में क्रोध का भाव उत्पन्न होने लगा। इस ऐकांत स्थान पर भी लोग चैन से साधना नहीं करने देते। गुस्से में वह पीछे से टक्कर मारने वाले व्यक्ति को फटकार लगाना चाहता था। उसने अपनी आँखें खोली और जब पीछे मुड़ कर देखा तो वहाँ एक ख़ाली नाव लहरों पर झूल रही थी। उस नाव में कोई व्यक्ति नहीं बैठा हुआ था। सम्भवतः कोई ख़ाली नाव किनारे से तैरकर झील के मध्य तक पहुँच गई थी। ख़ाली नाव को देखकर भिक्षुक को आत्म-ज्ञान हुआ और उसे यह समझ आया कि क्रोध का कारण तो वह स्वयं ही है। जो क्रोध वह प्रदर्शित करना चाहता था वह तो उसके अंदर ही है। अंदर के क्रोध को अंदर से बाहर आने के लिए केवल एक टक्कर या बहाने की आवश्यकता होती है।

इसके बाद भिक्षुक को जब भी किसी बाहरी कारणवश क्रोध अनुभव होने लगता तो वह अपने आप को यह समझाता, "बाहरी कारण तो एक ख़ाली नाव है वास्तविक क्रोध तो मेरे अंदर ही विद्यमान है।"

इसी प्रकार क्रोध हम सबके अंदर विद्यमान है जो हर समय हमारे अंदर रहता है। इसे बाहर आने के लिए ख़ाली नाव की भांति किसी बहाने की आवश्यकता होती है।

8

सशक्त विचारों का लाभ

आज विज्ञान द्वारा प्रत्येक क्षेत्र में आशातीत प्रगति कर लेने के पश्चात् भी हम अभी तक अपने विचारों को भली भांति नहीं समझ पाए हैं। हमें अभी तक यह ज्ञात नहीं हुआ कि हमारे दिमाग़ में विचार आते कहाँ से हैं। हमें यह तो ज्ञात है कि हमारे विचार दुनिया को समझने में हमारी सहायता करते हैं। कहा जाता है कि विचार तीन प्रकार के होते हैं।

1. भावनात्मक विचार

इस प्रकार के विचार नैसर्गिक होते हैं अर्थात स्वतः उत्पन्न होते है और इनका संबंध हमारी भावनाओं से जुड़ा होता है। जैसी हमारी भावना होती है वैसे ही विचार बनते हैं। भावनाएँ सकारात्मक भी हो सकती हैं और नकारात्मक भी। मगर इस प्रकार के विचार हमारे मस्तिष्क के अवचेतन (सुप्त) भाग में होते हैं और इनमें से कुछ विचार ही चेतन मस्तिष्क में आ पाते हैं।

2. तार्किक विचार

जब हम किसी समस्या का समाधान ढूँढने का प्रयास करते हैं तो हमारे मस्तिष्क में तार्किक विचार उत्पन्न होने लगते हैं। इनका संबंध हमारे चिन्तन से होता है।

3. मनौवैज्ञानिक विचार

आत्म-परीक्षण करने वाले विचारों को मनौवैज्ञानिक विचार कहते हैं। इन विचारों के माध्यम से हम स्वयं अपने से प्रश्न करते हैं। स्वयं को, अपने कार्यों को और अपनी प्रतिक्रियाओं को समझने का प्रयास करते हैं।

हम केवल उन्हीं विचारों पर नियंत्रण कर सकते हैं जो हमारे चेतन मस्तिष्क में होते हैं वह भी एक निर्धारित सीमा के अंतर्गत। जो विचार हमारे अवचेतन मस्तिष्क में होते हैं उन पर हमारा कोई वश नहीं चलता। फिर भी थोड़े से प्रयास के पश्चात् हम अवचेतन विचारों का कुछ लाभ तो उठा सकते हैं पर उन पर पूरी तरह नियंत्रण नहीं रख सकते।

विचार एक प्रकार के बीज होते हैं। कहते हैं ना 'जैसा बीज बोएँगे वैसा फल पाएँगे' जैसे हमारे विचार होंगे वैसे ही हम बनेंगे।

इस संबंध में महात्मा गाँधी ने कहा था:

"मानव अपने विचारों की रचना होता है — जो वह सोचता है वैसा ही वह बन जाता है।"

यदि हम अपने जीवन पर एक दृष्टि डालें तो हमें ज्ञात होगा कि हम और कुछ नहीं बल्कि अपने विचारों का प्रतिबिम्ब हैं। हम जो कुछ सोचते हैं वही करने लगते हैं। हम सोचते भी बहुत हैं। कभी हम धनवान व्यक्ति बनने के बारे में सोचते हैं तो कभी बहुत बलवान व्यक्ति बनने के बारे में सोचने लगते हैं। कभी हम स्वास्थ्य, कभी सुरक्षा, कभी भय, कभी जोखिम के बारे में विचार करते हैं। विचारों की श्रंखला चलती रहती है और इसका कोई अंत नहीं होता।

हमें इसका तो ज्ञान नहीं है कि विचार आते कहाँ से हैं और आते कैसे हैं लेकिन हम इतना अवश्य जानते हैं कि अपने विचारों के बल पर ही हम कोई न कोई कार्य करते रहते हैं। इस प्रकार हमारे विचार हमारी शक्ति के स्रोत्र का कार्य करते हैं।

इस संबंध में एक बहुत महत्वपूर्ण कथन है जिसका श्रेय कई मनीषियों को जाता है:

"जब आप विचारों के बीज बोते हो तो उत्पन्न होता है एक कर्म, जब कर्म का बीजारोपण किया जाता है तो पैदा होती है आदत। आदत को बोने से चरित्र की पैदावार होती है और चरित्र के बीजारोपण से भाग्य का उदय होता है। विचार तो बीजों के समान होते हैं। आम के बीज से आप पपीते का वृक्ष नहीं उगा सकते। इसी प्रकार जब हमारे विचार सकारात्मक, सशक्त और रचनात्मक होंगे तो उनका प्रभाव हमारे जीवन में दिखाई देगा।"

आजकल के ज़माने में एकांत में बैठकर गंभीरता से किसी विषय पर विचार करने की प्रथा समाप्त हो गई है। हमारे पास रचनात्मक कार्यों के बारे में सोचने का समय ही नहीं है। हम अपने विचारों पर ध्यान देने के बजाए अपने कार्यों पर अधिक ध्यान देने के अभ्यस्त होते जा रहे हैं। फलस्वरूप हमारा ध्यान भी विचारों के स्थान पर हमारे कार्यों पर केन्द्रित होता जा रहा है। हम जैसा करना चाहते हैं वैसा ही सोचने लगते हैं। हम जैसा सोचते हैं वैसा घटित भी होने लगता है। अगर हम किसी संकट के बारे में सोचते हैं तो संकट हमारे समझ प्रकट हो जाता है। यदि हम किसी शुभ कार्य के बारे में सोचें तो कुछ न कुछ शुभ अवश्य होता है। हम जो सोचते हैं वह किसी न किसी रूप में हो ही जाता है। यदि हम सोचने की प्रक्रिया को सकारात्मक, विश्वसनीय और भरोसेमंद बना लें तो निश्चय ही हम अपने कार्यों में सफल होंगे, हमारे साहस में वृद्धि होगी, हम अधिक सुरक्षित महसूस करेंगे। इससे हमारा अनुभव भी बढ़ेगा और सफलता भी प्राप्त होगी लेकिन शर्त यह है कि हमारे विचार सकारात्मक और शुद्ध होने चाहिएँ। जो कार्य हमें अब असम्भव प्रतीत होता है अपने शुद्ध विचारों से हम उसे सफलतापूर्वक पूर्ण कर सकते हैं।

रात में देखे गए सपने सदैव सच नहीं होते, फिर भी कभी न कभी ऐसा हो जाता है कि रात में देखे गए सपने दिन में सत्य हो जाते हैं। सपनों का साकार होना हमारी सोच पर निर्भर करता है। कुछ सपनों के बारे में हम सोचते ही नहीं फिर भी वह साकार हो जाते हैं क्योंकि यह सपने हमारे अवचेतन मस्तिष्क में रहते हैं। हमारी सोच हमारे सपनों का आधार होती है। जैसा हम सोचते हैं वैसा घटित होने की सम्भावना होती है। इसलिए हमें सदैव अच्छा ही सोचना चाहिए।

एक प्राचीन कहानी के माध्यम से हम इसे अधिक सरलता से समझ सकते हैं:

मुल्ला नसरुद्दीन का स्वर्गलोक

एक दिन मुल्ला नसरुद्दीन स्वर्ग में मिलने वाले ऐशो-आराम, सुख सुविधाओं के बारे में सोच रहा था। वह अपने सपनों में स्वर्गलोक पहुँच जाता है। स्वर्गलोक पहुँच कर वहाँ के शाही अंदाज़ को देख कर उसकी आँखें चका-चौंध हो जाती हैं। चारों ओर सोने से बने फर्नीचर, उन पर मखमली गद्दे बिछे हुए थे। सुंदर अपसरायें सेवा में उपस्थित थीं। सबसे आश्चर्यजनक बात यह थी कि वहाँ के वासी जिस इच्छा के बारे में सोचते वह उनके सोचने मात्र से ही तुरंत पूरी हो जाती। मुल्ला को बहुत भूख लगी थी उसने सोचा यदि उसे आज शाही व्यंजन खाने को मिल जाए तो कितना अच्छा होगा। उसके सोचने भर की देर थी उसके सामने एक मेज पर सबसे दुर्लभ शाही व्यंजन उपस्थित हो गए।

शाही व्यंजनों को देखकर उसके मुँह में पानी भर आया। उसे आश्चर्य हो रहा था कि उसके सोचने भर से उसके समक्ष मनवांछित शाही व्यंजन चुटकी भर में ही प्रस्तुत हो गए थे। यह कैसे हो सकता था? उसके मन में एक प्रश्न उठा कि किसी व्यक्ति के सोचने भर से उसकी मनचाही इच्छा कैसे पूरी हो सकती है? जैसे ही उसने इस बारे में सोचा उसके सामने से सभी शाही व्यंजन मेज सहित तुरंत गायब हो गए। उसे अपनी सोच पर बहुत पश्चाताप् हुआ। उसका मन कर रहा था कि वही व्यंजन उसे फिर से प्राप्त हो जाएँ। उसके आश्चर्य का ठिकाना नहीं रहा। वह सारे के सारे व्यंजन फिर से उसके सामने प्रस्तुत हो गए। उसने तो केवल सोचा था लेकिन यह वास्तव मे हो गया। बड़े चाव से शाही व्यंजन खाने के बाद उसे कुछ पीने की इच्छा हुई। उसके सोचने भर की देर थी उसके समक्ष उसकी मनचाही शराब की बोतलें उपस्थित हो गई।

पेटभर शाही व्यंजन खाने और महंगी शराब पीने के बाद मुल्ला नसरुद्दीन को नींद आने लगी और उसकी आँख लग गई। सोते समय वह सोचने लगा कि स्वर्ग में इतनी उत्तम व्यवस्था करने वाला कौन हो सकता है जो सोचने भर से सारी इच्छाएँ पूरी कर देता है? उसने सोचा यह कार्य कोई मानव तो नहीं कर सकता। हो न हो इस कार्य के पीछे किसी अन्य शक्ति का हाथ है। उसने सोचा हो सकता है यह कार्य कोई भूत करता हो। भूतों के बारे में सोचते ही उसे चारों ओर से भूतों ने घेर लिया। भूत, जैसा उसने सोचा था, देखने में बहुत भयानक लग रहे थे। मुल्ला नसरुद्दीन उन्हें देखकर डर गया और सोचने

लगा हो न हो ये भूत उसे अवश्य ही स्वर्गलोक से बाहर फैंक देंगे। भूतों ने तुरंत मुल्ला नसरुद्दीन को टांगों से पकड़ा और स्वर्गलोक से बाहर फैंक दिया।

नींद से जागने के बाद मुल्ला नसरुद्दीन ने अपनी पत्नी को बताया कि हर इंसान अपने विचारों की दुनिया में जीता है और उसे वही प्राप्त होता है जो वह सोचता है।

उपरोक्त कहानी काल्पनिक है और मनोरंजन के लिए है। यदि हम इसमें से कल्पना का तत्व हटा दें तो पाएँगे कि आम आदमी के जीवन में भी कुछ घटनाएँ इसी प्रकार घटती रहती हैं। मान लो आपके घर कुछ मेहमान आए हैं और आप उनके लिए पानी से भरे गिलास एक ट्रे में रखकर ले जा रहे हो। इसी बीच आप सोचते हैं कहीं पानी छलक कर गिर ना जाए। वास्तव में ऐसा हो भी जाता है। ट्रे में रखे गिलास लुड़क कर महमानों पर जा गिरते हैं। यदि आपका ध्यान आप के काम पर है और आप सावधानीपूर्वक ट्रे को थामे रखते हैं तो पानी नहीं गिरेगा।

मान लो कार्यालय में एक बहुत ज़रूरी मीटिंग में आपको भाग लेना है। रास्ते में ट्रैफिक जाम देखकर आपको लगता है आप लेट हो जाएँगे। आप भीड़ में से निकलने का प्रयास करते हैं और प्रार्थना करते हैं कि किसी प्रकार भगवान आपको आने वाली मुसीबत से बचा ले। कार्यालय पहुँचने के पश्चात् सूचना मिलती है कि आपका बोस तो छुट्टी पर है और मीटिंग कैंसिल हो गई है। यह ज़रूरी नहीं कि भाग्य ने साथ दिया हो लेकिन आपकी सात्विक सोच काम कर गई।

किसी महापुरुष ने कहा था संसार में सभी कार्य विचारों के माध्यम से होते हैं। यदि यह कथन सत्य है तो हमें मान लेना चाहिए कि विचारों में बहुत शक्ति होती है। यदि विचारों का स्तर ऊँचा हो, दिशा उचित हो तो हम अपने तर्कसन्गत विचारों की सहायता से त्रुटिरहित योजना बनाकर हर वह कार्य सफलतापूर्वक कर सकते हैं जो हम करना चाहते हैं। क्या जो हम सोचते हैं वे सभी कार्य पूरे हो जाते हैं? नहीं होते। यदि हमारे किसी एक विचार या किसी एक सोच से काम नहीं बना तो हमें फिर से सोचना होगा, नए विचारों पर तब तक ध्यान देना होगा जब तक हमें हमारा लक्ष्य प्राप्त नहीं हो जाता। यदि एक विचार से काम नहीं बनता तो हमें नए-नए विचारों की खोज करते रहना होगा।

हेनरी डेविड थोराऊ ने अपने एक निबन्ध में लिखा था:

"जिस प्रकार एक क़दम आगे बढ़ा देने से कोई अपनी मंजिल पर नहीं पहुँच सकता, उसी प्रकार किसी एक विचार के माध्यम से हमारे कार्यक्षेत्र

का मार्ग नहीं बन सकता। मंजिल तक पहुँचने के मार्ग को पहचानने के लिए हमें बार-बार उस मार्ग पर चलना पढ़ता है। ठीक उसी प्रकार अपने जीवन के लिए उपयुक्त विचारों की खोज के लिए हमें विभिन्न विचारों का गहराई से बार बार मंथन करना होगा।"

ज़रा सोचो अगर आज के ज़माने में इंटरनेट न हो तो हमारा क्या हाल होगा? अगर लियोनार्ड क्लेनरोक ने दुनिया भर के विचारों का मंथन करने के पश्चात् इंटरनेट की एक नई संचार व्यवस्था के बारे में न सोचा होता तो हम आज भी अपनी एक चिट्ठी प्राप्त करने के लिए हफ़्तों तक इंतज़ार कर रहे होते। हालाँकि यह विचार केवल लियोनार्ड का नहीं था। इसमें जे.सी.आर. लिक्लिद्र और रोबेर्ट टेलर जैसे विज्ञानिकों का भी सराहनीय योगदान था। कुछ व्यक्तियों की सोच के कारण इंटरनेट का आविष्कार हुआ। इंटरनेट की खोज नए विचारों की देन थी। इससे प्रोत्साहित होकर टीम बर्नर्स-ली ने दुनिया को www जिसे world wide web कहते हैं, बनाने का विचार प्रस्तुत किया। आज www हम लोगों के जीवन का अभिन्न अंग बन गया है।

तार-रहित (Wireless) संचार व्यवस्था बनाने का विचार भी एक ही व्यक्ति के दिमाग़ की सोच थी। सर्वप्रथम यह विचार मार्टिन कूपर के मस्तिष्क में आया और उन्होंने मोबाइल फ़ोन का आविष्कार कर दिया। तार-रहित यह एक ऐसी संचार व्यवस्था है जिसने सब के जीवन को बहुत आसान बना दिया है। अब हम खाते-पीते, चलते-फिरते, बिस्तर पर लेटे जब चाहें जिससे चाहें दुनिया के किसी भी कोने में आसानी से बात कर सकते हैं।

उन्हीं लोगों की भांति हम भी जो चाहें उसका निर्माण कर सकते हैं। विचारों के रूप में हमारे पास भी असीम शक्तियाँ हैं और हमारे विचारों में कल्पना की भी कोई कमी नहीं है। हमें अपने विचारों पर बड़ी गहनता से ध्यान देना होगा। हमें ऐसे किसी विचार पर ध्यान नहीं देना चाहिए जिसका उपयोग स्वयं या अन्य लोगों के हित में न हो। अर्थात हमें नकारात्मक विचारों पर ध्यान देने की आवश्यकता नहीं। हमारे विचारों का सीधा प्रभाव हमारे मस्तिष्क पर पड़ता है इसलिए सावधान रहने की आवश्यकता है।

यह आवश्यक है कि हम केवल क्रियात्मक, उत्पादक, व सकारात्कम विचारों पर ध्यान दें लेकिन उससे अधिक आवश्यक है कि हम दूसरों के नकारात्मक विचारों से दूर रहें। एक उदाहरण देखें:

किसी ने हम से कहा कि बंदर के बारे में मत सोचना।

हमने क्या किया?

हम बंदर के बारे में ही सोचने लगे।

जिस चीज़ के लिए मना किया गया हम वही करने लगे।

उक्त बात से ज्ञात होता है कि हमारा मस्तिष्क सुझावों के प्रति बहुत संवेदनशील होता है। कुछ विद्यार्थियों को दसवीं कक्षा की बोर्ड की परीक्षा देनी है। सभी विद्यार्थी परीक्षा हाल के गेट खुलने की प्रतीक्षा कर रहे हैं। सभी विद्यार्थी अभी भी परीक्षा की तैयारी कर रहे हैं। कुछ किताबें पढ़ रहें तो अन्य अपने नोट्स को पढ़ रहे हैं। कुछ विद्यार्थी मन ही मन पढ़ा हुआ याद कर रहे हैं। उसी समय एक विद्यार्थी वहाँ आता है और कहता है कि उसे बहुत डर लग रहा है। परीक्षा में वह अगर सब कुछ भूल गया तो क्या होगा? उसे डर है कि परीक्षा में वह सब कुछ भूल जाएगा। वह बताता है कि जिस विषय की आज परीक्षा है वह विषय बहुत कठिन है और प्रश्नपत्र भी बहुत कठिन होगा। पहले भी इस विषय के प्रश्नपत्र बहुत कठिन होते थे।

उसकी बातें सुनकर उपस्थित विद्यार्थी नर्वस हो गए। अभी तक सभी विद्यार्थी शांत मन से परीक्षा देने के लिए तैयार थे। उन के मन में कोई भय नहीं था। उस विद्यार्थी की बातें सुनकर सबके मन में डर समा गया। परीक्षा का नाम सुनकर वैसे भी हर किसी के मन में तनाव पैदा हो जाता है। अगर परीक्षा से पूर्व कोई नकारात्मक बातें करने लगे तो हमारे मस्तिष्क में इसका विपरीत प्रभाव पड़ सकता है। इसलिए यह आवश्यक है कि परीक्षा से पहले हम अपने मन और मस्तिष्क को शांत रखें। दूसरे लोगों के द्वारा दिए गए सुझावों को अपने मस्तिष्क पर हावी न होने दें और अपनी क्षमता पर विश्वास बनाए रखें। नकारात्मक सुझाव देने वाले विद्यार्थी की बातों पर ध्यान न देकर हमें अपने आप पर भरोसा होना चाहिए। स्वामी विवेकानंद ने कहा है:

"आज हम जो कुछ हैं अपने विचारों के कारण हैं। हमें अपने विचारों पर पूरा ध्यान देना होगा। हमारे शब्द तो सीमित होते हैं परंतु हमारे विचारों की उड़ान बहुत ऊँची होती है। हमारे विचार हमारे मस्तिष्क को ऊँची और नई सोच प्रदान करते हैं। इसी सोच के कारण हमें नए नए कार्य करने की प्रेरणा मिलती है। इसी कारण हम कोई महान कार्य कर पाने में सफल होते हैं।"

गौतम बुद्ध एक राजा था जो बाद में तपस्वी बन गया। बौद्ध धर्म का शिलान्यास उनके विचारों के आधार पर हुआ था। महात्मा बुद्ध ने कहा था:

"हम जो कुछ हैं अपने विचारों के परिणाम स्वरूप हैं। यदि कोई व्यक्ति बुरे विचारों के साथ कोई कार्य करता है या कुछ कहता है तो उसे उसका बुरा परिणाम भुगतना पड़ता है। यदि हम शुद्ध मन से अच्छे विचारों के साथ कोई कार्य करें या कुछ कहें तो निश्चय ही प्रसन्नता हमारे साथ उसी प्रकार रहेगी जैसे हमारी परछाई सदैव हमारे साथ रहती है। हमारे विचार ही सर्वश्रेष्ठ होते हैं। जो हम सोचते हैं वैसे ही हम बन जाते हैं।"

जीवन तो संघर्ष का मैदान है। हम सदैव किसी न किसी समस्या का सामना करते ही रहते हैं। कभी घर की समस्या, कभी कार्यालय की समस्या, कभी व्यवसाय की समस्या तो कभी बच्चों की समस्या। हर समय कोई न कोई समस्या मुँह खोले खड़ी रहती है। समस्याओं का कोई अंत नहीं होता। ये तो हमारे जीवन का अभिन्न अंग हैं। जैसे जैसे जीवन आगे बढ़ता है हमारी समस्याएँ भी उसी अनुपात में बढ़ती जाती हैं। प्रगतिशील जीवन की आधुनिक सुविधाओं और विलासिता की वस्तुओं के बावजूद हम सन्तुष्ट नहीं रह पाते। अधिक से अधिक प्राप्त करने की होड़ में हम मन और मस्तिष्क की शांति खो बैठते हैं। हमारे सामने बहुत सारी समस्याएँ होने के बावजूद भी हमारे पास इतना समय नहीं होता कि हम शांतिपूर्वक आराम से बैठकर अपनी समस्याओं का समाधान खोज सकें। हमारा सारा समय दिन-प्रतिदिन की समस्याओं में ही उलझा रहता है। इसी कारण हम अपने उज्ज्वल भविष्य की सम्भावनाओ के विचार अपने मस्तिष्क में नहीं ला पाते। इस बारे में देखिए एक प्रोफ़ेसर ने अपने छात्रों को क्या बताया:

प्रोफ़ेसर और उसके छात्र

एक दिन प्रोफ़ेसर ने कक्षा में आते ही अपने छात्रों को एक परीक्षा देने को कहा। सभी छात्र हैरान थे कि प्रोफ़ेसर यकायक कौन सी परीक्षा लेना चाहता है? उन्हें इस परीक्षा की पहले से कोई सूचना नहीं दी गई थी। बारहवीं कक्षा के छात्र होने के नाते वे सब अपनी वार्षिक परीक्षा की तैयारी में व्यस्त थे। बोर्ड की परीक्षा होने के कारण उनके मस्तिष्क में तनाव भी अधिक था। उपर से यह आकस्मिक परीक्षा आ गई।

प्रोफ़ेसर ने सभी छात्रों के डेस्क पर प्रश्नपत्र उल्टा करके रख दिया। प्रश्नों वाला भाग नीचे की ओर था। प्रश्नपत्र बांटने के बाद प्रोफ़ेसर ने छात्रों को प्रश्नपत्र पढ़ने के लिए कहा।

सभी छात्रों के आश्चर्य का ठिकाना नहीं रहा। प्रश्नपत्र में कोई प्रश्न था ही नहीं। प्रश्नों के स्थान पर प्रश्नपत्र में किसी जंगल में एक भयानक राक्षस का चित्र दिखाया गया था। सभी छात्र विस्मय से कभी प्रश्नपत्र को देखते और कभी प्रोफ़ेसर को देखते। छात्रों की दुविधा को देखते हुए प्रोफ़ेसर ने उनसे कहा कि आप प्रश्नपत्र में जो दृश्य देख रहे हैं उसके बारे में ही आप सबको अपने विचार लिखने हैं।

छात्रों को यह समझ नहीं आ रहा था कि उनकी बोर्ड की परीक्षा से इस प्रकार की परीक्षा का संबंध क्या है? फिर भी सभी छात्रों ने अपने-अपने विचारों को लिखना आरम्भ कर दिया। जब परीक्षा समाप्त हुई तो प्रोफ़ेसर ने सभी के प्रश्नपत्र एकत्र कर लिए और कक्षा में सभी छात्रों के उत्तर एक एक करके ज़ोर ज़ोर से पढ़ने लगा।

सभी छात्रों ने उस भयानक राक्षस के बारे में अपने-अपने विचार प्रकट किए थे। किसी ने लिखा उसकी आँखें लाल लाल थीं, किसी ने लिखा उसकी शक्ल भूत जैसी थी और उसके मुँह पर रक्त लगा हुआ था। सबने लिखा कि उसको देखकर भय लग रहा था।

सभी छात्रों के उत्तर पढ़ लेने के बाद प्रोफ़ेसर ने कहा कि इस चित्र के माध्यम से मैं आप सबको कुछ समझाना चाहता हूँ। आप सबने केवल राक्षस के बारे में ही सोचा और उसी के बारे में ही लिखा है। सभी ने चित्र के नकारात्मक पक्ष के बारे में लिखा है। किसी छात्र ने भी जंगल के बारे में, प्रकृतिक सौन्दर्य के बारे में, सुंदर पक्षियों के बारे में, उड़ती हई रंग बिरंगी तितलियों के बारे में कुछ भी नहीं लिखा। सबने केवल बुरा ही देखा किसी को चित्र में अच्छाई नज़र नहीं आई – हमारे वास्तविक जीवन में भी ऐसा ही होता है। हम अच्छाई को कम और बुराई को ज़्यादा देखते हैं।

हम जानते हैं कि आधुनिक जीवन शैली में अधिकांश युवक बचपन से ही तनाव-ग्रस्त रहने लगते हैं। उन्हें तनावमुक्त करने के स्थान पर हम उनकी चिंताओं में वृद्धि करते रहते हैं। जीवन में तो बहुत कुछ होता है, वहाँ राक्षस भी होता है और जंगल भी होता है। लेकिन हमारा ध्यान खूबसूरत जंगल पर नहीं जाता। हम अपना सारा ध्यान राक्षस पर केन्द्रित कर देते हैं। हम जीवन की ख़ुशियों की तरफ़ ध्यान नहीं देते। हमारे पास भरा पूरा परिवार है, हँसते खेलते बच्चे हैं, अच्छी भली नौकरी है, सुरक्षा प्रदान करने वाले अभिभावक हैं, सुख दुःख बाँटने वाले मित्र हैं फिर भी अनहोनी की चिंता

करते रहते हैं। वास्तव में तो जीवन में ख़ुशियों के क्षण अधिक होते हैं और चिंता के विषय बहुत कम होते हैं। सुख के अवसर अधिक होते हैं और दु:खी होने के अवसर बहुत कम होते हैं। फिर भी हम जंगल की सुंदरता को अनदेखा कर राक्षस की भयानकता को अधिक महत्व देते हैं। अपनी ख़ुशियों का आनंद नहीं उठाते बल्कि दु:खों के बारे में सोचते रहते हैं। यह सोच हमारे नकारात्मक दृष्टिकोण का परिचायक है।

हमारे दिमाग़ में जब नकारात्मक विचार आने लगते हैं तो नकारात्मकता न केवल हमारे विचारों को प्रभावित करती है बल्कि हमारी भावनाओं को भी प्रभावित करती है। इसका प्रभाव हमारे कार्यों में भी दिखने लगता है। नकारात्मक विचारों के कारण हम कुछ अच्छा सोचने की स्थान पर बुरा सोचने लगते हैं। सुखद परिस्थितियाँ होने के बावजूद हम प्रसन्न नहीं रह पाते। हमारे अंदर असुरक्षा और अविश्वास की भावना पैदा होने लगती है। नकारात्मक दृष्टिकोण से हम स्वयं को दोषी मानने लगते हैं और आत्म-केन्द्रित हो जाते हैं। फलस्वरूप हम या तो दूसरों से झगड़ा करने लगते हैं या अपना बचाव करने लगते हैं। हमें आवश्यकता है अपने दृष्टिकोण को बदलने की। अपने सीमित विचारों के दायरे से बाहर आकर अपने सकारात्मक विचारों को प्रोत्साहन देने की।

नकारात्मक दृष्टिकोण से कभी सकारात्मक फल प्राप्त नहीं होता। नकारात्मक विचारों के कारण एक तरफ़ हम अपना बहुमूल्य समय नष्ट करते हैं दूसरी तरफ़ इनका कोई लाभ भी नहीं होता। नकारात्मक विचारों के कारण हम प्रगति के अनेक अवसरों से हाथ धो बैठते हैं, सगे संबंधियों से रिश्ते तोड़ देते हैं, और अपने व्यावसायिक क्षेत्र में भारी हानि उठाते हैं। जीवन में अच्छे लोगों का साथ तभी मिलता है जब हम अच्छे विचार व्यक्त करते हैं। यदि हमारे विचार नकारात्मक हैं तो हमें साथ भी ऐसे ही व्यक्तियों का मिलेगा। परिणाम स्वरूप हमारे विचार कभी सकारात्मक नहीं हो पाएँगे। जब हमारे चारों तरफ़ नकारात्मकता का बोल बाला होगा तो फिर हम भी इससे अछूते नहीं रह सकते। एक दिन नकारात्मक विचार हमें गहरी खाई में फैंक देंगे। अच्छा यही होगा कि जितनी जल्दी हो सके हम नकारात्मक विचारों से अपना पीछा छुड़ा लें।

दूसरों में दोष निकालना बहुत सरल होता है लेकिन दूसरों के गुणों को हम देख नहीं पाते। इसका मूल कारण है हमारा दृष्टिकोण। यदि हम बुरा ही देखना चाहते हैं तो हमें चारों तरफ़ बुरा ही बुरा नज़र आएगा। हमें अपने दृष्टिकोण को बदलना होगा। बुरा देखने की आदत से हम कभी सफल नहीं हो पाएँगे। यदि हमें सफल होना है तो सबसे पहले हमें अपने नकारात्मक दृष्टिकोण को बदलना होगा। नहीं तो यह हमारा सर्वनाश कर देगा।

किसी ने कहा है कि अच्छाई अच्छाई को आकर्षित करती है और बुराई बुराई को आकर्षित करती है। इसी प्रकार हमारे सकारात्मक विचार हमें सकारात्मक शक्ति प्रदान करते हैं और नकारात्मक विचार नकारात्मक शक्ति देते हैं। थोड़े से प्रयास से हम अपने नकारात्मक विचारों से बच सकते हैं। हमें चाहिए कि हम दिन-प्रतिदिन के अपने नकारात्मक विचारों से मुक्ति पाने के बारे में सोचें और अपने मस्तिष्क में सकारात्मक विचारों का संचार करें। ऐसा करने मात्र से हम बिना किसी रुकावट के अपने विचारों में वांछित बदलाव ला सकते हैं। जब हमारे मस्तिष्क में उत्तम विचारों का संकलन होगा तो निश्चय ही उसका प्रतिबिम्ब हमारे कार्यों में भी परिलक्षित होगा। फलस्वरूप हमारे अशांत मन को शांति भी मिलेगी और हमारी समस्याओं का उचित समाधान भी होगा।

इससे कोई फ़र्क नहीं पढ़ता कि हम जवान हैं या वृद्ध हैं, हम बच्चे हैं या युवक हैं, हम अध्यापक हैं या छात्र हैं, हम निर्धन हैं या धनवान हैं। यदि हमें शिखर पर पहुँचना है तो वहाँ तक पहुँचने की क्षमता हमारे अंदर निहित है। पृथ्वी पर जन्म लेने वाले प्रत्येक मनुष्य में महान बनने की क्षमता होती है। हर व्यक्ति में इतनी योग्यता होती है कि वह जो बनना चाहे बन सकता है। लेकिन यह तभी सम्भव हो सकता है जब हम यह जान लेंगे कि हमारे विचारों की शक्ति भी असीम है। लेकिन अपने विचारों को रचनात्मक बनाने के लिए हमें उनको केन्द्रित करने की कला को सीखना होगा।

जब हम अपने विचारों को केन्द्रित करके किसी लक्ष्य को प्राप्त करने के बारे में सोचते हैं तो उसमें आने वाली कठिनाइयों के समाधान के नए-नए उपाय सूझने लगते हैं। शर्त यह कि हमें अपने लक्ष्य के अतिरिक्त अन्य सब विचारों को अपने मस्तिष्क से निकालना होगा। जब हम बेकार के विचारों को मस्तिष्क से निकाल कर अपना सारा ध्यान अपने लक्ष्य पर केन्द्रित करेंगे तो हमें मन चाहा फल प्राप्त हो सकता है।

दुःख की बात है कि हमारे पास अपने विचारों को केन्द्रित करने का समय ही नहीं है। अपने दिन-प्रतिदिन के कार्यों में हम इतने व्यस्त रहते हैं कि बिना सोचे ही सब कुछ मशीन की भांति करते रहते हैं। हाँ, यदि कोई भयानक संकट आ खड़ा हो तो हमारा मस्तिष्क बाक़ी सब कुछ छोड़कर उस संकट के बारे सोचने लगता है। इस संकट के समय में भी हम केवल उतना ही सोच पाते हैं कि संकट से छुटकारा कैसे पाया जाए। तब भी हमारे मस्तिष्क में कोई रचनात्मक विचार नहीं आता। हमें चाहिए कि हम अपने विचारों को दिन-प्रतिदिन के कार्यों से हटा कर कुछ नया, कुछ रचनात्मक करने के बारे में भी सोचें। आजकल की जो जीवनशैली है उसमें रचनात्मक कार्यों के बारे में सोचने का समय निकालना ज़रा कठिन ही होगा। फिर भी समय तो निकालना

ही होगा। यह कार्य हम नहाते समय, सुबह की सैर करते समय, नाश्ता करते समय या यात्रा करते समय भी कर सकते हैं। कहते हैं जहाँ चाह वहाँ राह।

हमारी एक और आदत है। हम सहज ही अपने मौजूदा हालातों से समझौता कर लेते हैं। यदि हम बचपन से ही सुख सुविधाओं में पले बड़े हैं तो बहुत अच्छा वरना हम ग़रीबी में ही गुजारा करने की आदत डाल लेते हैं। ग़रीबी से छुटकारा पाने का प्रयास नहीं करते। हमारे इस व्यवहार का संबंध पिछली यादों के कारण भी हो सकता है। बीते दिनों की याद हमें प्रभावित करती रहती है। कभी हमने ऐसा समय भी व्यतीत किया होगा जब हमारे पास कोई साधन नहीं थे, वित्तीय समस्याएँ हमारे रास्ते की रुकावट बनी हुई थी। न तो हमें कोई उम्मीद नज़र आती थी न कोई सहारा था। ऐसे समय में हम वही कर सकते थे जो हमारे बड़े बुज़ुर्ग किया करते थे। लकीर के फ़कीर बने रहते थे। अपनी सफलता का नया मार्ग ढूँढने की कोशिश भी नहीं करते थे। अभी तक हमारे मस्तिष्क में गुज़रे ज़माने की बुरी यादें ताजा होने के कारण हमारा समय बदल जाने के बावजूद भी हमारी सोच में बदलाव नहीं आ पाया है। हम अपने पुराने मार्ग पर ही चलते रहते हैं भले ही वह मार्ग आगे जाकर बंद हो जाए।

बीता समय न तो कोई अच्छा उदाहरण प्रस्तुत कर सकता है न ही हमारे वर्तमान जीवन या हमारे भविष्य का मार्गदर्शन कर सकता है। पिछली घटनाओं को याद रखने से कोई लाभ नहीं मिलने वाला। वह एक समय था जो बीत गया। हम उन पिछली घटनाओं से कुछ सीख अवश्य सकते हैं। यदि हम पहले कुछ नहीं कर पाए तो हमें अपने वर्तमान जीवन को ख़ुशहाल बनाने के उपाए अब करने होंगे। लकीर के फ़कीर न बनकर हमें नए विचारों पर ध्यान देना होगा, आज के ज़माने के अनुसार नई तकनीक को अपनाना होगा और नए मार्गों का निर्माण करना होगा ताकि हमारा भविष्य ख़ुशहाल तथा सम्पन्न हो सके।

सम्पन्नता का तात्पर्य धनवान बनना नहीं होता। सम्पन्नता हमारे सकारात्मक विचारों की होनी चाहिए, मानवीय मूल्यों की होनी चाहिए, और उचित मार्ग चुनने की होनी चाहिए। बड़ा बनने का अर्थ यह नहीं कि हम बहुत बड़े उद्योगपति बन जाएँ, बड़ा बिज़नेसमैन बन जाएँ अथवा भौतिक जीवन की बहुत सारी सुविधाएँ जुटा लें। बड़ा तो व्यक्ति तब बनता है जब ज़माना उसे उसके नाम से याद करे। क्या आप नहीं चाहोगे कि दुनिया आप को भी आपके नाम से पहचाने? पढ़िए मिस्टर अल्फ्रेड की कहानी:

अल्फ्रेड और ग़लत मृत्यु सूचना

लगभग सौ वर्ष पुरानी बात है। एक व्यक्ति समाचार पत्र पढ़ रहा था। समाचार पढ़ते-पढ़ते उसकी निगाहें एक मृत्यु सूचना पर आकर टिक गईं। सूचना पढ़कर उसके होश उड़ गए। यह किसी व्यक्ति की मृत्यु का दुखद समाचार था जिसमें ग़लती से उसका नाम ही छप गया था। जब उसने छपाई की ग़लती को पहचाना तो उसे कुछ तसल्ली हो गई। अब वह ध्यानपूर्वक उस समाचार को पढ़ने लगा जिसमें अनेक व्यक्तियों ने दिवंगत व्यक्ति के बारे में अपने अपने विचार व्यक्त किए थे। दिवंगत आत्मा के बारे में लोगों के विचार पढ़ने की अपनी जिज्ञासा को वह नहीं रोक पाया। वह जानना चाहता था कि लोग उसके बारे में क्या सोचते हैं। त्रुटि से मृत व्यक्ति के स्थान पर उसका नाम छप गया था। वह जानना चाहता था कि लोग उसके बारे में क्या सोचते है।

पहला विचार, *"डायनामाइट किंग डाईस - डायनामाइट निर्माता मर गया।"*

दूसरा विचार, *"ही वास मर्चेन्ट आफ डेथ - वह मौत का सौदागर था।"*

*समाचार पढ़ने वाले व्यक्ति ने ही डायनामाइट का आविष्कार किया था। जब उसने अपने नाम के आगे "**मौत का सौदागर**" लिखा देखा तो वह भयभीत हो गया। उसने स्वयं से प्रश्न किया, "क्या मैं संसार में मौत के सौदागर के रूप में जाना जाऊँगा?"*

उसके विचारों को झटका लगा, उसकी भावनाओं को बहुत ठेस पहुंची। वह कभी नहीं चाहता था कि लोग उसे "मौत के सौदागर" के रूप में पहचानें। उसी दिन से उस व्यक्ति ने विश्व-शांति के लिए कार्य करना आरम्भ कर दिया। उसका पूरा नाम था अल्फ्रेड नोबल और आज वह संसार में नोबेल प्राइज़ के लिए जाने जाते हैं। नोबेल प्राइज़ जिस व्यक्ति के नाम के साथ जुड़ा है उसी व्यक्ति ने डायनामाइट बनाया था परंतु बाद में अपने अथक प्रयासों से उन्होंने संसार को ऐसा कार्य कर दिखाया जिसके नाम से वह अपनी पहचान बनाना चाहते थे।

क्या हम नहीं चाहते कि संसार हमें भी हमारे नाम से पहचानें? इसलिए यह आवश्यक है कि हम अपने मस्तिष्क में उच्च विचारों को पोषित करें ताकि हम भी कुछ ऐसा करके दिखा सकें जिससे लोग हमें याद रखें।

अल्बर्ट आइंस्टीन ने एक बार कहा था:

"कभी सफल व्यक्ति बनने का प्रयास मत करो, बनना है तो
एक अच्छा इंसान बनो।"

वायु की दिशा तो हम बदल नहीं सकते पर कम से कम हम अपनी दिशा तो बदल सकते हैं। हमारे विचार सदा उस कार्य पर केन्द्रित होने चाहिए जो कार्य हम आज करना चाहते हैं। व्यर्थ की बातों में समय न गवां कर हमें अपने लक्ष्य की ओर बढ़ते रहना चाहिए।

9

अपने दृष्टिकोण को सुधारो

प्रत्येक व्यक्ति में नकारात्मक व सकारात्मक दोनों प्रकार के गुण होते हैं। सकारात्मक गुणों से व्यक्ति का व्यवहार भी सकारात्मक हो जाता है। हमारा व्यवहार एक शक्तिशाली हथियार के रूप में कार्य करता है। अपने व्यवहार के माध्यम से हम सफलता भी प्राप्त कर सकते हैं और इसी के कारण हम असफल भी हो सकते हैं। हमारा जो व्यवहार समाज को पसंद आता है समाज हमें उसी नाम से पुकारने लगता है। समाज प्रत्येक व्यक्ति को उसके नाम से नहीं बल्कि उसके व्यवहार से पुकारने लगता है। व्यवहार के कारण लोग कहने लगते हैं, वह व्यक्ति समझदार है, वह व्यक्ति निकम्मा है, वह तो बहुत ही घमण्डी व्यक्ति है, मिस्टर राम तो बहुत शांतिप्रिय व्यक्ति हैं। नरेश बहुत ईमानदार है, उस व्यक्ति को तो अनुशासन बहुत प्रिय है। क्या कभी हमने सोचा है कि लोग भिन्न-भिन्न व्यक्तियों को भिन्न-भिन्न नामों से क्यों पुकारते हैं? यह नामकरण स्वयं नहीं हो जाता। लोगों को हर व्यक्ति के व्यवहार को पहचानने में समय लगता है। उस व्यक्ति के व्यवहार को भली भांति पहचानने के पश्चात् ही लोग उसे एक विशेष पहचान प्रदान करते हैं। घमण्डी होने या ईमानदार होने की पहचान उसके व्यवहार के कारण ही होती है। व्यक्ति के व्यवहार के आधार पर उसकी पहचान होती है और वह उसी

नाम से प्रसिद्ध हो जाता है। राम ईमानदार है, शाम बेईमान है, राजीव धोखेबाज़ है, सुल्तान शरीफ़ है, राजू बदमाश है, आदि। ये नाम वास्तविक नहीं हैं, लोगो के व्यवहार के आधार पर यह नामकरण समाज द्वारा किया जाता है। जैसा जिसका व्यवहार वैसा उसका नाम। प्रत्येक व्यक्ति की पहचान समाज बनाता है और यह पहचान बनती है उस व्यक्ति के व्यवहार के आधार पर।

लोगों ने हमारी भी कोई न कोई पहचान तो अवश्य बनाई होगी। हमारा व्यवहार ही हमारी पहचान बनाता है। लोग हमारे साथ हमारी पहचान के कारण ही कार्य करते हैं। हमारा व्यवहार हमारी छवि को बनाता है। जैसी हमारी छवि होगी वैसी ही हमारी पहचान बनेगी। यदि हमारी छवि एक ईमानदार व्यक्ति की है तो लोग हमें ईमानदार समझ कर हम पर अधिक भरोसा करेंगे। इसके विपरीत यदि हमारी छवि एक बेईमान व्यक्ति के रूप में है तो हर कोई हम से बचकर रहना चाहेगा। इसलिए हमें अपनी छवि के प्रति अधिक सावधान होने की आवश्यकता है। अपनी अच्छी छवि को बनाए रखना हमारी प्राथमिकता होनी चाहिए। विद्वानों का मानना है कि व्यवहार दो प्रकार के होते हैं। इसको समझने के लिए हमें निम्न उदाहरणों का अवलोकन करना होगा:

उदाहरण 1 : एक शिक्षक ने कक्षा में प्रवेश करने के पश्चात् मेज पर एक ख़ाली गिलास रखा। एक जग से उस गिलास में थोड़ा सा पानी डाल दिया। फिर उसने छात्रों से गिलास के बारे में पूछा।

कुछ छात्रों ने बताया कि गिलास आधा ख़ाली है और कुछ छात्रों ने कहा कि गिलास आधा भरा हुआ है। जिन्होंने गिलास को आधा ख़ाली बताया उन छात्रों को नकारात्मक सोच वाला बताया गया और जिन छात्रों ने गिलास को आधा भरा हुआ कहा उन छात्रों को सकारात्मक सोच वाला बताया गया। हालाँकि इस वर्गीकरण को उचित नहीं कहा जा सकता परंतु यह हमें एक संदेश अवश्य देता है।

उदाहरण 2 : बने बनाए कपड़े बेचने वाले दो सेल्समैन एक आदिवासी इलाके में पहुँच जाते हैं। उन दोनों को अपनी-अपनी कम्पनी की पोषाकें बेचनी हैं। उन दोनों ने देखा कि आदिवासी लोग या तो कोइ पोषाक पहनते ही नहीं अगर कुछ आदिवासी पहनते भी हैं तो न के बराबर। दोनों ने स्थिति को भली-भांति जांचा-परखा और अपनी अपनी रिपोर्ट तैयार कर ली। उनके द्वारा तैयार की गई रिपोर्ट निम्न प्रकार थी:

पहला सेल्समैन : "इस क्षेत्र में कोई पोषाक नहीं पहनता – पोषाकों की बिक्री असम्भव है।"

दूसरा सेल्समैन : "इस क्षेत्र में कोई पोषाक नहीं पहनता – पोषाकों की बिक्री की सम्भावना बहुत है।"

कृपया ध्यान दें दोनों सेल्समैन के लिए एक समान ही परिस्थिति है। दोनों का कार्य भी एक जैसा है। परंतु उनके विचार अलग-अलग हैं। उनकी सोच अलग-अलग है। पहले सेल्समैन को स्थिति नकारात्मक दिखाई देती है और दूसरे सेल्समैन को स्थिति सकारात्मक दिखाई देती है। दूसरे सेल्समैन को बिक्री के अधिक अवसर दिखाई देते हैं जबकि पहले सेल्समैन को बिक्री के अवसर दिखाई नहीं देते।

यह कोई इकलौता उदाहरण नहीं है। हम हर रोज़ इस प्रकार की घटनाएँ देखते रहते हैं। यह हमारे ऊपर है कि हम उन्हें किस प्रकार अनुभव करते हैं। यदि हमारा दृष्टिकोण नकारात्मक है तो हम मिले हुए मौके का कोई लाभ नहीं उठा पाएँगे। यदि हमारी सोच सकारात्मक है तो हम मिलने वाले हर मौके का फ़ायदा उठाना चाहेंगे। जिस व्यक्ति का दृष्टिकोण सकारात्मक होता है वह अपने दिमाग़ में मौके का फ़ायदा उठाने के लिए एक कार्य योजना भी तैयार कर लेता है। नकारात्मक विचारों वाले व्यक्ति ऐसी कोई कार्य योजना तैयार नहीं कर पाते। सकारात्मक सोच हमें नई दिशा प्रदान करती है। हमारे मस्तिष्क में नए-नए आइडिया आते हैं जिनसे हम अपने लक्ष्य को सफलतापूर्वक प्राप्त कर सकते हैं। सकारात्मक सोच वाले व्यक्ति को गिलास आधा भरा हुआ लगता है तो नकारात्मक सोच वाले व्यक्ति को वही गिलास आधा ख़ाली दिखता है।

अपनी इच्छाशक्ति और रचनात्मक विचारों से हम जो चाहें कर सकते हैं। एक अमेरिकी लेखक जॉर्डन बेलफोर्ट ने कहा है:

> **"हमारे लक्ष्य और हमारे बीच केवल एक ही वस्तु होती है जिसके कारण हमें अपना लक्ष्य प्राप्त नहीं होता है और वह वस्तु है हमारा रटा-रटाया बहाना बनाने का राग। लक्ष्य प्राप्त न होने के हम सौ-सौ बहाने बनाने लगते हैं।"**

उपर्युक्त दोनों उदाहरण इस बात का स्पष्ट संकेत देते हैं कि हम जैसा सोचते हैं वैसे ही बन जाते हैं। यदि हमारा दृष्टिकोण सकारात्मक है और हम कुछ पाने के लिए परिश्रम करने के लिए तैयार हैं तो हमारी सफलता को दुनिया की कोई ताक़त नहीं रोक सकती। इसके लिए हमें अपने विचारों में सकारात्मक बदलाव लाना होगा। इसके साथ-साथ मिलने वाले हर मौके से हर परिस्थिति में लाभ उठाने का भरसक प्रयास करना होगा। स्वामी विवेकानंद के शब्दों में:

"यह हमारा दृष्टिकोण है जो बहुत महत्व रखता है। हमारे संसार की रचना हमारी मानसिक शक्ति के प्रभाव से ही हो पाती है। यह हमारे विचार ही हैं जो हमारे संसार को सुंदर बनाते हैं और यही विचार हमारे संसार को गंदा भी कर देते हैं। पूरा संसार हमारे मस्तिष्क में समाया हुआ है। आवश्यकता है इसे अपने उच्च विचारों को प्रकाश में देखने की।"

अपने नकारात्मक विचारों से छुटकारा पाने और सकारात्मक विचारों को अपनाने के लिए अथक प्रयास करने पड़ते हैं। यह हम पर निर्भर करता है कि हमारा जीवन किस प्रकार का हो? हमारे जीवन का लक्ष्य क्या हो और हम जीवन में प्राप्त क्या करना चाहते हैं? हम जो प्राप्त करना चाहते हैं उसे प्राप्त करने में संसार की एक ही वस्तु हमें रोक सकती है और वह है हमारा नकारात्मक दृष्टिकोण।

आशावान बनो

ज़िंदगी में उतार चढ़ाव तो आते रेहते हैं। हम में कुछ अच्छाईयाँ हैं तो कुछ कमियाँ भी अवश्य होंगी। कमियों के कारण निराश होने की आवश्यकता नहीं। कमियाँ सब में होती हैं। हमें तो जीवन में आशावान बनना है। निराशा से पल्ला छुड़ा कर यदि हमने आशा का दामन थाम लिया तो यह हमारे जीवन को संवार देगा।

कुछ स्थितियाँ ऐसी होती हैं जो हमारे नियंत्रण में नहीं होती। जिन पर हमारा कोई बस नहीं चल पाता। घर में कोई बीमार पड़ गया है, पैसों की कमी है, मकान टूट रहा है, बच्चे पढ़ाई में कमज़ोर हैं, ऐसी अनेक परिस्थितियाँ हैं जिन पर हमारा नियंत्रण नहीं होता। लेकिन फिर भी हमारे पास एक चीज़ है जिस पर हम अपना नियंत्रण रख सकते हैं। वह है हमारा व्यवहार। हम अपने व्यवहार पर तो अपना नियंत्रण रख ही सकते हैं। कठिनाइयों के बीच या दुर्गम परिस्थितियों के बीच भी हम चाहें तो अपने व्यवहार को काबू में रख सकते हैं। यदि हमारा व्यवहार सकारात्मक है तो हम हर परिस्थिति में प्रसन्न रह सकते हैं। इसे एक कहानी के माध्यम से समझा जा सकता है:

व्यापारी और उसके पुत्र

एक गाँव में एक व्यापारी अपने परिवार सहित रहता था। उसके दो बेटे थे। व्यापार में बहुत हानि होने के कारण व्यापारी दिवालिया हो गया। पैसों की

कमी के कारण परिवार का भरन पोषण कठिन हो गया। पूरे परिवार पर मुसीबतों का पहाड़ टूट पड़ा। जब उसे आशा की कोई किरण दिखाई नहीं दी वह तनावग्रस्त रहने लगा। अपने तनाव को दूर करने के लिए जब उसे और कुछ नहीं सूझा तो उसने मदिरा-पान आरम्भ कर दिया। वह दिन रात शराब के नशे में रहने लगा। शराब के नशे में वह अपने परिवार के सुख दुःख को भूल गया।

बड़े बेटे को पिता के शराबी हो जाने पर बहुत दुःख हुआ। उसे परिवार के अन्य सदस्यों की चिंता सताने लगी। उसने अपने पिता के कारोबार का जाएज़ा लेना आरम्भ किया। उसे ज्ञात हुआ कि उसके पिता व्यापार संबंधी वस्तुएँ ख़रीदने के लिए एक अन्य गाँव में जाते रहते थे। यह गाँव बहुत दूर था। एक दिन बड़ा बेटा उस गाँव में चला गया और वहाँ जाकर उन लोगों से मिला जिनसे उसके पिता व्यापार का सामान ख़रीदते थे। उन लोगों ने बड़े बेटे को बताया कि उसके पिता जो माल ख़रीदते थे उसका भुगतान समय पर नहीं करते थे। इसी कारण गाँव वालों ने उसके पिता को माल बेचना बंद कर दिया था। भुगतान न करने के कारणों की समीक्षा करने पर बड़े बेटे को ज्ञात हुआ कि शहर के एक एजेंट ने उसके पिता को बहुत धोखा दिया था और उसके पिता के धन का गबन किया था। इसी कारण उसके पिता गाँव वालों का भुगतान समय पर नहीं कर पाए थे।

बड़े बेटे ने शहर जाकर उस एजेंट को पकड़ लिया। उसके पिता को धोखा देने के जुर्म में पुलिस में शिकायत करने की धमकी दी। पुलिस का नाम सुनकर एजेंट घबरा गया और घबरा कर उसने सारा धन लौटा देने का वचन दिया। यह कार्य उसने अपने पिता और परिवार की बिगड़ती दशा को देखकर किया था।

बड़े बेटे ने जो किया सो किया आओ देखें छोटे बेटे ने क्या किया? उसने देखा कि उसके पिता शराब पी कर मस्त रहते हैं। उन्हें परिवार के किसी सदस्य की कोई चिंता नहीं थी। कोई मरता है तो मरे कोई जीता है तो जिए पिता को किसी से कुछ लेना देना नहीं था। परिवार की बुरी हालत देखकर कुछ दिनों तक तो वह चिंतित रहा लेकिन बाद में उसने भी शराब पीना शुरू कर दिया। शराब पीकर कभी वह गाली गलोच करने लगता और कभी पड़ोसियों से लड़ने लगता। इस आदत के कारण परिवार वालों को लोगों की भली बुरी सुननी पड़ती। पिता तो येन केन प्रकारेण अपनी शराब का इंतज़ाम

कर लेता था लेकिन छोटा बेटा शराब के लिए चोरी भी करने लगा और एक दिन पुलिस ने पकड़ कर उसे जेल में डाल दिया।

दो भाई हैं। दोनों का लालन पालन एक समान एक ही परिवार में हुआ। दोनों एक साथ एक ही स्कूल में पढ़ने जाते थे। सुख दुःख में एक साथ रहते थे। दोनों को परिवार का एक समान प्यार मिला। लेकिन दोनों का व्यवहार एक दूसरे से बिल्कुल भिन्न था। बड़ा भाई बहादुर और समझदार था। वह अपनी ज़िम्मेदारी समझता था। बड़े भाई का दृष्टिकोण सकारात्मक था और उसे विश्वास था कि समस्या का कोई न कोई समाधान अवश्य मिलेगा। मुसीबतों से छुटकारा पाने की उसमें प्रबल इच्छा थी। वह स्थितियों से घबराकर निराश नहीं हुआ। उसे स्वयं पर विश्वास था और आशा थी कि वह कठिन परिस्थितियों का न केवल सामना करेगा बल्कि उनसे छुटकारा भी पा लेगा। और ऐसा ही हुआ। उसके सकारात्मक दृष्टिकोण और विजयी होने की इच्छा के फलस्वरूप वह अपना लक्ष्य पाने में सफल रहा।

इसके विपरीत छोटे भाई का दृष्टिकोण नकारात्मक था। कठिन परिस्थितियों में घिर जाने के पश्चात् वह बिल्कुल निराश हो गया था। अपने पिता की हालत देख कर उसे लगता था कि अब सुधार की कोई आशा नहीं बची। जब व्यक्ति के मन में कोई आशा न रहे तो उसे निराशा घेर लेती है जिससे उसकी सोच कुण्ठित हो जाती है और वह व्यक्ति अवांछित कार्य करने लगता है। यही छोटे बेटे के साथ हुआ। आशा का दामन छोड़ने के बाद निराश होकर वह अपने पिता के नक्शे क़दम पर चल कर शराबी बन गया। बड़े बेटे ने न तो आशा का दामन छोड़ा और न ही वह परिस्थितियों से घबराकर निराश हुआ। अपने आत्म-विश्वास के कारण उसने विपरीत परिस्थितियों का डट के मुकाबला किया और अपने प्रयासों से सफलता प्राप्त की। हमारे पूर्व राष्ट्रपति श्री ऐ.पी.जे. अब्दुल कलाम ने इसकी बहुत सुंदर व्याख्या की है:

"बरसात से बचने के लिए सभी पक्षी अपने अपने घोसलों में छुप जाते हैं लेकिन गरुड पक्षी बरसात से बचने के लिए बादलों के उपर उड़ने लगता है जहाँ बरसात उसे छू भी नहीं सकती। यह तो हमारे दृष्टिकोण पर निर्भर करता है कि हम कठिनाइयों का सामना किस प्रकार करते हैं।"

कभी कभी समस्याओं पर हमारा बस नहीं चलता लेकिन यह हम पर निर्भर करता है कि हम समस्याओं से घबराकर निराश हो जाते हैं या फिर आशावान बनकर उनका सामना करते हैं। हम प्रसन्न होते हैं या दु:खी होते हैं, हम हँसते हैं या रोते हैं, यह इस बात पर निर्भर करता है कि मुसीबत आ जाने पर हमारा दृष्टिकोण कैसा होता है। हमारे मन में जीतने की आशा रहती है या हम निराश होकर घुटने टेक देते हैं। यदि हम हिम्मत दिखा कर मुसीबत का मुक़ाबला करते हैं तो हमारा मनोबल चारगुना हो जाता है। हमारे साहस को देखकर ऐसी स्थिति में हमारे मित्र, हमारा परिवार और सभी संगी साथी हमारा साथ देने लगते हैं। इसके विपरीत यदि हम आशा का दामन छोड़कर कठिन परिस्थिति से घबरा जाते हैं और तनाव में आकर अपने हथियार डाल देते हैं तो न तो कोई हमारा साथ देगा और न ही हम मुसीबत से छुटकारा पा सकेंगे।

प्रश्न है कि हम अपने आप को आशावान और सकारात्मक कैसे बनाएँ? देखने और सुनने में यह जितना कठिन लगता है उतना कठिन यह है नहीं। अपने दृष्टिकोण में, अपने व्यवहार में, अपनी सोच में यदि हम समय की आवश्यकता के अनुसार थोड़ा सा भी परिवर्तन कर लें तो निश्चय ही हमारे जीवन में महत्वपूर्ण और लाभकारी परिवर्तन हो जाएगा। हमें केवल निम्नलिखित कुछ बातों पर ध्यान देना होगा:

1. अपने कार्यस्थान को स्वच्छ रखें। चारों तरफ़ स्वच्छता का वातावरण होने से हम अपना कार्य सुचारू रूप से कर पाएँगे। व्यवस्था कायम हो जाने से हमारी सोच में उच्च विचारों का संग्रह होगा।
2. हमें स्वयं पर ध्यान देना होगा। यदि हम अच्छे वस्त्र पहनेंगे और अच्छे लगेंगे तो हमारे आत्म-विश्वास में वृद्धि होगी।
3. लोगों से वार्तालाप हँसते हँसते करे। इस प्रकार वार्तालाप करने से आप न केवल लोगों का मन जीतेंगे बल्कि वे आपके मित्र भी बन जाएँगे।
4. अपनी भाषा को सकारात्मक रखें। घुमा फिरा कर बात न करें। जो हो उसे स्पष्ट कहें। यदि आपका कोई कर्मचारी ग़लती करता है तो उस पर व्यंग न कसें बल्कि उसे सीधे सीधे उसकी ग़लती बताएँ। ऐसा करते वक़्त भी स्वयं को सकारात्मक बनाए रखें। उसकी ग़लती के कारण हुई हानि की बात करने से तनाव की स्थिति बन सकती है। ग़लती को सुधारने का सुझाव दें और आगे से ऐसी ग़लती न हो इसका प्रयास करें। यदि आपसे कोई ग़लती हो जाए तो उसे तर्कों द्वारा सही साबित करने का प्रयास न करें। अपनी ग़लती को स्वीकार करें और स्थिति को सम्भालने की कोशिश करें।

आगे का सोचें

आजकल तेज़ तरार ज़माना है और ज़माने की तेज़ रफ्तार के साथ हमें क़दम से क़दम मिला कर चलना होगा बल्कि एक क़दम आगे ही चलना पड़ेगा। इसका अर्थ है कि हम जो कुछ करना चाहते हैं उसकी योजना पहले से ही तैयार करनी होगी। हमें भविष्य में आने वाली कठिनाइयों, समस्याओं, रुकावटों और जोखिम का पहले से ही ध्यान करके उनसे निबटने के उपाए करने होंगे। अगर आगे आने वाली समस्याओं का पूर्वानुमान कर लिया जाए तो वक्त आने पर उनका समाधान करना सरल हो जाता है। परंतु जीवन में आगे क्या होगा इसका अनुमान कोई ठीक ठीक नहीं लगा सकता। इसी कारण कुछ लोग योजना न बनाकर समय के साथ चलते रहते हैं। जो हो रहा है वैसा ही होने देते हैं। जो हो रहा है वैसा करते रहने में कोई हानि तो नहीं परंतु ऐसा करने से हम कुछ नया नहीं सोच पाते। यदि हम लकीर से हट कर कुछ नया सोचें तो हमारे जीवन में महत्वपूर्ण परिवर्तन आ सकता है। आगे की सोच के साथ साथ हमें अपने वर्तमान कार्य के लिए भी चौकन्ना रहने की आवश्यकता होती है। हमें यह ज्ञात होना चाहिए कि हमारे वर्तमान कार्य का आगामी प्रभाव क्या हो सकता है। इसके लिए अपने कार्य की पूर्ण जानकारी एकत्र करने की आवश्यकता होती है। नीचे दिए गए उदाहरण से यह बात स्पष्ट हो जाएगी।

बिज़नेसमैन और दो कर्मचारी

अनाज का व्यापार करने वाले एक व्यापारी के पास दो कर्मचारी कार्य करते थे। व्यापारी किसानों से थोक में अनाज ख़रीदकर अपने गोदामों में एकत्र कर लेता था। इस अनाज को फिर वह छोटे छोटे व्यापारियों को, और दुकानदारों को अच्छे दामों में बेच देता था। वह धार्मिक भी था और दयालु भी था। पाँच वर्ष पूर्व उसने दो कर्मचारियों को 5000/- रुपये प्रति माह के वेतन पर नियुक्त किया था। ये कर्मचारी उसके कार्य में हाथ बटाते थे। पिछले पाँच वर्षों में एक कर्मचारी का वेतन 5000/- रुपये से बढ़कर 50,000/- रुपये प्रति माह हो गया जबकि दूसरे कर्मचारी का वेतन 5000/- रुपये से बढ़कर केवल 10,000/- रुपये ही हो पाया।

वेतन में हुए अधिक अंतर के कारण दूसरा कर्मचारी हताश रहता था। वह मन ही मन अपने मालिक को कोसता रहता लेकिन कुछ कहने की हिम्मत नहीं जुटा पाता था। जब उससे सहन नहीं हुआ तो एक दिन हिम्मत दिखा कर उसने व्यापारी से वेतन में बहुत अधिक अंतर होने का कारण पूछा।

उसने कहा कि हम दोनों ने एक ही दिन कार्य करना शुरू किया था, हम दोनों एक जैसा कार्य करते हैं तो फिर हमारे वेतन में इतना अधिक अंतर क्यों है? आप इतना पक्षपात क्यों करते हैं?

व्यापारी ने कर्मचारी के चेहरे को बड़े ध्यान से देखा और कहा कि मैं कोई पक्षपात नहीं करता। मैं वेतन का भुगतान कर्मचारी के कार्य कौशल के आधार पर करता हूँ। व्यापारी का उत्तर सुनकर कर्मचारी को तसल्ली नहीं हुई। वेतन के अंतर का उचित कारण जानने की जिज्ञासा अभी भी उसके मन में थी।

एक दिन व्यापारी की निगाह दूर खड़ी एक बैलगाड़ी पर गई। उसकी पारखी आँखों ने भांप लिया कि कोई किसान अपना अनाज बेचने आया है। व्यापारी ने अपने दूसरे कर्मचारी को बुलाकर कहा, जाओ और पता लगाओ वह किसान कौनसा अनाज बेचने आया है। कर्मचारी ने सोचा अपनी कार्यकुशलता दिखाने का यह अच्छा मौका है। कर्मचारी तुरंत गया और तुरंत ही पता लगाकर वापिस आ गया। आकर उसने बताया कि किसान "चावल" बेचने आया है। व्यापारी ने कर्मचारी से पूछा कि किसान कौन सी क़िस्म के चावल बेच रहा है? चावलों का भाव क्या है? किसान आया कहाँ से है? कर्मचारी ने तो यह सारी सूचना एकत्र ही नहीं की थी। उससे कहा गया था कि पता लगाओ किसान कौन सा अनाज बेचने आया है और उसने इसका पता लगा लिया था। उसे जितना काम बताया गया था उतना काम उसने कर दिया था।

अब व्यापारी ने उस कर्मचारी को बुलाया जिसका वेतन 50,000/- रुपये प्रति माह था और कहा जाकर पता लगाओ कि किसान कौनसा अनाज बेचने आया है। वह कर्मचारी पता लगाने चला गया लेकिन काफ़ी समय तक लौट कर वापिस नहीं आया। दूसरे कर्मचारी ने सोचा यह काम तो क्षण भर का था और पहला कर्मचारी इतना अधिक समय लगाने के बाद भी वांछित सूचना एकत्र नहीं कर पाया। अब व्यापारी को ज्ञात होगा कि कौन सा कर्मचारी अधिक कार्य कुशल है? उसे लगने लगा अब तो मालिक उसका वेतन भी बढ़ा देगा। उसने बताया हुआ काम चुटकियों में कर दिया था जबकि पहला कर्मचारी अभी तक कोई सूचना नहीं ला सका।

पहले कर्मचारी को लौटने में दो घंटे का समय लग गया। लौटकर उसने व्यापारी को बताया कि किसान चावल बेचने आया है और यह चावल बहुत उत्तम क्वालिटी का है जिसकी उपज एक प्रमुख प्रदेश में होती है। किसान अपना चावल वाजिब दामों पर बेच रहा है। इस क़िस्म के चावल की मार्किट

में बहुत मांग है। हमारे पुराने ग्राहक जगमोहन भी इस क्वालिटी के चावल की मांग कर रहे थे। वह इस क़िस्म के चावल को अधिक मात्रा में ख़रीदना चाहते हैं। मैंने किसान से मोल भाव कर लिया है। यदि वह भाव कम करे तो हम उसका सारा चावल ख़रीद लेंगे। सारा चावल बिकने के लालच में किसान ने मेरी बात मान ली और चावल कम दाम पर बेचने के लिए तैयार हो गया। मैंने गोदाम में सारा चावल रखने की व्यवस्था भी कर ली है और इसी कारण मुझे वापिस आने में विलम्ब हो गया।

यह सारी बात चीत दूसरे कर्मचारी की उपस्थिति में हो रही थी और वह पहले कर्मचारी द्वारा दी गई जानकारी को सुन भी रहा था। वह मन ही मन सोच रहा था कि मालिक ने तो केवल उस अनाज का पता लगाने के लिए कहा था जो किसान यहाँ पर बेचने आया था। अब उसे समझ आ गया था कि उसका वेतन पहले कर्मचारी से कम क्यों है। पहले कर्मचारी ने न केवल अनाज का पता लगाया बल्कि अनाज की क्वालिटी के बारे में जानकारी प्राप्त की, किसान से मोल भाव किया। इसके अतिरिक्त उसने चावल को ऊंचे दामों पर बेचने की व्यवस्था भी कर ली। अब उसे अपनी कुशलता और पहले कर्मचारी की कुशलता और दोनों के वेतन में अंतर का ज्ञान हो गया। पहला कर्मचारी आगे की सोचता था।

दूसरों की आलोचना करना बहुत आसान होता है। जिस प्रकार हम दूसरों की आलोचना करते हैं ठीक उसी प्रकार दूसरे लोग भी हमारी आलोचना अवश्य करते होंगे। इसका ज्वलन्त उदाहरण तो हमारी क्रिकेट टीम ही है। हर एक भारतीय क्रिकेट का विशेषज्ञ भी है। हर भारतीय को मालूम होता है कि कप्तान को कब बैट्समैन को भेजना चाहिए और कब बॉलर को भेजना चाहिए। भगवान न करे यदि हमारी क्रिकेट टीम मैच हार जाती है तो हम सभी खिलाड़ियों को बुरा भला कहना शुरू कर देते हैं। हम कप्तान की, खिलाड़ियों की और खिलाड़ियों का चयन करने वालों की जी भर कर आलोचना करने लगते हैं। हम भूल जाते हैं कि सभी खिलाड़ी अपने अपने क्षेत्र के विशेषज्ञ होते हैं और हम तो केवल साधारण आलोचक ही हैं। यदि वह मैच हमें ख़ुद खेलना पड़ता तो हम उनके मुकाबले कुछ भी न कर पाते। हमें क्रिकेट खेलने का कोई अनुभव नहीं है लेकिन हम आलोचना करने से नहीं चूकते।

यही उदाहरण हमारे पर भी लागू होता है। जिन लोगों को हमारे कार्य का ज्ञान नहीं होता, जो लोग हमारे कार्य का अनुभव नहीं रखते, जिन्हें हमारी कार्य परिस्थितियों के

बारे में कोई जानकारी नहीं होती वही लोग हमारे कार्य में कमियाँ निकालने लगते हैं। इतना ही नहीं वे लोग हमारे सलहकार बनकर हमें समझाने भी लगते हैं कि हमें कौन सा कार्य किस प्रकार करना चाहिए। सलाह देना कोई बुरी बात नहीं यदि सलाहकर्ता अधिशासक बन जाए तो बहुत बुरा लगता है। कभी कभी हम भी ऐसी ही आलोचना करने लगते हैं। यकीन नहीं होता तो एक पेन्टर की नीचे लिखी आपबीती पढ़िए:

चित्रकार और उसका चित्र

एक बार की बात है एक प्रसिद्ध चित्रकार ने अपने राजा का बहुत सुंदर चित्र बनाया। वह यह चित्र अपने राजा को उनके जन्मदिन पर भेंट करना चाहता था। चित्र राजा का था और राजा को भेंट किया जाना था इसलिए वह यह सुनिश्चित कर लेना चाहता था कि चित्र में किसी भी प्रकार की कोई कमी न रह जाए। उसने वह चित्र एक व्यस्त चौराहे पर टांग दिया जहाँ बहुत लोगों का आना जाना लगा रहता था। उसने चित्र पर लोगों के लिए एक संदेश लिख दिया जिसमें उसने सब लोगों से अनुरोध किया कि "इस चित्र के पास कुछ पिन रखे हैं, यदि आपको चित्र में कोई कमी दिखाई देती है तो कृपया उस स्थान पर एक पिन लगा दें ताकि मैं अपनी ग़लती को सुधार सकूँ"।

अगले दिन जब वह चित्र को देखने गया तो उसे बड़ा दुःख हुआ। उसके चित्र पर हर स्थान पर पिन ही पिन लगे हुए थे। कोई ऐसा स्थान नहीं बचा था जहाँ पिन ना लगे हों। इसका तात्पर्य है कि चित्र को देखने वाले हर व्यक्ति को उस चित्र में कोई न कोई कमी दिखाई दी थी। चित्र में कमियों की संख्या को देखकर वह घबरा गया। वह सोचने लगा कमियों से भरा यह चित्र अगर उसने राजा को भेंट कर दिया होता तो राजा उसे अवश्य ही मृत्यु दण्ड दे देता।

चित्रकार निराशा से भर गया और अपने एक मित्र के पास जाकर उसे सारी बात बता दी। चित्रकार की बात सुनकर उसका मित्र हँसने लगा। जब चित्रकार ने उसकी हँसी का कारण पूछा तो उसके मित्र ने कहा "तुम्हें मेरी हँसी का राज शीघ्र ही ज्ञात हो जाएगा तुम केवल उतना करो जितना मैं कहता हूँ।" कल तुम अपना चित्र दुबारा उसी स्थान पर टांगो जहाँ आज टाँगा था किन्तु अपना संदेश बदल दो।

चित्रकार ने उसी चित्र की दूसरी प्रति उसी व्यस्त चौराहे पर दुबारा टांग दी और अपने संदेश में लिखा "यदि आपको इस चित्र में कोई कमी नज़र

आए तो कृपया उस कमी को दूर कर उस स्थान पर एक पिन लगा दो।"
इससे मुझे आपके चित्रकारी के अनुभव का लाभ होगा।

अगले दिन जब चित्रकार ने चौराहे पर जाकर अपने चित्र को देखा तो
उसके आश्चर्य का ठिकाना नहीं रहा। आज चित्र पर एक भी पिन नहीं लगा
था। चित्र वही था। जब लोगों को कमियाँ निकालने के लिए कहा गया था
तो सब लोगों ने चित्र में बहुत सारी कमियाँ निकाल दी थीं, आज जब उनसे
कमियों को दूर करने के लिए कहा गया था तो एक भी व्यक्ति ने कोई भी
ग़लती नहीं निकाली थी।

चित्रकार के मित्र ने बताया कि दूसरों की ग़लतियाँ निकालना या उनकी आलोचना
करना बहुत सरल होता है। सार्थक आलोचना करना तो उचित है लेकिन केवल आलोचना
करने के उद्देश्य से आलोचना करना उचित नहीं होता। जो लोग व्यर्थ में आलोचना
करने के आदि होते हैं वे लोग अपना कार्य तो ठीक ढंग से कर नहीं पाते और दूसरों
की कमियाँ निकालते रहते हैं। जिन लोगों ने तुम्हारी ग़लतियाँ निकाली थीं जब उनसे
ग़लतियों को सुधारने के लिए कहा गया सब मैदान छोड़ कर भाग गए। कमियाँ हर
इंसान में जन्म से ही होती हैं। हम सब कमियों के पुतले हैं लेकिन दूसरों की कमियाँ
निकालना हमारी आदत बन गई है। दूसरों द्वारा निकाली गई कमियों से हतोत्साहित न
होकर हमें अपने कौशल पर यकीन करना चाहिए। पूरी लगन से किए गए अपने काम
पर भरोसा करना चाहिए। दुनिया वाले तो कमियाँ निकालते ही रहेंगे।

सार्थक आलोचना को स्वीकार करो

आलोचना करने वाले सदैव ग़लत नहीं होते। हमें रचनात्मक आलोचना को स्वीकार कर
लेना चाहिए। ऐसी आलोचना का स्वागत करना चाहिए जिससे हमें अपनी कमियाँ दूर
करने की प्रेरणा मिलती हो। रचनात्मक आलोचना हमें अपने कार्य में निपुण बनाने में
बहुत सहायक होती है। अमेरिकी उद्योगपति जिम रोहन का मानना है कि:

"उस आलोचना पर ध्यान देने पर अपना समय व्यर्थ मत करो जिसका
कोई महत्व नहीं होता। व्यर्थ की आलोचना पर ध्यान देकर समय बर्बाद
करने के स्थान पर हमें अपना समय महत्वपूर्ण आलोचना को समझने
में लगाना चाहिए।"

आलोचनाओं का तो पूरा सागर है। इस सागर में से रचनात्मक आलोचना का चयन करना नाकों चनें चबाने के बराबर होता है। रचनात्मक आलोचना वह होती है जिसकी सहायता से हमें यह पता लग सके कि हमारी कमियाँ क्या है और हम उसे किस प्रकार सुधार सकते हैं। रचनात्मक आलोचना को हमें शिक्षा के रूप में ग्रहण करना चाहिए। रचनात्मक आलोचना हमें सुधरने का अवसर प्रदान करती है। जब हम रचनात्मक और व्यर्थ की आलोचना में भेद करने की योग्यता प्राप्त कर लेंगे, जब हम नकारात्मक आलोचना से अपने आत्म-विश्वास को गिरने से बचाने की योग्यता प्राप्त कर लेंगे तो सही अर्थों में हम कार्यकुशल बन पाएँगे।

दूसरों को कम मत समझो

अपने कारोबार के सिलसिले में, अपनी नौकरी के चक्कर में या फिर किसी और वजह से हम हर रोज़ सैंकड़ो लोगों से मिलते हैं। इनमें से कुछ व्यक्ति पहली ही नज़र में अपनी छाप छोड़ देते हैं। कुछ व्यक्तियों से हम उनके पहनावे से प्रभावित हो जाते हैं, कुछ व्यक्तियों के बोलचाल के ढंग से और कुछ व्यक्तियों की शक्ल ही हमें प्रभावित कर देती है। कभी कभी हम क्षण भर में लोगों के बारे में अपनी राय बना लेते हैं। या तो हम उनके बाहरी व्यक्तित्व से प्रभावित हो जाते हैं या फिर किसी और कारण से। यहीं पर हम ग़लती कर बैठते हैं। किसी भी व्यक्ति, विशेषकर अपरिचित व्यक्ति, को पहचानने में समय लगता है। पहली नज़र में प्रभावित होना स्वयं में मायावी होता है। हम सोचते कुछ हैं और निकलता कुछ और है। जिस व्यक्ति के बारे में हम सही सोचते हैं वह ग़लत निकल सकता है और जिसे ग़लत सोचते हैं वह सही हो सकता है। एक उदाहरण देखिए:

ग्रामीण और बैंक प्रबंधक

एक ग्रामीण बैंक में अपना खाता खुलवाने गया। साधारण से दिखने वाले ग्रामीण ने ढीले ढाले मामूली से कपड़े पहने हुए थे। सिर पर मैली पगड़ी बंधी हुई थी, पैरों में टूटी हुई चप्पल थी और चेहरे से थका मांदा लग रहा था। उसको देखकर प्रबंधक ने सोचा यह कोई निर्धन व्यक्ति है जो भविष्य की बचत के लिए खाता खुलवाने आया है। बैंक नियम के अनुसार खाता खुलवाने के लिए कुछ धन जमा करना आवश्यक होता है। अतः प्रबंधक ने उससे पूछा आप कितना धन जमा करना चाहते हैं।

ग्रामीण ने कहा, "एक"।

एक का शब्द सुनकर बैंक प्रबंधक ने समझा कि यह ग्रामीण व्यक्ति एक रुपया जमा करके अपना खाता खुलवाना चाहता है। परंतु बैंक नियमों के अनुसार कोई भी नया खाता खोलने के लिए कम से कम 1000/- रुपये जमा करना आवश्यक होता है। प्रबंधक ने उसको बताया की "एक" से खाता नहीं खुलता आप को कुछ और धन जमा करना होगा तभी आपका खाता खुल पाएगा।

अच्छा? मुझे नहीं मालूम कितने से खाता खुलता है मैं तो बस "एक" ही लाया हूँ।

इतना कहकर ग्रामीण ने अपनी जेब से एक बहुत साधारण सा मोबाइल फ़ोन निकाला और अपने बेटे से बात करने लगा।

सुनो बेटा तुमने मुझे जो एक लाख रुपये दिए थे और बैंक में खाता खुलवाने के लिए भेजा था वह काम नहीं हो सकता। मैनेजर साहिब कहते हैं एक लाख रुपये से खाता नहीं खुल सकता हमें खाता खुलवाने के लिए और रुपयों की आवश्यकता होगी। मैं तो इतनी दूर चल कर आया और खाता भी नहीं खुला। मैं दुबारा इतनी दूर फिर नहीं आ सकता। अब तुम ख़ुद ही इस खाते को खुलवा लेना। मेरे बस का तो है नहीं।

ग्रामीण की बात सुनकर प्रबंधक के आश्चर्य का ठिकाना नहीं रहा। ग्रामीण के साधारण पहनावे, उसकी मैली पगड़ी और टूटी हुई चपल्ल देखकर प्रबंधक पहली नज़र में धोखा खा गया और ग्रामीण की वास्तविक हैसियत को नहीं पहचान सका। ग्रामीण से क्षमा मांगने के पश्चात् उसका खाता खोल दिया गया। ग्रामीण के बाहरी व्यक्तिव से प्रभावित होने के स्थान पर प्रबंधक को उसकी वास्तविक वित्तीय स्थिति का पता लगा लेना चाहिए था। ग्रामीण लोग दिखावा नहीं करते और अपनी साधारण वेश भूषा में रहना पसंद करते हैं।

किसी भी व्यक्ति की वेश भूषा या बाहरी आवरण से उसके बारे में राय बना लेना उचित नहीं।

हम भी अधिकांश स्थितियों में प्रबंधक जैसा ही व्यवहार करने लगते हैं। मान लो हमें अपनी कम्पनी में कर्मचारियों की भर्ती करनी है। हम कुछ उम्मीदवारों की ड्रेस देखकर, कुछ उममीदवारों के बोल चाल के ढंग को देखकर, और कुछ अन्य उममीदवारों के ऊँचे संबंध देखकर पहली ही भेंट में उनसे प्रभावित हो जाते हैं। उनके बाहरी व्यक्तिव से प्रभावित होकर हम उनकी योग्यता व कुशलता की जांच पड़ताल भी नहीं करते।

इसके विपरीत जिन उम्मीदवारों का पहनावा साधारण होता है, जो शर्मीले स्वभाव के होते हैं और हिचकिचाकर बात करते हैं उन उम्मीदवारों को हम बिना उनकी वास्तविक योग्यता को जाने पहली नज़र में ही अयोग्य घोषित कर देते हैं। बिना परखे, बिना जाने पहचाने, बिना जांच किए जो निर्णय पहली नज़र से प्रभावित होकर लिए जाते हैं वह प्रायः उचित नहीं होते। जिस उम्मीदवार के बाहरी व्यक्तित्व से हम प्रभावित हुए थे हो सकता है आगे चलकर वह निकम्मा साबित हो। उसमें कार्य करने की योग्यता ही न हो। और जिसे हमनें अयोग्य घोषित किया था हो सकता है वही सबसे अधिक योग्य उम्मीदवार हो। अतः पहली नज़र में लोगो के बाहरी व्यक्तिव से प्रभावित न होकर हमें उनकी अच्छी जांच पड़ताल कर लेनी चाहिए।

जिस प्रकार हम लोगो के बाहरी व्यक्तित्व से पहली नज़र में प्रभावित हो जाते हैं, उसी प्रकार दूसरे लोग भी हमारे बाहरी व्यक्तिव से प्रभावित होते होंगे। हमारे व्यक्तिव का पहला प्रभाव हमारे जीवन को बना भी सकता है और बिगाड़ भी सकता है।

जब हम किसी अनजान व्यक्ति से पहली बार मिलते हैं तो उसके मस्तिष्क में हमारी एक छवि तुरंत बन जाती है। हमारे बाहरी व्यक्तित्व को देखकर अनजान लोग क्षण भर में हमारे बारे में अनेकों बातें सोच लेते हैं। हम दिखते कैसे हैं, हमारा परिधान कैसा है, हम बोलते कैसे हैं, हमारी भाव भंगिमा कैसी है यह सब देखकर लोग हमारी शिक्षा, हमारे अनुभव, हमारी उपलब्धियों, और हमारी समझदारी के बारे में अंदाज़ा लगा लेते हैं। इस बात का ज्ञान हमें भी है कि लोग हमारे बारे में कुछ न कुछ तो सोचते ही होंगे, इसी कारण हम सदैव स्वयं को अपने सबसे अच्छे रूप में प्रस्तुत करना चाहते हैं। विशेषकर तब जब हमें किसी बहुत महत्वपूर्ण व्यक्ति से मिलना होता है ताकि उस पर हमारा पहला प्रभाव अच्छा पड़ सके।

किन्तु हमारा यह पहला प्रभाव कितने समय तक टिक सकता है? हमारे पहले प्रभाव की दीर्घता परिस्थितियों पर निर्भर करती है। यदि हमारी मुलाकात छोटे समय की है मान लो साक्षात्कार के लिए है तो पहले प्रभाव का महत्व बहुत अधिक होता है। यदि किसी व्यक्ति के साथ हमें लम्बे समय तक कार्य करना है तो हमें अपनी छवि धीरे धीरे बनानी पड़ेगी।

अँग्रेज़ी में एक कहावत है "The first impression is the last impression" हमने यह कहावत कई लोगों से अनेकों बार सुनी होगी और समझ लिया कि यही एक ऐसा शास्वत नियम है जिससे लोगों को परखा जा सकता है लेकिन लोगों के कई चेहरे होते हैं। दिखाने के चेहरे अलग और वास्तविक चेहरा अलग। प्रत्येक व्यक्ति ने अपने चेहरे पर दूसरा चेहरा लगाया हुआ है। कम समय में यह जानना कठिन हो जाता है कि किस

व्यक्ति का चेहरा असली है और किसका नकली है। किसी भी व्यक्ति को समझने के लिए कुछ समय की आवश्यकता है। कुछ लोगों को, उनके छलावे के कारण, उनके असली और नकली चेहरे को पहचानना कठिन हो जाता है। कुछ लोग ऐसे होते हैं जो अपना चेहरा जानभूझ कर नहीं छुपाते लेकिन उनके रहन सहन के कारण उनकी वास्तविक छवि को समझना कठिन हो जाता है। कई लोग दिखने में साधारण और गंवार नज़र आते हैं लेकिन वास्तव में प्रतिभाशाली होते हैं। पहली मुलाक़ात में हमें लग सकता है कि वह झगड़ालू है, गुस्सैल है, कठोर है और घमण्डी है परंतु उसका वास्तविक व्यवहार हमसे छुपा रहता है। उनका वास्तविक व्यवहार जानने के लिए कुछ समय की आवश्यकता होती है।

इसके विपरीत कुछ लोग जानबूझ कर अपना वह रूप दिखाते हैं जो उनका वास्तविक रूप नहीं होता। वह लोगों को अपने प्रभावशाली व्यक्तित्व से प्रभावित करने के उद्देश्य से ऐसा करते हैं। अपना वास्तविक व्यक्तित्व छुपाकर वह लोगो को लुभाने के लिए उनके सामने अपना बनावटी व्यक्तित्व प्रस्तुत करते हैं। ऐसे लोग अपने बाहरी व्यक्तित्व को बहुत महत्व देते हैं।

कुछ लोग अपना बनावटी व्यक्तित्व प्रस्तुत करते हैं तो कुछ लोगों का व्यक्तित्व हमें बनावटी लगता है। इसीलिए यह आवश्यक है कि हम फर्स्ट इम्प्रैशन (First Impression is the last impression) वाली कहावत को भूल जाएँ और लोगों को भली भांति परखने के बाद ही उन पर विश्वास करें।

हम बहुत से ऐसे लोगों से मिलते हैं जो दिखने में सुंदर, सुशील, मृदुभाषी और विनीत दिखते हैं। उन्हें देखते ही हम उन पर मोहित हो जाते हैं और उन्हें सर्वश्रेष्ठ मानने लगते हैं। उनकी जांच परख किए बिना हम उनके दीवाने हो जाते हैं। उनका जादू हमारे सिर पर चढ़ कर बोलने लगता है। अपने इसी जादू का वह नाजाइज़ फ़ायदा उठाने लगते हैं। वह जो कहते हैं हम वही करने लगते हैं। यहाँ तक कि पढ़े लिखे, समझदार और अनुभवी लोग भी उनके झांसे में आ जाते हैं। हम समाचारपत्रों में लुभावने तथा आकर्षक व्यक्तित्व वाले व्यक्तियों से संबंधित ऐसे लेख अवश्य पढ़ते होंगे जो लोगों को अपने शब्दजाल में फंसा कर उन्हें लूट लेते हैं। इसका यह तात्पर्य नहीं कि आकर्षक व्यक्तित्व वाले सभी व्यक्ति धोखेबाज़ होते हैं। इसका सीधा सा अर्थ यह है कि हमें किसी व्यक्ति के बाहरी व्यक्तित्व को देखकर उसके बारे में सकारात्मक अथवा नकारात्मक राय नहीं बनानी चाहिए। हमें सोच समझ कर और देख भाल कर ही किसी पर विश्वास करना चाहिए।

ज़रूरी नहीं हम जो सोचते हैं वही ठीक हो

हम जो सोचते हैं वही ठीक है। हमारी राय ही सबसे उत्तम राय है। हम में से आधिकांश लोग यही मानते हैं कि जो मैं चाहता हूँ वही ठीक है, जो मैं सोचता हूँ वही सर्वोत्तम है, संसार में केवल मैं ही सही हूँ बाक़ी सब ग़लत हैं। मैं तो वही करूँगा जो मैंने सोचा है। एक क्षण के लिए भी हम नहीं सोचते कि हमारी सोच ग़लत हो सकती है। हम जो सोच रहे हैं वह ग़लत भी हो सकता है। यह भी हो सकता है कि हमारी सोच ग़लत हो, जो हम करना चाहते हैं वह भी ग़लत हो। हम दूसरों के विचार जानने का प्रयास भी नहीं करते। हो सकता है दूसरे लोगों के विचार हमारे विचारों से मिलते हों। अगर नहीं मिलते तो यह भी हो सकता है कि दूसरों के विचार हमारे विचारों से अच्छे हों और हम उनसे कुछ सीख सकते हों।

यदि हम दूसरे लोगों के विचारों पर ध्यान नहीं देंगे तो हमें हार का सामना भी करना पड़ सकता है। लेकिन यह विचार हमारे मन में आता ही नहीं। हम सदैव से अपने आप को सर्वोपरि मानते आए हैं। हम तो यही मानते हैं कि जो हम सोचते हैं वही सही है, जो हम देखते है वही सही है और जो हमारा अनुभव है वही सबसे उत्तम है। हम सदैव सही ही करते हैं। लेकिन वास्तविकता कुछ और ही होती है। एक समान परिस्थिति होने पर भी अलग अलग व्यक्ति अलग अलग ढंग से सोचते हैं। उदाहरण के रूप में निम्न व्याख्यान को पढ़ें:

अध्यापक और उसके छात्र

निखिल और साहिल दो बच्चे एक ही स्कूल में एक ही कक्षा में पढ़ते थे। एक दिन किसी बात को लेकर दोनों में झगड़ा हो गया। निखिल सोचता था कि वह जो कह रहा है वही सही है और साहिल का कहना ग़लत है। साहिल सोच रहा था कि वह जो कुछ कह रहा है वही सही है और निखिल ग़लत है। दोनों अपनी अपनी बात पर अड़े हुए थे और एक दूसरे की बात मानने को तैयार नहीं थे। दोनों को झगड़ते देख अध्यापक ने लड़ाई का कारण पूछा। कारण जानने के बाद अध्यापक ने दोनों को अच्छा सबक सिखाने का सोचा।

उसने दोनों को बुलाकर मेज़ के पास खड़ा कर दिया। मेज़ की एक तरफ़ निखिल को खड़ा कर दिया और उसकी विपरीत दिशा में साहिल को खड़ा कर दिया। दोनों को एक दूसरे के आमने सामने खड़ा कर दिया गया। मेज़ के बीचों बीच अध्यापक ने एक गोलाकार वस्तु रख दी। इसके बाद अध्यापक ने

निखिल से पूछा, "बताओ इस वस्तु का रंग कैसा है।" निखिल ने ध्यानपूर्वक देखा कि उस वस्तु का रंग तो काला है। अतः उसने अध्यापक को बताया कि उस वस्तु का रंग काला है। उसके बाद अध्यापक ने साहिल से वही प्रश्न पूछा। साहिल, जो विपरीत दिशा में खड़ा था, ने बिना कोई समय गवाएँ बताया कि उस वस्तु का रंग सफ़ेद है। एक बच्चा बता रहा था कि वस्तु का रंग काला है और दूसरा बच्चा बता रहा था कि वस्तु का रंग सफ़ेद है।

निखिल का सोचना था कि उसका उत्तर सही है और साहिल का मानना था कि उसका उत्तर सही है। दोनों स्वयं को सही समझ रहे थे। ना तो निखिल साहिल की बात को मानने के लिए तैयार था ना ही साहिल निखिल की बात को मानने के लिए तैयार था। अब रंग को लेकर उनमें और भी मतभेद हो गया। उनको पुनः झगड़ते देख अध्यापक ने मेज़ पर रखी गोलाकार वस्तु का रुख बदल दिया। जो दिशा निखिल की तरफ़ थी उसे साहिल की तरफ़ कर दिया और जो दिशा साहिल की तरफ़ थी उसे निखिल की तरफ़ कर दिया। उन दोनों से अध्यापक ने दुबारा वही प्रश्न पूछा। निखिल को जानकर हैरानी हुई कि जिस वस्तु को वह काला बता रहा था उसका रंग तो सफ़ेद है। साहिल को हैरानी हुई कि जिस वस्तु को उसने देखा था वह तो सफ़ेद थी लेकिन इसका रंग तो काला है। वास्तविकता यह है कि वह गोलाकार वस्तु एक तरफ़ से काली थी और दूसरी तरफ़ से सफ़ेद रंग की थी। आवश्यकता थी दोनों बच्चों को अपना स्थान बदल कर उस वस्तु को देखने की। यदि वह एक दूसरे की बात को समझने की कोशिश करते, एक दूसरे की सोच को समझने का प्रयास करते तो उनमें मतभेद नहीं होता।

इससे दोनों बच्चों को यह ज्ञात हो गया कि दूसरों के दृष्टिकोण को समझना आवश्यक होता है। हमेशा हम ही सही नहीं होते दूसरा व्यक्ति भी सही हो सकता है।

उक्त कहानी से यह स्पष्ट होता है कि स्थिति को अच्छी तरह समझने के लिए हमें कभी-कभी परिस्थितियों को दूसरे लोगों के दृष्टिकोण से भी समझने का प्रयास करना चाहिए। उक्त कहानी में दोनों बच्चे अपनी अपनी जगह ठीक थें लेकिन एक दूसरे की स्थिति को नहीं देख पा रहे थे। विवाद तब खड़ा होता है जब एक ही स्थिति के कई पहलू हों और हर व्यक्ति को अपना पहलू सही लगता हो। ज़रूरी नहीं विवाद बड़ा हो। छोटी छोटी बातों पर भी विवाद खड़ा हो जाता है। जैसे कोई महिला सब्ज़ी ख़रीदने गई

और सब्ज़ीवाले से वह मोल भाव करती है। उसको लगता है की सब्ज़ी वाला अधिक मूल्य वसूल कर रहा है। लेकिन सब्ज़ीवाले का मानना है कि वह सब्ज़ी रियायती दर पर बेच रहा है। महिला सोचती है सब्ज़ी महंगी है और सब्ज़ीवाला सोचता है कि वह सस्ते मूल्य पर सब्ज़ी बेच रहा है। स्थिति एक ही है लेकिन समस्या के पहलू अलग अलग हैं। महिला सब्ज़ी के भाव की तुलना मण्डी के भाव के साथ कर रही है। मण्डी में सब्ज़ी सस्ती मिलती है और सब्ज़ीवाला महंगी बेच रहा है। सब्ज़ी वाले ने सब्ज़ी को मण्डी से बाज़ार में लाने का ख़र्च भी जोड़ रखा है और उसे कुछ लाभ भी चाहिए। दोनों का सोचना अपने अपने स्थान पर ठीक है। यदि दोनों एक दूसरे की स्थिति को समझने की कोशिश करें तो दोनों की सहमती से उचित मूल्य निर्धारित हो सकता है।

एक बार किसी व्यक्ति ने स्वामी विवेकानंद से पूछा, "ग़लतफ़ेहमियाँ पैदा होने का कारण क्या है?" स्वामी विवेकानंद ने जवाब दिया, "हम दूसरों को वैसा नहीं समझते जैसा वे हैं बल्कि हम दूसरों को ऐसा समझते हैं जैसे हम हैं, इसी कारण ग़लतफ़ेहमियाँ पैदा होती हैं।"

दूसरों के दृष्टिकोण को समझने से हमें स्थिति को समझने में सहायता मिलती है और हम समस्या का निदान आसानी से कर लेते हैं। दूसरों के विचारों का सम्मान करने से हमारी महत्ता बढ़ती है, लोग हमारा सम्मान करने लगते हैं और आपसी विश्वास बढ़ता है। यह हमारे लिए सफलता की कुन्जी बन सकता है।

10

पहले तोलो फिर बोलो

संवाद ही एक ऐसा माध्यम है जिससे हम दूसरों को अपनी बात प्रभावी ढंग से समझा सकते हैं। हम कुछ भी करें हर कार्य के लिए संवाद की किसी न किसी रूप में ज़रूरत पड़ती है। जिस माध्यम से हमें दूसरों के विचार प्राप्त हों उसे हम संवाद कहते हैं भले ही ये विचार हमें टेलीवीज़न देखने से प्राप्त हों या फिर संगीत सुनने से प्राप्त हों। हम किसी भी हाल में हों, कार्यालय में हों या फिर घर पर आराम फ़रमा रहे हों हम स्वयं को दुनिया से अलग नहीं रख पाते। वर्तमान समय में तो हम अलग रह ही नहीं सकते। हर व्यक्ति के हाथ में एक स्मार्टफ़ोन है। या तो वह फेसबुक पर कुछ करता रहता है या चैटिंग करता रहता है। कहने का तात्पर्य है कि संवाद हमारे जीवन का अभिन्न और महत्वपूर्ण अंग है जिसे हम हल्के में नहीं ले सकते। संवाद एक बहुत बड़ी ज़िम्मेदारी का कार्य है। लोगों से हमारे संबंध, हमारी नौकरी, हमारी सफलता और बहुत कुछ हमारी संवाद पटुता पर निर्भर करता है।

हम देखते हैं कि हमारे राजनेता कभी कभी ऐसा संवाद कर देते हैं जिसके कारण उन्हें बाद में माफ़ी मांगनी पड़ती है या फिर अपने शब्द वापिस लेने पड़ते हैं। ऐसी स्थिति से बचने का एक ही उपाय है "पहले तोलो फिर बोलो"।

महान चिन्तक प्लेटो ने कहा था:

**"विद्वान व्यक्ति तभी बोलता है जब उसे कुछ कहना होता है
लेकिन बेवकूफ़ व्यक्ति इसलिए बोलता है कि उसे कुछ बोलना होता है।"**

वार्तालाप करना आवश्यक भी होता है और महत्वपूर्ण भी होता है। इसके बिना न तो हम कोई कार्य कर पाते हैं और न ही कोई संबंध बना पाते हैं। मनुष्य तो क्या संवाद तो पृथ्वी पर पाए जाने वाले सभी जीवों को करना पड़ता है। यह हम पर निर्भर करता है कि हम संवाद का प्रयोग किस ढंग से करते हैं। अच्छे और लुभावने शब्दों का प्रयोग करके हम अपने संवाद प्रभावशाली बनाते हैं या फिर अपशब्द और निराशाजनक शब्दों से अपने संवाद को निरर्थक बना देते हैं। हमारे व्यक्तिगत अथवा व्यावसायिक जीवन में अधिकतर कठिनाइयाँ हमारे अनुचित अथवा निरर्थक संवाद के कारण होती है।

संवाद के माध्यम से हम अपने विचारों को, अपनी भावनाओं को और अपने सुझावों को दूसरे लोगों तक पहुँचाते हैं। हमारी कुछ इच्छाएँ होती हैं, हमारे अरमान होते हैं, हमारी सोच होती है, जिनको हम केवल संवाद के माध्यम से व्यक्त कर सकते हैं। इसके अतिरिक्त दूसरे लोगों की सोच, दूसरों के विचार और दूसरों की भावनाओं को भी हम संवाद के द्वारा ग्रहण करते हैं। इस प्रकार हम दूसरों से बहुत कुछ सीखते भी हैं। कोई भी संवाद अथवा वार्तालाप केवल शब्दों द्वारा नहीं होता। कई बार आँखों के इशारे, भाव भंगिमा, मुख की बनावट, और नजरों के द्वारा किया गया संवाद बहुत प्रभावशाली होता है। हमारी चुप्पी भी कभी कभी बहुत कुछ कह जाती है।

हम क्या कहते हैं, हम क्या बोलते हैं कभी कभी हमें ख़ुद को भी मालूम नहीं पड़ता। वार्तालाप का महत्व तो जीवन में सदा से ही बना रहा है। आज से नहीं सदियों से मनुष्य वर्तालाप के माध्यम से अपने तथा सामाजिक कार्य करता आया है। आवश्यकता इस बात का ध्यान रखने की होती है कि हम जो कुछ कहना चाहते हैं दूसरे लोग उसे उतना और वैसा ही समझें जितना हम कहते हैं या जो हम कहना चाहते हैं। कहने का तरीका या ढंग अलग हो सकता है। कोई अपनी बात ज़ुबानी कहता है, कोई लिखकर कहता है तो कोई व्हट्सअप पर संदेश देकर कहता है। विधा कुछ भी हो परंतु वार्तालाप अथवा संवाद का मूल मंत्र यही है कि जो बात हम कहना चाहते हैं वह लोगों को स्पष्ट और सही ढंग से समझ में आ जाए। ऐसा न हो कि लोग हमारी बात का ग़लत अर्थ निकालने लगें। यदि हमारा संवाद स्पष्ट नहीं हुआ अथवा भ्रामक हुआ तो उसका प्रभाव उल्टा हो सकता है। बात को स्पष्ट और सरल शब्दों में कहने से ही लोग उसका ठीक और सही मतलब समझ पाएँगे।

कवि विलियम बटलर येट्स का कहना है:

"आप सोच एक विद्वान की भांति सकते हैं लेकिन लोगों से बात उनकी भाषा में ही करो।"

कठिनाई तब आती है जब हमारे शब्दों या हमारी भाषा के एक से अधिक अर्थ निकलते हों। इस प्रकार के शब्दों या भाषा के प्रयोग से लोग हमारी बात को ग़लत ढंग से समझ सकते हैं और इसका हमारे व्यक्तित्व पर बुरा प्रभाव पड़ सकता है। कभी कभी उसका वह अर्थ नहीं होता जो हम कह जाते हैं और जो कहना चाहते हैं वह हम कह नहीं पाते। ऐसा तभी होता है जब हमारे शब्द सरल और स्पष्ट नहीं होते। हम एक ही बात को अलग अलग ढंग से कह सकते हैं। एक ढंग के प्रयोग से हमें शाबाशी मिलती है और हमारी प्रशंसा भी होती है लेकिन उसी बात को दूसरे ढंग से कहने पर लोग हमारे शत्रु भी बन सकते हैं। यदि दो व्यक्ति किसी एक बात को अलग अलग ढंग से कहें तो दोनों का प्रभाव अलग अलग हो सकता है। लोग पहले व्यक्ति की बात को तो सहर्ष स्वीकार कर लेते हैं लेकिन दूसरे व्यक्ति की बात को मानने से इंकार कर देते हैं। ऐसा क्यों होता है? ऐसा बात करने वाले व्यक्ति के स्वभाव, मुख मुद्रा, मीठे या कड़वे शब्द, और विशेषकर उसकी वाणी के अंदाज़ पर निर्भर करता है। इससे भी बड़ा कारण होता है मौका। किस मौके पर कौन सी बात करनी चाहिए इसका विशेष महत्व होता है।

बिना सोचे समझे बोलना अधिकतर हानिकारक ही होता है। शब्दों पर हमारा नियंत्रण तभी तक है जब तक वह हमारे मुँह से बाहर नहीं निकलते। एक बार मुँह से निकले शब्द कभी वापिस नहीं होते। एक बार मुँह से निकल जाने के पश्चात् कहे गए शब्दों का वार हमें जीवन भर भोगना पढ़ सकता है। लोग शब्दों का अलग अलग अर्थ निकाल सकते हैं। बोलने से पहले सावधानी बरतना बहुत आवश्यक है।

अपने बचपन में हमने अपने अध्यापकों से बहुत कुछ सीखा है। कुछ अध्यापक हमें बहुत प्यार से समझाते थे और कुछ अध्यापक केवल डंडे की भाषा से समझाते थे। कुछ अध्यापकों के इशारे भर से हम उनकी बात समझ जाते थे और कुछ अध्यापकों को हमारे कान खींचने की आदत थी। अध्यापकों के पढ़ाने के ढंग के कारण हम कुछ अध्यापकों से खुलकर मन की बात कर लेते थे जबकि दूसरे अध्यापकों को देखकर ही हमारा खून सूख जाता था। अब बड़े होकर जब हम बचपन की उन बातों को याद करते हैं तो हमें संवाद और संवाद करने के ढंग के अंतर का ज्ञान होता है। एक अध्यापक को हम सम्मान की दृष्टि से देखते थे और दूसरे अध्यापक से भय खाते थे। हमारे मस्तिष्क में यह भेद अध्यापकों के संवाद के कारण होता था।

संवाद में केवल शब्दों का ही महत्व नहीं होता। उससे अधिक इस बात का महत्व होता है कि शब्दों की अभिव्यक्ति किस प्रकार की गई है। हमारी आवाज़ कर्कश है, कठोर है, मधुर है, ऊँची है या फिर हम ज़ोर-ज़ोर से बोलते हैं या धीमी आवाज़ में बोलते हैं। इन सब बातों का लोगों पर अलग अलग प्रभाव पड़ता है। हमारे शब्द और हमारी ध्वनि दोनों मिलकर हमारे श्रोताओं पर हमारा प्रभाव छोड़ते हैं।

शिवम और उसका बॉस

शिवम और उसका मित्र रतनम दोनों एक अंतर्राष्ट्रीय कम्पनी में काम करते हैं। कार्य का समय भारतीय समय के अनुसार सुबह चार बजे आरम्भ हो जाता है। इसी कारण दोनों को रोज़ सुबह चार बजे से पहले ही उठना पड़ता था जिससे उनकी नींद पूरी नहीं होती थी। दिन भर कार्य की अधिकता के कारण दोनों थके थके रहते थे। असमय उठने और असमय सोने से दोनों का स्वास्थ्य भी बिगड़ रहा था। परंतु उनकी बॉस नंदिता सदैव उनके पीछे हाथ धो कर पड़ी रहती थी। वह उन्हें समयबद्ध कार्य देती और चाहती थी कि दोनों अपना अपना कार्य समय से पूर्व ही समाप्त कर लें। नंदिता समय की पाबंदी का बहुत ध्यान रखती थी। कम्पनी के किसी भी कार्य में वह विलम्ब नहीं करना चाहती थी। यहाँ तक कि दोनों मित्रों को घर जाकर भी कम्पनी का कार्य करना पड़ता था। इस कारण वह अपने परिवार का ध्यान भी नहीं रख पाते थे। परिवार वाले कुछ समय उनके साथ बिताना चाहते थे। लेकिन दोनों को परिवार के साथ समय बिताने की फ़ुर्सत ही नहीं मिलती थी। ऐसे व्यस्त जीवन से दोनों बोर हो गए थे और कुछ समय आराम से बिताना चाहते थे। दोनों का मन कर रहा था कुछ दिनों की छुट्टी लेकर किसी अच्छे से हिल स्टेशन पर परिवार सहित जाकर आनंद मनाएँ। आपस में विचार-विमर्श करने के पश्चात् दोनों ने छुट्टी लेने का विचार बना लिया और अपना अपना आवेदन पत्र बॉस के सम्मुख प्रस्तुत करने की सोचने लगे।

सबसे पहले शिवम अपनी बॉस नंदिता के केबिन में गया और बहुत विनम्र शब्दों में एक सप्ताह की छुट्टी प्रदान करने का अनुरोध किया। नंदिता पहले ही काम के दबाव से परेशान थी। कम्पनी ने उसे कई प्रोजेक्ट जल्दी पूरा करने के लिए कह रखा था। एक तो पिछले प्रोजेक्ट पूरे नहीं हो रहे थे ऊपर से कम्पनी नए प्रोजेक्ट आरम्भ करने का दबाव बना रही थी। ऐसी स्थिति में शिवम को छुट्टी मांगते देख नंदिता से सहन नहीं हुआ। उसने शिवम

को कोई जवाब नहीं दिया बल्कि एक नए प्रोजेक्ट की फ़ाइल पकड़ा दी और कहा कि पहले नए प्रोजेक्ट के काम को पूरा करो। शिवम की छुट्टी का आवेदन रद्द कर दिया गया।

अगले दिन रतनम अपनी बॉस नंदिता के केबिन में पहुँचा और मुस्कुराते हुए कहा, "मैडम जो नए प्रोजेक्ट आए हैं क्या मैं उनका काम किसी हिल स्टेशन पर जाकर कर सकता हूँ। हिल स्टेशन के शांतिप्रिय माहौल में काम करने का आनंद भी आएगा और काम भी जल्दी पूरा हो जाएगा।" नंदिता तो पहले ही कार्य को जल्दी समाप्त करना चाहती थी। उसने रतनम की छुट्टी तुरंत स्वीकार कर दी।

दोनों मित्रों के व्यवहार और संवाद करने का तरीका अलग अलग था लेकिन दोनों का उद्देश्य एक ही था। दोनों काम से कुछ दिन के लिए छुट्टी लेना चाहते थे। एक की मनोकामना पूरी हो गई और दूसरा मन मसोस कर रह गया। यह कमाल संवाद करने के ढंग का था। काम की अधिकता होने के बावजूद छुट्टी मांगने का शिवम का प्रस्ताव बॉस को ग़ैरज़िम्मेदाराना लगा और छुट्टी पर रहकर भी काम करने का रतनम का प्रस्ताव बॉस को बहुत लुभावना लगा।

रतनम ने अपनी बात को इस ढंग से कहा मानो वह छुट्टी के स्थान पर कार्य को अधिक महत्व दे रहा है। शिवम के संवाद से ऐसा लगता था मानो वह कुछ समय के लिए काम से छुटकारा पाना चाहता हो। दोनों के संवाद के ढंग में अंतर होने के कारण एक व्यक्ति की इच्छा पूरी हो गई और दूसरा हाथ मलता रह गया।

हमारे संवाद करने का तरीका हमारी बहुत सी समस्याओं का कारण बन जाता है। हमें अपनी बात हँसते हँसते, विनम्र भाव से और रचनात्मक ढंग से प्रस्तुत करनी चाहिए। जिसमें न केवल हमारे शब्द और हमारी भाषा का उचित प्रयोग हो बल्कि हमारे हाव भाव भी लोक लुभावने होने चाहिएँ। बुरा संवाद प्रतिकूल प्रभाव को जन्म देता है। ब्रिटिश अभिनेत्री एमा थोम्पसन का कहना है:

"समस्या छोटी हो या बड़ी हमेशा हमारे ग़लत संवाद के कारण उत्पन्न होती है।"

सुनने की आदत डालिए

संवाद में सदैव दो पक्षों की आवश्यकता होती है। एक पक्ष जो बोलता है, लिखता है, गाता है या कुछ प्रस्तुत करता है। दूसरा पक्ष सुनता है, देखता है और अपनी प्रतिक्रिया देता है। मानो या न मानो सुनना भी अपने आप में बहुत महत्वपूर्ण होता है।

अगर दूसरों की बात ध्यानपूर्वक ना सुने तो हम शब्दों के जाल में फंस सकते हैं। कभी कभी उचित शब्दों का अर्थ भी ग़लत प्रतीत होने लगता है। होता क्या है कि हम दूसरों से वार्तालाप करते समय भी अपनी कल्पनाओं में खोए रहते हैं और उनकी बात पर गहराई से नहीं सोचते। ऐसी स्थिति में हम अर्थ का अनर्थ भी कर देते हैं। इस स्थिति से बचने का सबसे सरल उपाय है कि जब दूसरों से वार्तालाप कर रहे हों तो हमें अपने मन को बाक़ी सब विचारों से अलग कर लेना चाहिए। देखिए एक कम्पनी में क्या होता है:

सी.ई.ओ. (CEO) और उसके कर्मचारी

एक सी.ई.ओ. अपनी कम्पनी का निरीक्षण कर रहे थे। उन्होंने देखा कि सारे कर्मचारी अपने अपने कार्य में व्यस्त थे। कर्मचारियों को अपना अपना कार्य करते देख उन्हें बहुत अच्छा लगा। कुछ जानकारी प्राप्त करने की इच्छा से सब कर्मचारियों से एक ही प्रश्न पूछा गया:

"आप क्या कर रहे हैं?"

प्रश्न तो एक था लेकिन प्रश्न पूछने के उद्देश्य को हर कर्मचारी ने अपनी स्थिति के अनुसार ग्रहण किया और उसी के अनुसार प्रश्न का उत्तर दे दिया। कर्मचारियों द्वारा दिए गए उत्तरों की एक झलक देखें:

कर्मचारी नम्बर 1

सॉरी सर – मैं अपना कार्य अभी शुरू करने ही वाला था।

उत्तर से स्पष्ट है कि संबंधित कर्मचारी ने अभी तक अपना काम करना आरम्भ नहीं किया था। जब उसने प्रश्न सुना उसे लगा मानो वह पकड़ा गया है। उसने सोचा सी.ई.ओ. ने उसे काम न करते हुए रंगे हाथों पकड़ लिया है। अब यह कर्मचारी काफ़ी दिनों तक इस बारे में सोचता रहेगा।

कर्मचारी नंबर 2

सर, नारायण के अनुरोध पर मैं उसकी सहायता कर रहा था। अपना काम मैं अभी शुरू करने ही वाला था।

यह कर्मचारी बहाने बाज़ी कर रहा है। उपर से चतुराई यह दिखा रहा है कि वह काम के बारे में दूसरे कर्मचारियों की सहायता भी करता है। सी.ई.ओ. ने यह प्रश्न किसी विशेष उद्देश्य से नहीं पूछा था। वह तो कम्पनी के कर्मचारि-यों से संवाद करने की उद्देश्य से सभी कर्मचारियों से एक ही प्रश्न पूछ रहा था।

कर्मचारी नंबर 3

सर, क्या मुझसे कोई ग़लती हो गई है? क्या मैं अपना काम ठीक ढंग से नहीं कर रहा? इस कर्मचारी के उत्तर से लगता है वह ग़लतियाँ करने का आदि है। उसने पहले भी ग़लतियाँ की होंगी तभी उत्तर देने के स्थान पर उसे ऐसा लगा मानो उसने कोई और ग़लती कर दी हो।

कर्मचारी नंबर 4

सर, कम्पनी के एक महत्वपूर्ण ग्राहक के लिए मैं एक ज़रूरी विवरण तैयार कर रहा हूँ। क्या आप उसे देखना पसंद करेंगे?

इस कर्मचारी को अपने कार्य पर गर्व है। उसे कोई बहाना बनाने की आवश्यकता नहीं। उसके संवाद में एक विश्वास है। वह जानता है कि वह जो कुछ कर रहा है ठीक कर रहा है और कम्पनी के हित में कर रहा है।

जब हम कर्तव्यनिष्ठ होते हैं तो हमारी बातों में भी दम होता है और लोग हमारी बातो पर विश्वास करने लगते हैं।

बात कर रहे हैं हम दूसरों के संवाद को ध्यान से सुनने की। लोगों की बातों को ध्यान से सुनो – यह कहना तो बहुत आसान है लेकिन करना उतना ही कठिन होता है। किसी मीटिंग में भाग लेते समय या किसी विशेषज्ञ द्वारा किसी विशेष विषय पर व्याख्यान को सुनते समय यदि हम गम्भीर नहीं होते तो हम निश्चय ही बहुत कुछ खो सकते हैं। दूसरों की बात को ध्यान से न सुनने के कारण हमारी छवि ख़राब हो सकती है, हमें लोगों की मित्रता से हाथ धोना पड़ सकता है। अगर हम ध्यानपूर्वक दूसरों के विचारों को नहीं सुनते तो हम उनके विचारों का लाभ नहीं उठा सकते। यदि हमें उनके विचारों का विश्लेषण करने को कहा जाए तो हमें शर्म के मारे डूब मरना पड़ेगा। अत: दूसरों के संवाद को सुनते समय सतर्क रहने की बहुत आवश्यकता होती है।

एक चिन्तक ने ठीक कहा था—

"किसी के अच्छे विचारों को सुनना इतना आसान नहीं होता। क्योंकि हम हर समय अपने ही विचारों में खोए रहते हैं। अपनी कल्पना की दुनिया में ही रहते हैं। हमें लगता है

हम जो सोचते हैं वही सही है और हम जो कर रहे हैं वही सही है। दूसरों की बात को क्या सुनना? जितना कठिन दूसरों के विचारों को सुनना होता है उससे अधिक कठिन अपने विचारों को बदलना होता है। यदि हम खुले दिमाग़ से दूसरों के विचारों को ग्रहण करना आरम्भ कर दें तो यह हमारे जीवन को अच्छी दिशा दे सकता है।"

अच्छा वक्ता बनना जितना आसान है अच्छा श्रोता बनना उतना ही कठिन होता है। दूसरों को ध्यानपूर्वक सुनना भी एक प्रकार का संवाद होता है। इससे हमें ज्ञान की प्राप्ति होती है। हम कह सकते हैं कि सुनना भी एक कला है। अच्छा श्रोता बनने के लिए सम्पूर्ण एकाग्रता की आवश्यकता होती है। लेकिन दूसरों की बात तो ध्यानपूर्वक सुनने का धैर्य हम में नहीं होता। हम दूसरों के विचारों को सुनने की अपेक्षा अपने विचार प्रस्तुत करने को उत्सुक रहते हैं। हम अपनी बात पहले कहना चाहते हैं। हम यह भूल जाते हैं कि ख़ुद अपने विचारों के स्थान पर दूसरों के विचारों से हम अधिक लाभ उठा सकते हैं। हम दूसरों के विचारों से नई नई बाते सीख सकते हैं, नए कार्यों के बारे में जानकारी प्राप्त कर सकते हैं, व्यापार करने के नए रास्ते खोज सकते हैं और सबसे महत्वपूर्ण हम उनकी कला को अपना सकते हैं।

दूसरों को ध्यानपूर्वक सुनना अच्छी बात है लेकिन कभी कभी यह कष्टकारी भी हो सकता है। दूसरों द्वारा कही गई बात हमारे दिल में चुभ भी सकती है। लोग हमारी निंदा भी कर सकते हैं और बुरा भला भी कह सकते हैं। हमें अपनी बुराई सुनने के लिए तैयार रहना पड़ेगा। लेकिन हमारी इस बुराई में भी अच्छाई ही छुपी होगी। हमें अपनी कमियों के बारे में पता चलेगा, हम अपनी त्रुटियों को पहचान पाएँगे। हमारे बारे में की गई आलोचना हमारे जीवन का सबसे बड़ा पाठ हो सकती है। अपनी आलोचना सुनकर न तो हमें आपा खोना चाहिए और न ही अपना विश्वास खोना चाहिए। एक महान चिन्तक ने कहा है:

"भगवान ने हमें दो कान और एक मुख कुछ अच्छा सोच कर ही प्रदान किए हैं। दो कानों का मतलब है हम अधिक से अधिक सुनें और एक मुँह का अर्थ है हम कम से कम बोलें।"

विषय से मत भटको

हमें लगता है कि कुछ कार्य तो हम आसानी से कर सकते हैं परंतु वास्तव में करना कठिन होता है। किसी विषय पर बोलते समय स्वयं को संबंधित विषय से बांधे रखना भी एक ऐसा ही कार्य है। बोलते समय हम अक्सर अपने विषय से भटक जाते हैं।

दूरदर्शन पर बहुत सी चर्चायें हम रोज़ सुनते हैं। इन चर्चाओं में बड़े बड़े विद्वान, विशेषज्ञ और विषय के अच्छे जानकार भाग लेते हैं। लेकिन कुछ मिनटों की चर्चा के पश्चात् ही ये सभी लोग विषय से हटकर अपना अपना राग अलापने लगते हैं। फलस्वरूप ऐसी चर्चा का परिणाम शून्य होता है और समय की बर्बादी होती है। अपने मित्रों के साथ संवाद करते समय या अपने कार्यालय की मीटिंग में भाग लेते समय यदि हम भी अपने मूल विषय से भटक जाएँ तो हमारा और दूसरों का समय तो नष्ट होगा ही संवाद करने का भी कोई लाभ नहीं होगा। समय की बर्बादी न हो, हम अपने विचार स्पष्ट रूप से दूसरों तक पहुँचा सके इसके लिए आवश्यक है कि हम स्वयं को विषय से न भटकने दें। तभी हमारी चर्चा का कुछ लाभप्रद परिणाम निकल सकेगा। चर्चा में भाग लेने वाले सभी लोगों को समय का और विषय से ना भटकने का पूरा पूरा ध्यान रखना चाहिए।

शब्दों की ताक़त को पहचानो

प्रत्येक शब्द का एक विशेष महत्व होता है। एक शब्द का अनुचित प्रयोग सारे किए कराए पर पानी फेर सकता है। कहते हैं न शब्द तीर के समान होते हैं। एक बार कमान से छूटने पर जैसे तीर वापिस नहीं आ सकता उसी प्रकार एक बार मुँह से निकल जाने के बाद शब्द भी वापिस नहीं आते। मुँह से निकले शब्दों का प्रभाव हो कर ही रहता है, बुरा या अच्छा। इसलिए शब्दों के प्रयोग के बारे में हमें बहुत सावधान रहने की आवश्यकता है।

शब्दों में बहुत बल होता है और इनका प्रभाव भी दीर्घकालिक होता है विशेषकर अपशब्दों का प्रभाव तो जीवन भर भोगना पड़ता है। चिन्तकों का कहना है कि शब्द की ध्वनी में एक विशेष प्रकार का बल होता है। शब्द किसको कहा गया है? क्यों कहा गया है? और कब कहा गया है? स्थिति के अनुसार शब्द का बल नकारात्मक भी हो सकता है और सकारात्मक भी। वार्तालाप अथवा संवाद करते समय अकसर हमें शब्दों के बल का अंदाज़ा नही रहता जिसके कारण हमें बिन बुलाई मुसीबत का सामना करना पड़ सकता है।

धार्मिक प्रवक्ता एवम लेखक श्री डॉन मिगुएल रुइज़ ने ठीक ही कहा है:

> **"शब्द न तो केवल ध्वनी है और न ही लिखा गया कोई चिन्ह है। शब्दों में बल होता है, शब्दों की ताक़त से हम अपने आप को व्यक्त करते हैं, संवाद करते हैं और चिन्तन करते है। जिसके परिणाम स्वरूप हम जीवन में कुछ कर पाते हैं। हम तो बोल कर अपना कार्य कर भी सकते हैं और**

करवा भी सकते हैं। परंतु अन्य जीवों का क्या? क्या अन्य जीव बोल सकते हैं? कुदरत ने यह गुण केवल मनुष्यों को प्रदान किया है और यह एक ऐसा गुण है जिसका जादू सिर चढ़ कर बोलता है। परंतु ध्यान रहे तलवार की तरह शब्दों की मार भी दुधारी होती है। हम शब्दों की शक्ति के द्वारा अति सुंदर सपने साकार कर सकते हैं या उनका विनाश भी कर सकते हैं। यह इस बात पर निर्भर करता है कि हम शब्दों का प्रयोग करते कैसे हैं? उचित प्रोयग से सहयोग और सफलता मिलती है तो दुरुपयोग से असफलता, मान की हानि और अपमान भी हो सकता है। हमें कैसे और क्या बोलना है यह हम पर निर्भर करता है। शब्दों का बल तो सब के पास होता है जो जैसा चाहे वैसा प्रयोग करे।"

यदि हम सफलता, प्रसन्नता और ख़ुशहाली चाहते हैं तो हमें उन शब्दों का प्रयोग करना चाहिए जिनसे हमें तदानुसार फल प्राप्त हो सके।

ब्रूस बुर्टोन ने कहा है:

"हमारा संवाद हमारे लिए एक विज्ञापन का कार्य करता है जो हमारे अच्छे या बुरे व्यक्तिव को दर्शाता है। हर बार जब हम अपना मुँह खोलते हैं दूसरों को अपने मस्तिष्क में झाँकने का अवसर प्रदान करते हैं।"

ध्यान रहे वार्तालाप के दौरान तर्क-वितर्क नहीं होने चाहिए तथा व्यक्तिगत मामलों से इसका कोई संबंध नहीं होना चाहिए। निम्न स्तर के वार्तालाप और उसके अवांछित परिणाम की आशंका के बावजूद हमें सदैव अच्छे शब्दों का प्रयोग करते रहना चाहिए।

अगर कोई हमें अपशब्द कहे तो हमें बहुत बुरा लगता है। हमें गुस्सा भी आने लगता है और हम करारा जवाब भी देना चाहते हैं। लेकिन इससे स्थिति हाथ से निकल सकती है। अपशब्दों के कारण अपमान महसूस करने, घृणा करने या बदला लेने की भावना के स्थान पर हमें उस चर्चा से स्वयं को बिल्कुल अलग कर लेना चाहिए। जो लोग अपशब्दों का प्रयोग करते है उनसे भविष्य में कभी बात नहीं करनी चाहिए।

जब दूसरे लोग हमारे लिए अपशब्दों का प्रयोग करते हैं तो हमें बहुत बुरा लगता है। इसी प्रकार जब हम दूसरों को अपशब्द कहें तो उन्हें भी बुरा लगेगा। वार्तालाप से न तो हमें कोई युद्ध जीतना है न ही कोई विजय प्राप्त करनी है। वार्तालाप का अर्थ होता है, मिल जुल कर एक ऐसा माहौल पैदा करना जिसके माध्यम से हम जीवन में आगे

बढ़ने का मार्ग ढूँढ सकें। यह तभी सम्भव है जब बातचीत ठंडे दिमाग़ से शांतिपूर्ण वातावरण में हो।

दूसरों की क्या बात करें कभी कभी तो हम ख़ुद अपने ही शब्दों से आहत हो जाते हैं। हम अपने विरुद्ध ही बोलने लगते हैं। हमें ज्ञात नहीं होता लेकिन हम अपने शब्दों से स्वयं को कष्ट पहुँचाते रहते हैं। जब हम कहते हैं, "मैं बेवकूफ़ हूँ", "मैं गधा हूँ", "मैं निकम्मा हूँ", "मैं कोई कार्य करने के योग्य नहीं हूँ", "मैं तो कुछ भी नहीं कर सकता।"

जब हम अपने लिए इस प्रकार के शब्दों का प्रयोग करते हैं तो इन शब्दों का हमारे जीवन पर बुरा प्रभाव पड़ता है। शब्दों में तरंगें होती हैं, तरंगों में शक्ति होती है और बुरी शक्ति का बुरा प्रभाव पड़ता है। बार बार एक बात को दोहराने से उसका प्रभाव स्थाई होने लगता है। जब हम अपने लिए बुरे शब्दों का प्रयोग करते हैं तो उनका हमारे जीवन पर स्थाई प्रभाव हो सकता है। इसलिए यह आवश्यक है कि हम अपने लिए अच्छे-से-अच्छे शब्दों का प्रयोग करें। जैसे "मैं सक्षम हूँ, मैं हर कार्य कर सकता हूँ", "मैं स्वस्थ हूँ, मैं सुंदर हूँ, मैं सब कुछ कर सकता हूँ", बार बार कहने से इन शब्दों का हमारे जीवन में अच्छा और स्थाई प्रभाव होगा।

दूसरों की प्रशंसा करना न भूलें

अच्छे कामों के लिए दिल से की गई प्रशंसा का बहुत प्रभाव होता है। लेकिन हमें तो दूसरों की प्रशंसा करने की आदत ही नहीं होती। बल्कि दूसरों के अच्छे कार्यों को देखकर हमें जलन होने लगती है। जलन के कारण हम दूसरों की प्रशंसा नहीं कर पाते। जब दूसरों की प्रशंसा करने का अवसर आता है तो हम चुप्पी साध लेते हैं। इसके विपरीत यदि हमें दूसरों के दोषों का पता लग जाए तो हम उनकी निन्दा करने का कोई अवसर हाथ से नहीं जाने देते।

एक बार दूसरों के अच्छे कार्यों की प्रशंसा करके देखो। यह जादू का काम करेगी। यदि तुम्हारा साथी, मित्र या प्रतियोगी कोई अच्छा कार्य करे तो उसकी दिल खोल कर प्रशंसा करो फिर देखो आपके दिल को कितनी तसल्ली मिलती है और आप कितना अच्छा महसूस करते हैं। इससे दूसरों को भी ख़ुशी मिलेगी और आप को लगेगा कि आप एक बहुत अच्छे व्यक्ति हैं। अपने कर्मचारियों की प्रशंसा करने से उन्हें न केवल प्रोत्साहन मिलता है बल्कि कार्य करने का वातावरण अच्छा लगने लगता है। कहते हैं न कि जैसा करोगे वैसा भरोगे। जो आप दूसरों को देंगे वही आप को ब्याज सहित वापिस प्राप्त हो जाएगा।

प्रशंसा प्रशंसनीय कार्यों की करनी चाहिए। चाटुकारिता के लिए नहीं। चाटुकारिता के लिए की गई प्रशंसा का कोई प्रतिफल प्राप्त नहीं होता।

अमेरिकी कवि विलियम आर्थर वार्ड का कहना है:

"वह भाग्यशाली है जिसे दूसरों के कार्य से जलन नहीं होती बल्कि प्रसन्नता होती है, जो दूसरों का अनुसरण करता है उनकी नक़ल नहीं करता, जो दूसरों की प्रशंसा करता है उनकी चाटुकारिता नहीं करता और जो मार्गदर्शन करता है चालबाज़ी नहीं करता।"

मौन रहना सीखो

स्वयं को व्यक्त करने के बहुत से तरीके होते हैं। हम अपने विचार बोल कर व्यक्त कर सकते हैं और लिख कर भी व्यक्त कर सकते हैं। कुछ लोग ईशारो से और कुछ लोग अपनी भाव भंगिमा से भी विचार व्यक्त कर लेते हैं। क्या मौन रह कर भी ऐसा हो सकता है? जी हाँ, मौन अभिव्यक्ति का एक सशक्त साधन है। चुप्पी साधना स्वयं में हमारा एक शक्तिशाली शस्त्र है जिसका प्रहार बहुत गम्भीर होता है। यदि परिस्थितियाँ प्रतिकूल हो, वातावरण दुष्कर हो जाए तो मौन साध लेने से बहुत कुछ व्यक्त हो जाता है। इससे हमें आंतरिक शक्ति का आभास होता है और अपनी हैसियत का पता लगता है। मौन रहना या चुप्पी साधना संवाद की ऐसी अनोखी विधा है जिसके प्रयोग से बड़ी बड़ी समस्याओं का समाधान हो जाता है। मौन रहने के लाभों के कुछ उदाहरण इस प्रकार है:

1. असहमती व्यक्त करना

आपने देखा होगा कि कोर्ट कचहरी के मामलो में अपराधी अधिकतर वकीलो के प्रश्नों का उत्तर न देकर चुप्पी साध लेते हैं। उनके मौन को उनकी सहमती समझ लिया जाता है। लेकिन यह आवश्यक नहीं कि मौन रहने का अर्थ सदैव सहमती ही हो। जब किसी कम्पनी का प्रबंधक कर्मचारियों के सामने कोई घोषणा करता है तो अधिकांश कर्मचारी उसकी सराहना करते हैं। अपना हर्ष दर्शाते हैं। लेकिन उसी समय एक कोने में खड़ा उसी कम्पनी का एक कर्मचारी गुम सुम खड़ा होकर कुटिल मुस्कान कर रहा होता है। उसकी चुप्पी और कुटिल मुस्कान बाक़ी सब कर्मचारियों के हर्ष से अधिक प्रभावशाली होती है। उसका मौन उसकी असहमति

दर्शाता है। उसका मौन प्रबंधक के विचारों को स्वीकार नहीं करता और अपनी असहमति दर्शाता है जो बाक़ी लोगों के हर्ष पर भारी पड़ता है।

2. सहमती व्यक्त करना

सहमती व्यक्त करने का सबसे विचित्र ढंग हमारी फिल्मों में देखने को मिलता है। बॉलीवुड की फिल्मों में जब हिरोइन के विवाह का प्रस्ताव आता है तो हिरोइन भाग कर घर के अंदर चली जाती है। बिना कुछ कहे घर के अंदर भाग जाने का अर्थ हिरोइन की सहमती समझ लिया जाता है। यदि घर में मौजूद मेहमानों से पूछा जाए कि क्या आपको इस विवाह प्रस्ताव से कोई आपत्ति है तो सभी मेहमान मौन धारण कर लेते हैं। उनका यह मौन उनकी सहमती दर्शाता है।

3. बोलना ज़रूरी नहीं होता

भरी महफ़िल में अगर कोई सबसे प्रश्न पूछता है तो ऐसे प्रश्न का उत्तर देना आवश्यक नहीं होता जब तक कि वह प्रश्न हमसे व्यक्तिगत रूप से न पूछा जाए। पूछे गए प्रश्नों का ग़लत उत्तर देने से लोग हमारा उपहास ही उड़ाएँगे इसलिए जब तक कोई प्रश्न हम से व्यक्तिगत रूप से न पूछा जाए उसका उत्तर देने की आवश्यकता नहीं। ऐसी स्थिति में हमें चुप ही रहना चाहिए।

4. असहमति व्यक्त करनी चाहिए

अक्सर देखा गया है कि हम नज़दीकी रिश्तेदारी में कुछ नाजाइज़ बाते भी सहन कर लेते हैं। ग़लत बात को सहन करने का परिणाम अधिकतर अच्छा नहीं होता। ऐसी स्थिति में अपनी असहमति व्यक्त करने के स्थान पर हम चुप्पी साध लेते हैं। मौन रहकर मौन रहने वाला व्यक्ति एक प्रकार से अपना क्रोध प्रदर्शित करता है। अधिक देर तक क्रोधित रहने का अर्थ है स्थिति को और बिगाड़ना। अच्छा होगा यदि हम अपनी असहमति शांत मन से शालीन शब्दो में व्यक्त कर दें। हो सकता है हमारी असहमति से हमारे रिश्तेदार नाराज़ हो जाएँ। लेकिन यह नाराज़गी अधिक देर तक नहीं रहती क्योंकि हमनें असहमति नाजाइज़ बात के लिए व्यक्त की है। उनकी अच्छी बातें तो हमें स्वीकार हैं।

5. शांति बनाए रखें

कभी कभी शांत रहने का अपना लाभ होता है। अगर दो पक्षों में किसी बात को लेकर तू-तू मैं-मैं हो रही हो और माहौल गर्मा गया हो तो चुप रहने में ही भलाई है। अगर एक पक्ष शांत हो जाता है तो थोड़े समय के बाद दूसरा पक्ष भी शांत हो जाएगा। क्रोध में किया गया वार्तालाप कभी फलीभूत नहीं होता। गुस्से में किए गए वार्तालाप का परिणाम भयानक भी हो सकता है। अमेरिकी पत्रकार अम्ब्रोस बिएर्स ने कहा है:

> "गुस्से में आकर बात करने से आप को जीवन भर पछताना पड़ सकता है।"

हर आदमी पूछे गए प्रश्न का उत्तर देने के लिए सदैव तैयार रहता है। कभी कभी तो बिना पूछे भी उत्तर देने लगता है। संवाद अनेकों प्रकार से किया जा सकता है लेकिन समय की नज़ाकत को समझ कर अगर हम मौन रह सकें तो इससे बड़ा संवाद कोई और हो नहीं सकता। मौन रहने से बड़ी सिरदर्दी को टाला जा सकता है।

बेंजामिन फ्रेंक्लिन ने ठीक ही कहा था:

> "सही समय पर सही बात कहना तो ठीक है लेकिन मन के गुबार को निकलते वक्त ग़लत बातों को कहने की बलवती इच्छा को रोक पाना बहुत कठिन होता है।"

जो कहें विश्वास से कहें और स्पष्ट कहें

हर बात को कहने का एक तरीका होता है। कही गई बात के भिन्न भिन्न अर्थ निकाले जा सकते हैं। कार्यालय में कर्मचारी एक दूसरे को ई-मेल भेजते रहते हैं. मेल की भाषा का अलग अलग व्यक्ति पर अलग अलग प्रभाव होता है। भेजने वाला जो कहना चाहता है क्या प्राप्त करने वाला उसका वही अर्थ निकालता है? हर लिखित संदेश में हमारे व्यक्तित्व, हमारे अनुभव और हमारे संस्कार झलकते हैं। अगर लिखित संदेश में प्रयुक्त शब्दावली किसी को आहत नहीं करती तो संदेश का अलग अर्थ निकाला जाता है और इसके विपरीत हमारी शब्दावली किसी को आहत करती है तो इसका अलग अर्थ निकाला जाएगा।

इसी प्रकार जब हम बोलते हैं तो केवल हमारे बोले गए शब्दों का अर्थ नहीं निकाला जाता बल्कि यह भी देखा जाता है कि हम किन शब्दों का प्रयोग करते हैं, हमारी भाषा शालीन है या नहीं। हमारी आवाज़ कर्कश है या मधुर है, हमारे मुख पर मुस्कान है या नहीं। कहने का अर्थ है कि हमारे शरीर का प्रत्येक अंग हमारे भावों को दर्शाता है। हमारे भाव, बोलने का तरीका और शब्दों का चयन दूसरों को कोई न कोई संदेश देता है। इससे हमारा सम्पूर्ण व्यक्तव परिलक्षित होता है।

यदि हम जो कुछ बोल रहे हैं पूर्ण विश्वास से बोल रहे हैं और स्पष्ट शब्दों में बोल रहे हैं तो इसका प्रभाव नितांत रूप से अच्छा ही होगा। फिर भी लोग कुछ न कुछ तो कहेंगे ही। लोगों का काम है कहना। लोग हमारी बात का अर्थ अपने अनुभव, अपनी योग्यता और अपने संस्कारों के अनुसार ही निकालेगें। उनके विचार अलग हो सकते हैं और हमारे विचार अलग। विचारों में भिन्नता तो होती ही है और उसके कई कारण होते हैं। हमें एक एक करके इन कारणों को भी समझना होगा जो निम्न प्रकार हैं:

1. व्यक्तिव और अनुभव का प्रभाव

संवाद तो हम बचपन से ही करते आए हैं और किसी न किसी रूप में जीवन भर करते ही रहेंगे। छोटे बच्चे तो रो कर या हँस कर अपनी बात बता देते हैं। कुछ बड़े होने पर अपनी तोतली भाषा में बातें करने लगते हैं। लेकिन बड़े हो जाने पर हमारे संवाद करने का तरीका बदलने लगता है। हम समय और स्थान के अनुसार अपना संवाद बदलते रहते हैं। संवाद केवल शब्दों, भाषा या व्याकरण से नहीं होता। प्रभावी संवाद के लिए हमें उचित शब्दों का चयन करना पड़ता है और फिर उन शब्दों को सुंदर भाषा में व्यक्त करना होता है। संवाद में हमारे व्यक्तिव और अनुभव का भी बड़ा योगदान होता है। उदाहरण के तौर पर जब कोई संकोची व्यक्ति अपनी बात कहता है तो वह संकोचवश धीरे-धीरे बोलता है। एक मिलनसार व्यक्ति अपनी बात को हँस हँस के पूरी कर लेता है। विश्वास से भरपूर कोई व्यक्ति जब अपनी बात कहता है तो उसका असर भी प्रभावशाली होता है। एक उदाहरण से यह बात स्पष्ट हो जाएगी:

एक कम्पनी को किसी कार्य का ठेका लेना है। उसके चार कर्मचारी आपस में संवाद कर रहे हैं:

पहला कर्मचारी : अम्म्म...... मैं सोचता हूँ हमें मालिक से कहना चाहिए यह ठेका ले लो।

दूसरा कर्मचारी : हो सकता है मेरा विचार ग़लत हो हमें मालिक को ठेका लेने के लिए कहना चाहिए या नहीं कहना चाहिए?

तीसरा कर्मचारी : मैं तो सोचता हूँ मालिक को यह ठेका ले लेना चाहिए। आप क्या सोचते हो?

चोथा कर्मचारी : हमें मालिक को ठेका लेने की बात ही कहनी चाहिए।

उक्त वार्तालाप में सभी कर्मचारी एक ही विषय पर बात कर रहे हैं। यदि हम उनकी बातों का अलग अलग विश्लेषण करें तो हमें भिन्न-भिन्न अर्थ प्राप्त होंगे क्योंकि हर कर्मचारी का व्यक्तित्व और अनुभव एक दूसरे से भिन्न है। पहले कर्मचारी की बात से लगता है वह हिचकिचाकर बात कर रहा है। उसे अपनी बात पर विश्वास नहीं क्योंकि वह निश्चय नहीं कर पा रहा कि ठेका लेना चाहिए या नहीं लेना चाहिए। अपनी बात शुरू करने से पहले वह कहता है "मैं सोचता हूँ" उसके अनुसार दूसरों की सोच उससे भिन्न हो सकती है। उसकी बात से पता लगता है कि अंतिम निर्णय लेने से पहले दूसरों से भी परामर्श कर लेना चाहिए।

दूसरे कर्मचारी को तो अपने विचारों पर ही विश्वास नहीं है। कुछ कहने से पहले ही वह अपने विचारों को ग़लत समझता है। उसकी बात सुनकर लोग यही समझेंगे कि जिसे अपनी बात पर विश्वास नहीं उसकी बात का क्या भरोसा। उसकी बात पर कोई निर्णय लेना आसान नहीं होगा। अगर निर्णय लेना आप के हाथ में हो तो आप भी उसकी भाषा को सुनकर कोई निर्णय नहीं ले पाएँगे। निर्णय लेने के लिए स्पष्ट सोच और उत्तरदायित्व की आवश्यकता होती है।

तीसरा कर्मचारी सोचता तो है कि ठेका लेना चाहिए लेकिन वह अपने निर्णय पर अडिग नहीं प्रतीत होता। उसे दूसरों की राय की आवश्यकता महसूस होती है। वह स्वयं को अकेले निर्णय लेने योग्य नहीं समझता।

चौथे कर्मचारी की बात में दम लगता है। वह जो कह रहा है पूरे विश्वास के साथ कह रहा है। उसकी बात सुनकर किसी व्यक्ति के मन में कोई संदेह नहीं रहता। ऐसी भाषा का प्रयोग वही व्यक्ति कर सकता है जिसे स्वयं पर पूरा विश्वास हो, निर्णय लेने का अधिकार रखता हो और ज़िम्मेदारी उठाने के लिए तैयार हो। उसकी बात सुनकर ऐसा लगता है मानो वह व्यक्ति कोई उच्च अधिकारी हो और हर स्थिति को भली भांति समझता हो।

2. संवाद से संबंध बनते हैं

अपने संवाद के माध्यम से हम दूसरे लोगों के साथ संबंध स्थापित करते हैं। हमारे संबंध कितने गहरे होते हैं यह इस बात पर निर्भर करता है कि हमारे संवाद की गुणवत्ता कितनी है। समय और व्यक्ति के अनुसार हमारा संवाद बदलता रहता है। हमारे बात चीत करने का ढंग बदलता रहता है। जब हम अपने वरिष्ठ अधिकारी से बात करते हैं तो हमारा लहजा अलग होता है और जब अपने निम्न अधिकारियों से या मित्रों से बात करते हैं तो लहजा अलग होता है। बात करने के लहजे से पता लग जाता है कि बात करने वाले व्यक्ति के साथ हमारा संबंध कैसा है। जिन व्यक्तियों से हमारे अच्छे संबंध हैं और जो हमारे विश्वसनीय हैं उनसे वार्तालाप अलग ढंग से होता है और जिन लोगों के साथ हमारे संबंध अच्छे नहीं होते या जिन पर विश्वास नहीं किया जा सकता उनसे वार्तालाप अलग ढंग से होता है। अगर सावधानी न बरती जाए तो वार्तालाप के दौरान सिर्फ लहजे के कारण संबंध बिगड़ सकते हैं। यदि हमारा संवाद व्यवसायिक संबंधों के साथ जुड़ा हो तो हमें और भी सजग रहने की आवश्यकता होती है। इसे एक उदाहरण के माध्यम से समझा जा सकता है:

एक कार्यालय में निम्न वार्तालाप का संदर्भ लें:

टिप्पणी 1 : "मुझे जाँच करके तुरंत बताओ यह ग़लती किस की लापरवाई से हुई है।"

टिप्पणी 2 : "कृपया जाँच करके बताएँ कि यह ग़लती क्यों हुई। हमें यह भी देखना होगा कि ऐसी ग़लती दुबारा न होने पाए।"

टिप्पणी 3 : "यह बहुत चिंता का विषय है। कृपया जाँच करें कि इस ग़लती का पता पहले क्यों नहीं लगा और चूक कैसे हो गई।"

टिप्पणी 4 : "मुझे यकीन है आप इसकी जाँच कर रहे होंगे, फिर भी मुझे समय समय पर हुई प्रगति की सूचना देते रहें। आगे से ऐसी ग़लती न हो इसका ध्यान भी रखें।"

उक्त वार्तालाप का विश्लेषण करने से चर्चा करने के लहजे और चर्चा करने वालो के आपसी संबंध का पता लगता है।

टिप्पणी नंबर एक में बिना इधर उधर की बात किए सीधा आदेश दिया गया है। इससे ज्ञात होता है कि आदेश देने वाला कोई उच्च अधिकारी है जो अपने अधीनस्त कर्मचारी से बात कर रहा है। अधिकारी और कर्मचारी का संबंध।

टिप्पणी नम्बर दो से ज्ञात होता है मानो दो सह-कर्मी आपस में बात करे हैं। बात करने के लहजे में नम्रता और सम्मान भी प्रतीत होता है। फिर भी जिस ढंग से बात की जा रही है आवश्यकता पड़ने पर बोलने वाला बिना किसी की भावना को चोट पहुँचाए अपना लहजा सख़्त भी कर सकता है। दो सहकर्मियों का संबंध।

तीसरी टिप्पणी में तो कोई दम प्रतीत नहीं होता। कहने के लहजे से ऐसा लगता है मानो ऐसी ग़लतियाँ पहले भी होती रही थीं लेकिन पता नहीं लगता था। उसके द्वारा चिंता प्रकट करने का अर्थ है कि उसे कर्मचारियों के कार्य पर विश्वास नहीं है। निरीक्षक तथा सहकर्मी का संबंध।

चौथी टिप्पणी में बातचीत करने वालो में पुराना संबंध प्रतीत होता है। बोलने वाला व्यक्ति सुनने वाले व्यक्ति पर विश्वास करता है। उसे यकीन है कि वह स्थिति को संतोषपूर्वक सम्भाल लेगा। दोनों आपसी संबंध बनाए रखना चाहते हैं। पुराने परिचित होने का संबंध।

इससे ज्ञात होता है कि हमारे संवाद करने के ढंग का हमारे संबंधो पर प्रभाव पड़ता है।

3. आपकी राय और उसका प्रभाव

राय देने में तो हम सब निपुण हैं। विषय कोई भी हो राजनीतिक हो, व्यक्तिगत हो, सामाजिक हो या फिर कोई भी विषय हो हम अपनी राय देने के लिए सदैव तैयार रहते हैं और हमारी राय हमारी भाषा का अंग बन जाती है। हाँ, यदि विषय व्यवसायिक हो तो उसमें राजनीति, सामाजिक और व्यक्तिगत राय देने का प्रश्न ही नहीं उठता। इन विषयों पर चर्चा अधिकतर अपने मित्रों या जानकार लोगों के साथ की जाती है। जब हम लोगों को राय देते हैं तो उसमें हमारे व्यक्तित्व की झलक होती है। हमारी राय के आधार पर लोग हमारे बारे में अपनी राय भी बनाने लगते हैं। हमारी बातों से लोग ज्ञात कर लेते हैं कि हमारे संबंध किन लोगों से है, राजनेताओं से है, उनसे है जिनको लोग दादा कहते हैं या फिर समाज सुधारकों से है। हमारे संवाद के लहजे से ही लोग हमारे बारे में अपनी राय बनाते हैं। हमारे संवाद से यदि लोग हमारे बारे में ग़लत राय बना लेंगे तो इसका हमारे भविष्य पर बुरा प्रभाव पड़ सकता है।

अगर एक प्रबंधक यह सोचता है कि महिला कर्मचारी उस कार्य को करने में असमर्थ्य होती है जिसके लिए रात देर तक कार्यालय में रुक कर कार्य करना पड़े तो उसकी सोच महिलाओं की उन्नति में बाधक बन सकती है। महिलाओं के

बारे में यह उसकी अपनी निजी राय है। यदि वह यही राय अन्य प्रबंधकों को देना आरम्भ कर दे तो महिलाओं का कार्य करना ही दूभर हो जाएगा। एक प्रबंधक की राय का बुरा प्रभाव सारी नारी जाती पर पड़ सकता है। जो लोग उसकी राय से आहत होंगे उनकी दृष्टि में प्रबंधक की छवि बिगड़ जाएगी। अंत में यही राय उसकी दुश्मन भी बन सकती है। राय सोच समझ कर ठीक लोगों को ठीक समय पर ठीक कार्य के लिए दी जानी चाहिए। राय मांगी जाए तभी दें। बिन मांगी राय को कोई घास नहीं डालता।

4. हमारे संवाद का दूसरों पर प्रभाव

संवाद दो व्यक्तियों के बीच होता है। एक संवाद करने वाला और दूसरा संवाद सुनने वाला। कहने वाला तो अपनी बात कह देता है परंतु महत्वपूर्ण यह है कि सुनने वाले व्यक्ति पर उस बात का क्या प्रभाव पड़ता है? कभी कभी बात का बतंगड़ बन जाता है। हम कहते कुछ और हैं समझा कुछ और जाता है। अर्थ का अनर्थ भी हो सकता है। ऐसा तब होता है जब एक व्यक्ति की बात को सुनने वाला किसी तीसरे व्यक्ति को बताता है, तीसरा व्यक्ति चौथे को और चौथा व्यक्ति पाँचवे व्यक्ति को बताता है और इसी तरह बात आगे फैलती जाती है। जब तक वह बात उस व्यक्ति के पास पहुँचती है जिससे बात का सीधा संबंध होता है तब तक बात का अर्थ बदल कर अनर्थ हो चुका होता है।

बात का अर्थ किसी एक कारण से नहीं बदलता। कभी कभी सुनने वाले को बात पूरी तरह समझ नहीं आती, कभी वह पूरी बात सुन ही नहीं पाता या अधूरी बात सुन लेता है। बोलने वाले व्यक्ति से ग़लती होना अलग बात है यहाँ चर्चा का विषय है संवाद का सुनने वाले पर क्या प्रभाव होता है। ज़रा निम्न संवाद पर ध्यान दें:

बॉस का कर्मचारियों से संवाद:

बॉस: "मैं सोचता हूँ आप लोग कार्य पूरा करने में किसी की मदद ले लें।"

बात सीधी है और साधारण है लेकिन सुनने वाले कर्मचारी इस बात का अर्थ अपनी योग्यता, अपने अनुभव और अपनी विचारधारा के अनुसार समझने लगते हैं। एक कर्मचारी के अनुसार बॉस सावधानी बरतने के लिए मदद लेने की बात कर रहा है। दूसरा कर्मचारी समझता है कि बॉस को हमारे कार्य पर विश्वास नहीं है इसलिए दूसरों की मदद लेने की राय दे रहा है। दूसरों के दोष ढूँढने वाला कर्मचारी

बॉस को संदेह की दृष्टि से देखने लगता है, भावुक क़िस्म का कर्मचारी अपने आप को निकम्मा महसूस करने लगता है और बॉस पर व्यंग कसने लगता है। अलग अलग लोग एक ही बात का अलग-अलग मतलब निकालने लगते हैं।

बात को ठीक ढंग से समझने और उसका सही अर्थ निकालने का एक ही तरीका है कि बात जितनी कही गई है उसका उतना ही अर्थ समझना चाहिए, निरर्थक बाते सोच कर बात के सही अर्थ को नहीं बदलना चाहिए। संवाद के शब्दों पर ध्यान देना अधिक महत्वपूर्ण है न कि शब्दों के कहने के लहजे पर।

5. दूसरों के संवाद का हमारे पर प्रभाव

बात का बतंगड़ बनाने का जो नियम दूसरों पर लागू होता है वही नियम हम पर भी लागू होता है। कभी कभी हम भी अर्थ का अनर्थ करने लगते हैं। यदि कोई बात हमारा व्यावसायिक प्रतियोगी कह रहा है तो हमें उसका अनुरोध भी कटाक्ष लगने लगता है। यदि कोई व्यक्ति हमारे कार्य पर भरोसा नहीं करता और अपनी तसल्ली के लिए हमसे कुछ पूछना चाहता है तो हमारे अहम पर चोट लग जाती है। अतः यह बहुत आवश्यक है कि दूसरों की बात पर प्रतिक्रिया देने से पहले हम उसकी बात और उसकी नियत की भली भांति जाँच कर लें। कभी कभी दुश्मन भी हमारे बारे में अच्छी बाते कह देते हैं।

उक्त उदाहरणों से स्पष्ट है कि संवाद करने के लहजे, शब्द, भाषा, और संवाद करने के ढंग के अनुसार संवाद का अर्थ बदल जाता है जिसके कारण हम ग़लत निर्णय ले लेते हैं। अतः किसी भी संवाद को शांत मन से, बिना पक्षपात के और उसके सही रूप में ही सोच समझ कर ग्रहण करना चाहिए।

11

सतर्क और सचेत रहें

आपने महसूस किया होगा कि पिछले बीस पच्चीस वर्षों में हमारे रहन सहन के तरीकों में ज़मीन-आसमान का अंतर आया है। 1980 के दौरान हमारा टेलीफ़ोन एक बड़ा सा काले रंग का यंत्र होता था जो तार से जुड़ा रहता था और जिसके घुमावदार नंबर होते थे। स्कूलो में कंप्यूटर की पढ़ाई तो अभी अभी शुरू हुई है। इंटरनेट किस चिड़िया का नाम है कोई नहीं जानता था। जीवन सीधा सादा और हँसमुख था। अभिभावक कार्यालय में सारा दिन काम करने के बाद शाम को जब घर आते तो पूरा परिवार मिल बैठकर समय व्यतीत करता था। कार्यालय का काम घर पर नहीं आता था और हमारे पास संचार के भांति भांति के उपकरण नहीं होते थे। न अभिभावक व्यस्त होते थे न हम व्यस्त होते थे। हम उन क्षणों में जो करते और जिनके साथ मिलकर करते उससे असीम आनंद की अनुभूति होती थी। वर्तमान में जीना सबको आता था। वो दिन भी क्या दिन थे।

जैसे जैसे टेक्नोलॉजी का विकास होता गया, इंटरनेट का प्रादुर्भाव हुआ हमारे जीवन में अनेको प्रकार के रंग बिरंगे उपकरणों का आगमन भी हो गया। इन उपकरणों ने संसार को मुठ्ठी में बंद कर दिया, दूर दराज़ के मित्रों से निकट संबंध बनने लगे और हर प्रकार की सूचना केवल क्लिक करने से प्राप्त होने लगी। हम जादू भरे संसार में

जीने लगे। इसके पश्चात् सोशल मीडिया आया और कई अन्य साधनों का आगमन हुआ जिसके वर्चुअल संसार में हम डूबते चले गए। इन सब साधनों ने प्राचीन संगठित मिल-जुल के रहने वाले परिवारों का स्वरूप ही बदल दिया। अभी भी परिवार के सभी सदस्य मिल-जुल कर इकठ्ठा बैठते तो हैं परंतु प्रत्येक सदस्य के हाथ में एक स्मार्टफ़ोन होता है। कार्यालय में भी हमारे कंप्यूटर पर अनेको साइट्स खुली रहती हैं और हम फेसबुक, ट्विटर, इंस्टाग्राम आदि पर समय व्यतीत कर रहे होते हैं। हमारा सम्पर्क विश्व में सबके साथ होता है लेकिन न तो हम वर्तमान में होते हैं और न ही वर्तमान समय और स्थान पर। ऐसा लगता है जैसे हम एक ही समय पर अनेको कार्य एक साथ कर रहे होते हैं। टेक्नोलॉजी के वर्चुअल वर्ड में हम इतने खो जाते हैं कि अपनी वर्तमान ज़िम्मेदारियों को भूल जाते है। हमें नई टेक्नोलॉजी के प्रयोग के साथ साथ अपने आपको सचेत रखना होगा ताकि हम अपने आवश्यक कर्तव्यों को न भूल जाएँ। वर्तमान जीवन के दैनिक कार्यकलापों के प्रति सचेत रहने का विश्लेषण ब्राउन रयान ने निम्न शब्दों में कहा है:

"सचेत रहने का तात्पर्य उस चेतना को प्राप्त करना होता है जो हमें वर्तमान कार्यस्थिति तथा उसकी विविधता का अनुभव करा सके जिसमें मूर्खता, लापरवाही, विचारहीनता और ऐसी आदतों की गुंजाईश न हो जिनके कारण वर्तमान कार्यों में बाधा पड़े और जीवन में अनावश्क कठिनाई का सामना करना पड़े।"

पहले हमें यह समझना होगा कि लापरवाही होती क्या है। दतचित होकर कार्य न करना और एक कार्य करते समय अन्य कार्यों में भी व्यस्त रहने को लापरवाही कहते हैं। लापरवाही के कारण कभी कभी भयानक ग़लतियाँ हो सकती हैं जिसे मूर्खता भी कहा जाता है। कुछ उदाहरण नीचे दिए गए हैं:

* अनुराग घर में बैठकर आराम से टेलीविजन पर अपना मनपसंद शो देख रहा है। साथ ही साथ व्हाट्स-एप पर अपने दोस्तो के साथ गपशप भी कर रहा है। गपशप के दौरान वह टेलीविजन शो का कुछ भाग देख नहीं पाता। यह कार्यक्रम उसे बहुत अच्छा लगता है अतः वह इस शो को देर रात जागकर दुबारा देखने की योजना बनाता है।
* विनीता सुबह नाश्ता करते करते एक पुस्तक भी पढ़ रही है। नाश्ता करने के बाद उसे लगता है कि वह अनजाने में कुछ ज़्यादा ही खा गई है।

* सागर एक ज़रूरी रिपोर्ट बना रहा है। उसे यह रिपोर्ट एक घंटे में तैयार करनी है। रिपोर्ट के लिए उसे कठिन आँकड़ो का विस्तृत ब्यौरा देना है। इसके साथ साथ वह फेसबुक पर अपनी टाइम लाइन को भी देख रहा है। आधे घंटे के बाद उसे ज्ञात होता है कि रिपोर्ट में जो आँकड़े उसने दिए हैं वह सब ग़लत हैं। उसे सब आँकड़ो की गणना दुबारा से करनी पड़ेगी।
* आज का दिन अंजली के लिए बहुत व्यस्त दिन था। घर पहुँचने के बाद उसे दीवाली के उपहारों की पैकिंग करनी थी। पैकिंग करते करते उसका दिमाग़ अभी भी दिन के काम में घूम रहा था। ऐसी स्थिति में उसे इस बात का ध्यान नहीं रहा कि उसने कौन सा उपहार किस व्यक्ति को देने के लिए पैक किया है। फलस्वरूप उसे सारे के सारे उपहारों को खोल कर दुबारा पैक करना पड़ता है।

उपर्युक्त उदाहरणों में कोई भी व्यक्ति अपना कार्य पूरे ध्यान और मनोयोग से नहीं कर रहा। यह सब लोग सोच रहे हैं के वह एक समय में कई कार्य कर रहे हैं। हो सकता है उन्हें अपनी इस कुशलता पर गर्व भी हो। लेकिन उनका कोई भी कार्य ठीक ढंग से नहीं हो रहा। अनुराग पूरे ध्यान से टेलीविजन शो नहीं देख रहा जो उसे बहुत अच्छा लगता है। अब उसे वही शो रात देर तक जाग कर दुबारा देखना होगा। पुस्तक पढ़ने में व्यस्त अनीता को यह ध्यान नहीं रहा कि वह अपनी सेहत के साथ खिलवाड़ कर रही है। सागर अपने बहुमूल्य समय को व्यर्थ कर रहा है। अपने कार्यालय की व्यस्थता ने अंजली के दिमाग़ का पीछा घर पर भी नहीं छोड़ा। सभी लोगों ने अपना बहुमूल्य समय और शक्ति का अपव्यय इसी कारण कर लिया क्योंकि वह सभी लापरवाह थे। लापरवाही के कारण हम अपना समय खो देते हैं और नतीजा कुछ नहीं निकलता। लापरवाही हमारी कार्य क्षमता को कम कर देती है।

एक समय में अनेक कार्य करने की आदत हमारी इनफ़ॉर्मेशन टेक्नोलॉजी की देन है। कंप्यूटर पर तेज़ गति से कार्य करने के लिए हमारे वैज्ञानिकों ने अथक परिश्रम करके नई विधाओं का आविष्कार किया है। इन विधाओं का आविष्कार कार्यालय के कार्य को तेज़ गति से करने के लिए किया गया था। परंतु हमने तो इनका उपयोग अपने निजी जीवन के लिए करना आरम्भ कर दिया। जिस गति से मशीने चलती हैं हम चाहते हैं कि हमारा जीवन भी उसी गति से चले। एक समय में अनेक कार्य करना कोई असम्भव कार्य नहीं है। इसके लिए आवश्यकता होती है एक कार्य सूची तैयार करने की। आपने देखा होगा कि दिन के अंत में सभी मशीने कुछ नहीं करती केवल एक कार्यसूची बनाती हैं और उनकी प्राथमिकता निर्धारित करती हैं। ध्यान रहे मशीने भी एक समय में केवल एक ही कार्य कर सकती हैं अनेक कार्य नहीं। मशीन द्वारा बीच बीच में एक कार्य को

रोककर दूसरा कार्य भी किया जा सकता है लेकिन एक समय में होता एक ही कार्य है। ऐसी स्थिति में यह सोचना कि मानव मस्तिष्क एक समय में अनेक कार्य कर सकता है, व्यर्थ की बात है। यह मात्र एक कल्पना है कि मानव मस्तिष्क एक समय पर अनेक कार्य कर सकता है। हमारे मस्तिष्क द्वारा एक समय में वही कार्य हो सकते हैं जो प्राकृतिक हैं जैसे साँस लेना, चलना, आँखें झपकाना। इनके अतिरिक्त मानव मष्तिक एक समय में केवल एक ही कार्य कर सकता है।

एक समय में अनेक कार्य करने की समस्या को जैसे जैसे लोग समझते जा रहे हैं वैसे वैसे ही लोग इस समस्या से उत्पन्न होने वाले तनाव से मुक्ति पाने के उपाए खोज रहे हैं। लोग वर्तमान के कार्यों में अधिक सचेत रहने का प्रयास कर रहे हैं। जब हमारे जीवन में नई टेक्नोलॉजी के भिन्न भिन्न उपकरण नहीं थे और जब हमें एक समय में अनेक कार्य करने की आवश्यकता नहीं थी तो जीवन कितना सुखमय था। अब लोग इस बात को महत्व देने लगे हैं। एक समय में एक कार्य करने से मन केन्द्रित रहता है और कार्य में सफलता प्राप्त होती है। एक समय में अनेक कार्य करने से कोई भी कार्य पूर्ण नहीं हो पाता और बेचैनी बढ़ने लगती है।

मस्तिष्क को एक कार्य में केन्द्रित रखना एवम सचेत रहना कोई कठिन कार्य नहीं है। बस थोड़े से अभ्यास की आवश्यकता है। आस पड़ोस और प्रस्तुत लोगों के प्रति सजग रहने और हाथ में लिए गए कार्य पर पूरा ध्यान देने मात्र से हम अपने मस्तिष्क को एक कार्य में केन्द्रित कर सकते हैं। यदि हम किसी मीटिंग में भाग ले रहे हैं तो हमें वक्ता की बात को ध्यानपूर्वक सुनना चाहिए। यह कहना तो आसान है परंतु करना बहुत कठिन होता है। हमारा मस्तिष्क हर समय कुछ न कुछ सोचता ही रहता है। बैठे हम मीटिंग में हैं और सोच रहे होते हैं घर के बारे में। ऐसी दशा में हमारा दिमाग़ विचलित हो जाता है और हम मीटिंग में बताई गई महत्वपूर्ण जानकारी प्राप्त करने से वंचित रह जाते हैं। यदि हम खेल में भाग ले रहे हैं तो हमें दत्चित होकर अपना ध्यान खेल पर ही केन्द्रित रखना चाहिए। तभी हम प्रतियोगी टीम के खिलाड़ियों की हर चाल पर निगाह रख सकेंगे। यदि हम किसी चर्चा में भाग ले रहे हैं तो हमें वक्ता के हर शब्द पर ग़ौर करना होगा। केवल उसके शब्द ही नहीं बल्कि उसके बोलने के लहजे और उसके शारीरिक उतार चढ़ाव पर भी ध्यान देना होगा। जब लोग चुप रहते हैं तब भी वह कुछ न कुछ मन ही मन कह रहे होते हैं। उनकी चुप्पी को समझना भी तभी सम्भव होगा जब हम पूरी तरह सचेत और सजग रहेंगे।

सोचो यदि लोग सचेत और सजग रहने लगें तो क्या कुछ नहीं हो सकता। सचेत और सजग रहने के अनेकों लाभ होते हैं। जैसे:

1. कार्य क्षमता में वृद्धि

बेमन से काम करने वाला व्यक्ति अपना काम कभी समय पर पूरा नहीं कर पाता। इसके अतिरिक्त उसके कार्य में वांछित गुणवत्ता नहीं होती। राजेश और सुनैना दोनों एक कम्पनी में, एक जैसे पद पर और एक ही टीम में कार्य करते हैं। कम्पनी ने कुछ व्यावसायिक लोगों को कम्पनी में आमंत्रित किया है। बॉस चाहता है कि राजेश और सुनैना की टीम अपने कार्य का विस्तृत वर्णन व्यावसायिक लोगों के सम्मुख प्रस्तुत करे ताकि कम्पनी अपने कार्य का विस्तार कर सके। समय कम था और तैयारियाँ अधिक करनी थीं इसलिए बॉस ने राजेश और सुनैना से कंप्यूटर पर कुछ स्लाइड्स बनाने के लिए मदद मांगी। उसने दोनों को पूरा ब्यौरा देकर यह भी समझ दिया कि स्लाइड्स में कौनसा ब्यौरा किस प्रकार से दर्शाना है। सुविधा के लिए बॉस ने दोनों के काम का बटवारा कर दिया और उनसे अपना अपना कार्य शीघ्र पूरा करने का निर्देश दे दिया।

सुनैना बॉस के निर्देशों को सचेत होकर बड़े ध्यान से सुन रही थी जबकि राजेश के दिमाग़ में उस समय कुछ और ही चल रहा था। राजेश को अपने बेटे को लेने के लिए उसके स्कूल जाना था और उस समय वह इसी बारे में सोच रहा था। उसको लग रहा था काम की व्यस्तता के कारण वह बेटे को स्कूल से नहीं ला पाएगा। इसी उधेड़ बुन में वह बॉस के निर्देशों को ध्यान से नहीं सुन पाया। ऐसी स्थिति में उसके सचेत रहने का प्रश्न ही नहीं पैदा होता।

मन की विचलता के कारण राजेश को जो थोड़ा बहुत समझ आया था उसी को आधार मान कर वह स्लाइड बनाने के कार्य में जुट गया। स्लाइड बनाते वक्त भी उसका ध्यान अपने बेटे की तरफ़ था। परिणामस्वरूप एक तो उसने स्लाइड बनाने में बहुत विलम्ब कर दिया ऊपर से जो स्लाइड बनाई थीं उनमें दिया गया ब्यौरा भी ग़लत था। स्लाइड की गुणवत्ता भी अच्छी नहीं थी। जब बॉस ने दोनों के स्लाइड की जाँच की तो पाया कि जो स्लाइड सुनैना ने बनाए थे वह काफ़ी हद तक ठीक थे। थोड़ी फेर बदल के बाद सुनैना की स्लाइड से काम चलाया जा सकता था। लेकिन जो स्लाइड राजेश ने बनाए थे वह तो बिल्कुल बेकार थे। वे स्लाइड किसी काम के नहीं थे उन सब को दुबारा बनाना पड़ेगा। राजेश के कार्य पर बॉस का विश्वास उठ गया अतः उसने वह काम भी सुनैना को सौंप दिया। उसके बाद कम्पनी ने व्यवसायिकों के सम्मुख वांछित विवरण सफलतापूर्वक प्रदर्शित कर दिया।

कार्य सफलतापूर्वक पूरा हो गया था अतः देखने में तो सब कुछ ठीक लग रहा था लेकिन इस घटना के दौरान बॉस को राजेश के कार्य से भरोसा उठ गया था। कम्पनी के सफल प्रस्तुतीकरण के फलस्वरूप कम्पनी को बहुत सा काम मिल गया। जब इस कार्य

को करने की ज़िम्मेदारी सौंपने का समय आया तो बॉस ने सुनैना को इस कार्य के लिए सबसे अधिक उपयुक्त माना और उसको पदोन्नत कर दिया।

इस वर्णन से स्पष्ट हो जाता है की संवाद के दौरांन पूरी तरह सचेत रहने का कितना लाभ होता है। सुनैना सचेत होकर बॉस के निर्देशों को सुन रही थी और उसकी पदोन्नति हो गई। राजेश का दिमाग़ भटक रहा था जिस कारण वह बॉस के निर्देशों को सचेत रह कर नहीं सुन सका और पदोन्नति का अवसर खो बैठा। अगर राजेश पहले बॉस की बात ध्यान से सुन लेता और बाद में अपने बेटे के बारे में सोचता तो शायद आज यह नौबत नहीं आती।

2. तनाव से बचिए

आपने सुना होगा कि ध्यान योग करने से तनाव से मुक्ति मिलती है। ध्यान योग करने से मन में निर्विचारिता की स्थिति पैदा होती है जो सारे तनावों को दूर करती है। हम में से भी कईयों ने ध्यान योग करने का प्रयत्न किया होगा परंतु निर्विचारिता को प्राप्त न कर पाने के कारण छोड़ दिया होगा। पहले हमें यह समझना होगा की निर्विचारिता की स्थिति होती क्या है? परम्परागत ध्यान योग की विधि द्वारा मन की ऐसी स्थिति को प्राप्त किया जाता है जब हमारा सारा ध्यान केवल एक बिंदु पर आकर केन्द्रित हो जाता है और बाक़ी के सब बिन्दुओं का बहिष्कार हो जाता है। प्राचीन ग्रन्थों में कहा गया है न भूतो न भविष्यति। अर्थात मस्तिस्क की वह स्थिति जिसमें हम न भूतकाल के बारे में सोचते हैं न ही भविष्य के बारे में सोचते हैं। मस्तिष्क केवल वर्तमान पर केन्द्रित रहता है। यह एक प्रकार की साधना है जो कठिन होती है। हमें तो यह जानना है हम किस प्रकार अपने मस्तिष्क से बाक़ी सारे विचारों को निकाल कर केवल एक वर्तमान के कार्य में लगा सकें।

मगर न तो हमारे मस्तिस्क की कोई सीमा है न हमारे विचार ही सीमित हैं। कितना भी प्रयास कर लें मस्तिष्क में एक के बाद एक विचार आते ही रहते हैं और उनका आना बंद नहीं होता। हमें केवल इतना करना है कि एक समय में अपने मस्तिष्क को केवल एक कार्य पर केन्द्रित रख सकें। यह तभी सम्भव होता है जब हम पूरी तरह सजग, सचेत और वर्तमान में रहते हैं। यदि हम एक समय पर अपने मस्तिष्क को एक ही कार्य पर केन्द्रित कर लेते हैं तो यह कार्य कोई ध्यान योग से कम नहीं होता। इस धारणा से यदि हम कार्य करें तो हमारा हर कार्य स्वयं में ध्यान योग के बराबर होगा। इससे हम स्वयं को तनाव मुक्त भी रख सकेंगे। जब हमारा ध्यान केन्द्रित होगा

तो कार्य सफल होगा। जब कार्य सफल होगा तो हम प्रसन्न रहेंगे। जब हम प्रसन्न होंगे तो तनाव रहित हो जाएँगे।

आप ध्यान योग की बात छोड़कर दूसरे उपायों से भी सोच सकते हैं। यदि आप कोई कार्य सचेत होकर एकाग्र मन से करते हैं तो आपको विश्वास होता है कि आप का कार्य सफल होगा। और जब हम ऐसा सोचने लगते हैं तो हमारा तनाव स्वयं कम होने लगता है।

3. अपने आत्म-विश्वास और आत्म-सम्मान को बनाए रखें

यदि हमें अपने कार्य की गुणवत्ता पर भरोसा है और हमारा यह भरोसा लम्बे समय तक बना रहता है तो निश्चित रूप से हमारे आत्म-विश्वास में वृद्धि होती है। जब आत्म-विश्वास में वृद्धि होती है तो उसकी झलक हमारी चाल में, हमारी बात चीत में और हमारे समस्त व्यक्तित्व में झलकती है जो सब लोगों को भी महसूस होती है। इससे हमारी छवि में सुधार होता है, लोगों का हम पर विश्वास बढ़ जाता है और समाज में हमारा एक उचित स्थान बन जाता है। लोगों की क्या हमें तो ख़ुद अपने पर ही विश्वास होने लगता है। यह स्थिति प्रगति के लिए सबसे उत्तम स्थिति होती है। लोग हमें एक समझदार और ज़िम्मेदार व्यक्ति के रूप में पहचानने लगते हैं। समाज में हमारी प्रतिष्ठा बड़ जाती है। यदि हम अपने संवाद में सतर्कता बरत लें तो संगी साथियों के साथ हमारे घनिष्ठ संबंध बन सकते हैं। इससे हमारे व्यतित्व में चगत्कारी परिवर्तन हो सकता है जो हमारे जीवन को बदल देगा। अतः हमें अधिक से अधिक सजग एवम सतर्क बनने का प्रयास करना चाहिए। सतर्कता और सजगता से न केवल हमारा मान सम्मान बढ़ेगा बल्कि हम आशा से अधिक सफल भी हो सकेंगे।

4. अपने स्वास्थ्य का ध्यान रखें

कहा जाता है पहला सुख निरोगी काया। निरोगी काया के लिए न सिर्फ तन, बल्कि मन के भी स्वस्थ रहने की आवश्यकता है। हेल्थ एक्सपर्ट्स का मानना है कि हम जैसा सोचते हैं, हमारा शरीर उसी के अनुकूल बनता है। हम जैसा महसूस करते हैं, जैसा काम करते हैं, हमारा शरीर भी उसी ढांचे के अनुरूप बन जाता है। इसीलिए जब हमें अपने पर भरोसा होता है और हमारा ध्यान केन्द्रित होता है तो हम मन ही मन प्रसन्नता का अनुभव करते हैं। जो व्यक्ति हर हाल में ख़ुश रहता है उसे शारीरिक व्याधियाँ परेशान नहीं करती। आंतरिक प्रसन्नता अच्छी सेहत में सहायक होती है। जो व्यक्ति मन से प्रसन्न

रहता है उसे तनाव या हृदय रोग जैसी बीमारियों का सामना नहीं करना पड़ता। प्रसन्न रहने की अचूक दवा है सतर्क और सजग रहना। जो व्यक्ति सतर्क एवम सजग रहता है उसे जीवन में कठिनाइयों का कम सामना करना पड़ता है। फलस्वरूप वह प्रसन्न रहता है। जो व्यक्ति प्रसन्न रहता है उसकी सेहत भी अच्छी रहती है।

सिर्फ सेहत ही नहीं सजग और सतर्क रहने के और भी अनेक लाभ होते हैं। सतर्क रहने से मनुष्य के विचार स्पष्ट होते हैं, उसकी सोच उच्च रहती है, उसमें जागरूकता आती है और सामाजिक जीवन में सुधार होता है। यदि हम सतर्क और सजग रहने का प्रयास करें तो जीवन आनंदमय हो सकता है। आनंदमय जीवन अच्छी सेहत का मूल मंत्र है। अगर यह मंत्र चाहिए तो सजग और सतर्क बनो।

12

बुरे वक्त को भूल जाओ

आशा

क्या हर दिन अच्छा दिन नहीं हो सकता? हो सकता है आज का दिन पहले दिन से भी बुरा दिन हो। अगर ऐसा हो तो हमें क्या करना चाहिए? सबसे पहले हमें आशा का दामन नहीं छोड़ना चाहिए। आशा ही हमें आगे बढ़ने के लिए प्रोत्साहित करती है। आज हम जो कुछ हैं अपनी योग्यता और क्षमता के बल पर हैं। आज हम सफलता के जिस स्तर पर हैं अपनी योग्यता, अपने कौशल और अपने कठिन परिश्रम के बल पर हैं। अपनी क़िस्मत या भाग्य के भरोसे रहते तो यहाँ तक भी नहीं पहुँच सकते थे। आज का बुरा दिन हमारे जीवन का अंतिम दिन नहीं है। हमारी योग्यता, हमारी सोच, हमारा कौशल आज भी हमारे साथ है। अपनी योग्यता, अपने विश्वास और अपने कौशल से हम नए नए कार्य करने की क्षमता रखते हैं।

हमें अपनी शक्ति, अपनी क्षमता, अपने साहस का ज्ञान है। हमें यह भी ज्ञात है कि हमारे जीवन का लक्ष्य क्या है और हमें करना क्या है? आज का बुरा दिन या यूँ कहें कि आज की असफलता मात्र एक घटना है जो घट चुकी है। हमें आगे की सफलता

के मार्ग खोजने हैं। जीवन कोई फूलों की सेज नहीं यह राह तो काँटों से भरी है। हमें प्रतिदिन नई कठिनाई का सामना करना होगा। प्रतिदिन हमारे सामने एक नई चुनौती होगी। हमारे मार्ग में बहुत सी समस्याएँ पैदा होंगी, बहुत सी कठिनाइयाँ आयेंगी लेकिन हर कठिनाई और हर मुसीबत का सामना करते हुए हमें विजय पथ पर आगे बढ़ना होगा। इसका सरल उपाय है सदैव आशावान होना। अगर आशा है तो सफलता अवश्य मिलेगी। आशावान बने रहने से मन में ऐसी शक्तियों का संचार होता है जिससे मार्ग की सभी बाधाओं को पार किया जा सकता है। आशा की एक किरण हमारे जीवन में सफलता का प्रकाश कर सकती है। आशा है तो संसार है। जिसके मन में सफल होने की प्रबल इच्छा है उसे सफल होने से संसार की कोई बाधा नहीं रोक सकती। अगर हमारे मन में सफल होने की इच्छा है तो हम अवश्य सफल होंगे।

मिशेल ओबामा ने एक बार कहा था :

"जीवन सदैव आन्दमय नहीं हो सकता। हम जीवन की सारी समस्याओं का समाधान एकदम नहीं कर सकते। मगर अपनी क्षमता को कभी कम मत आँकों। इतिहास गवाह है, हिम्मते मर्दा मददे ख़ुदा। जिस प्रकार हिम्मत से एक पंगु व्यक्ति भी पर्वत लांग सकता है उसी प्रकार आशावान व्यक्ति सब कुछ प्राप्त कर सकता है।"

मुसीबत के वक्त आशावान बने रहने से हम मुसीबतों का सामना सफलतापूर्वक कर पाते हैं। सफलता की डोर आशा से बंधी होती है इसका उपयुक्त उदाहरण बालक शिव से ज्ञात होता है:

शिव और उसकी साइकिल

शिव एक गाँव में रहता था। उसका स्कूल गाँव से बहुत दूर था। उसे प्रतिदिन पैदल चलकर स्कूल जाने के लिए लम्बी दूरी तय करनी पड़ती थी। शिव चाहता था कि उसे कहीं से एक साइकिल मिल जाए तो उसकी स्कूल जाने की समस्या हल हो सकती है। लेकिन उसके पिता अत्यंत निर्धन थे और बेटे के लिए साइकिल ख़रीद पाना उनके लिए अत्यंत कठिन था। पिता अपने पुत्र की इच्छा को ठेस भी नहीं पहुँचाना चाहते थे। अतः वह उसे आश्वासन देते रहते थे कि जब भी वह कुछ धन एकत्र कर पाए तो उसे साइकिल अवश्य ख़रीद देंगे। बहुत लम्बी अवधि बीत जाने के पश्चात् भी शिव के पिता साइकिल ख़रीदने के

लिए आवश्क धन एकत्र नहीं कर पाए। शिव प्रतिदिन आशा करता कि उसके पिता आज उसके लिए साइकिल ख़रीदेंगे परंतु हर रोज़ वह निराश हो जाता।

एक दिन स्कूल से लौटते समय शिव का पैर फिसला और वह गहरे नाले में जा गिरा। उसकी रीढ़ की हड्डी में बहुत चोट आई। उसे तुरंत सरकारी हस्पताल में भर्ती करवा दिया गया। डॉक्टर और हस्पताल के दूसरे कर्मचारियों के भरसक प्रयास के बाद भी उसकी हालत में कोई सुधार नहीं हो रहा था। हस्पताल के कर्मचारियों को उसकी चिंता होने लगी।

स्कूल में शिव की अनुपस्थिति के कारण उसके अध्यापक को चिंता होने लगी। वह एक होनहार छात्र था और सभी अध्यापक उसे बहुत चाहते थे। अध्यापक को जब शिव की बीमारी का पता चला तो वह उससे मिलने हस्पताल पहुँचे। शिव की हालत देखकर अध्यापक को बहुत चिंता हुई। शिव के पूरे शरीर पर पट्टियाँ बंधी हुई थीं। उसके पैरों को खींचकर रस्सी से पलंग के किनारे से बाँधा गया था। उसकी पीड़ा असहनीय थी। अध्यापक उसके सिरहाने थोड़ी देर तक बैठकर उससे बातें करता रहा। उसके पश्चात् अध्यापक बिना किसी और से बात किए हस्पताल से चला गया।

एक सप्ताह बाद जब अध्यापक दुबारा शिव को मिलने हस्पताल पहुँचा तो एक नर्स ने उससे पूछा, "आपने शिव से क्या बात की थी?" जब से आप उससे मिले हो उसकी सेहत में आशातीत प्रगति हुई है। नर्स ने अध्यापक को बताया कि शिव की हालत बहुत गम्भीर थी, उस पर किसी दवाई का कोई असर नहीं हो रहा था और सभी डॉक्टर उसकी सेहत को लेकर बहुत परेशान थे। उसकी सेहत दिन प्रति दिन बिगड़ती जा रही थी। उसके ठीक होने के आसार नज़र नहीं आ रहे थे। लेकिन आपसे मिलने के बाद उसकी सेहत में सुधार होने लगा। पहले वह दवा खाने से भी इंकार कर देता था और अब वह जल्दी से जल्दी ठीक होना चाहता है। आपने उस पर ऐसा क्या जादू कर दिया जो उसमें जल्दी ठीक होने की इच्छा प्रबल हो गई?

अध्यापक ने कोई जादू टोना नहीं किया था उसने शिव को वचन दिया था कि जब वह ठीक हो जाएगा और पूरी तरह स्वस्थ होकर पुनः स्कूल जाना आरम्भ कर देगा तो उसे एक नई साइकिल का उपहार मिलेगा। अध्यापक से मिलने के बाद शिव की हालत तेज़ी से सुधरने लगी थी। उसके दर्द पूरी तरह से ठीक नहीं हुए थे, शरीर पर जगह-जगह पर पट्टियाँ बंधी हुई थीं और वह ठीक से चल भी नहीं पा रहा था। ऐसी हालत में भी उसके मन में आशा की

एक नई किरण जाग उठी थी। कल्पना में खोकर उसे लग रहा था मानो वह एक सुंदर साइकिल चला रहा है, जोश में आकर ज़ोर ज़ोर से पैडल घुमा रहा है। साइकिल की सवारी करते हुए वह हवा से बातें कर रहा है। हालाँकि उसके पिता ने साइकिल लेकर देने का वादा कई बार किया था। लेकिन हर बार जब वादा पूरा नहीं होता तो शिव का दिल टूट जाता था। जैसे जैसे वह बड़ा होता गया उसे लगने लगा था कि उसके पिता दो जून रोटी कमाने के लिए कड़ा संघर्ष करते हैं और वह कभी उसके लिए साइकिल नहीं ख़रीद पाएँगे। उसने साइकिल पाने की आशा छोड़ दी थी। लेकिन इस बार साइकिल का वादा एक अध्यापक ने किया था। उसे पक्की आशा थी कि इस बार उसे साइकिल अवश्य मिलेगी। उसकी आशा ने उसके लिए संजीवनी बूटी का कार्य किया और शिव थोड़े दिनों के बाद पूरी तरह स्वस्थ हो गया।

कठिनाइयों से झूझने की हिम्मत हमें आशा से मिलती है। जो लोग आशावान होते हैं वह कभी हिम्मत नहीं हारते और सफलता की सीड़ियाँ चढ़ते रहते हैं। आशा से हमारी सोच सकारात्मक बनती है। आशा की किरण से वातावरण में सफलता का बीजारोपण होता है।

आशा अच्छी लगने वाली मन की किसी भावना का नाम नहीं है। आशा एक प्रेरक-बल है जो हमें सफलता की ओर धकेलता है जिससे हमें अपना लक्ष्य प्राप्त करने में सहायता मिलती है। जीवन में समस्याऐं तो आती रहेंगी परंतु विपरीत परिस्थितियों में अपनी आशा को बनाए रखने से हमें अच्छा सोचने, अच्छा करने और अच्छा फल पाने की क्षमता प्राप्त होती है। ज़रा याद करके देखो क्या पहले आपने किसी कठिनाई का सामना नहीं किया था? क्या पहले आपके उपर कोई मुसीबत नहीं आई थी? बहुत से लोगों के रिश्ते टूटे होंगे, बहुत से लोगों को भंयकर बीमारी ने घेरा होगा, बहुत से लोगों की नौकरियाँ छूट गई होंगी और आपके ऊपर भी मुसीबतों का पहाड़ टूटा होगा। लेकिन क्या आपने उन कठिनाइयों का सामना नहीं किया? क्या अन्य लोगों ने उन मुसीबतों का और कठिनाइयों का सामना नहीं किया? प्रत्येक व्यक्ति को मुसीबतों और कठिनाइयों का सामना करना ही पड़ता है। विजयी वही व्यक्ति होता है जो आशा का दामन नहीं छोड़ता। आशा के माध्यम से हमें कठिनाइयों से लड़ने और उन पर विजय प्राप्त करने की शक्ति मिलती है।

जब मुसीबतें हमें घेर लेती हैं तो आशा के सहारे ही हमारा बेड़ा पार होता है। आशा की किरण हमें रास्ता दिखाती है और हम पग पग आगे बढ़ते जाते हैं। जब अँधेरी रात

अधिक लम्बी प्रतीत हो तो सुबह का उजाला नई आशा लेकर आता है। आशा में वह शक्ति होती है जो मुसीबतों के दर्द की दवा बन जाती है, असफलता को सफलता में बदल देती है। युद्ध में मुठ्ठी भर सिपाही बड़ी-बड़ी फौज को आशा के बल पर परास्त कर देते हैं। आशा जीवन का वरदान है जो हमारी सारी इच्छाएँ पूरी कर सकती है। हम इस वरदान का प्रतिदिन परीक्षण भी करते हैं:

हम प्रायः कहते हैं, "मुझे पूरी आशा है इस बार में अवश्य सलेक्ट हो जाऊंगा", "मुझे आशा है इस वर्ष मैं विदेश चला जाऊंगा", "मुझे आशा है इस बार मेरी कम्पनी को अधिक लाभ होगा।"

हम प्रतिदिन कोई न कोई इच्छा करते रहते हैं और आशा के माध्यम से हम अपनी सफलता की सम्भावना को बलवती बनाते हैं। जब सम्भावना बनती है तो उत्साह पैदा होता है, जब उत्साह पैदा होता है तो सफलता मिलती है और अंत में हमें हमारा लक्ष्य प्राप्त हो जाता है।

लेखक इस्साक वाट्स ने कहा है:

"आशा के शब्दकोश में कठिन नाम का कोई शब्द नहीं होता। यह हमारी
निराशा है जो बताती है कि कठिनाई को जीता नहीं जा सकता।"

यह भी सत्य है कि हमारी सभी इच्छाए पूर्ण नहीं होतीं परंतु आशा का दामन तो नहीं छोड़ा जा सकता। कुछ इच्छाए पूर्ण होती हैं कुछ नहीं हो पातीं परंतु इसका अर्थ यह नहीं कि जो इच्छाएँ पूरी नहीं हो सकीं उसके लिए हम उत्तरदायी हैं। इसके कई कारण हो सकते हैं और कुछ कारण ऐसे होते हैं जिन पर हमारा कोई नियंत्रण नहीं होता। इसमें निराश होने की आवश्यकता नहीं।

कुछ लोग अपने सपने इसलिए पूरे नहीं कर पाते क्योंकि वह कठिनाइयों से घबरा कर अपना कार्य अधूरा छोड़ देते हैं। जीवन सरल नहीं है यह एक संघर्ष है जिसमें उतार चढ़ाव आते रहते हैं, कभी हम ज़मीन पर आ जाते हैं कभी आकाश की ऊँचाइयों को छूने लगते हैं। मुसीबत के समय हिम्मत न हारने और आशा को बनाए रखने से हमारी संकल्प शक्ति बढ़ती है और संकल्प शक्ति के सामने कोई कार्य कठिन नहीं होता। संकल्प शक्ति का ज्वलन्त उदाहरण कुमारी इरा सिंघल ने प्रस्तुत किया है। पढ़िए कैसे:

यू.पी.एस.सी. की 2014 परीक्षा में प्रथम स्थान प्राप्त करने वाली बहादुर लड़की इरा सिंघल

यदि आप के पास प्रबल इच्छाशक्ति है तो दुनिया की कोई ताक़त आप का रास्ता नहीं रोक सकती। इसका प्रत्यक्ष उदाहरण प्रस्तुत किया है कुमारी इरा सिंघल ने। इरा सिंघल स्कोलियोसिस नामक बिमारी से ग्रस्त है। यह बिमारी रीढ़ की वक्रता के कारण होती है। रोग से ग्रस्त व्यक्ति को बाजू हिलाने में कठिनाई होती है। इरा सिंघल ने सामान्य श्रेणी में विकलांग महिला के रूप में यू.पी.एस.सी. की परीक्षा में प्रथम स्थान प्राप्त करके एक नया इतिहास रच डाला। आज वह भारतीय राजस्व सेवा में उच्च पद पर कार्य कर रही है। उसने अनेकों कठिनाइयों का बहादुरी से सामना करते हुए यह सिद्ध कर दिया कि अगर हम वास्तव में अपना लक्ष्य प्राप्त करना चाहते हैं और हमारी इच्छा प्रबल है तो दुनिया की कोई ताक़त हमें लक्ष्य प्राप्त करने से नहीं रोक सकती। प्रबल इच्छा शक्ति और असीम आत्म-विश्वास से हम वह सब कुछ प्राप्त कर सकते हैं जो हम प्राप्त करना चाहते हैं। इरा सिंघल एक ऐसी ही बहादुर लड़की है जिसने लाख मुसीबतों और कठिनाइयों के बावजूद हार मानने से इंकार कर दिया। उसने सारी व्यवस्था को अपने सामने घुटने टेकने पर मजबूर कर दिया।

वर्ष 2014 में सर्वश्रेष्ठ स्थान प्राप्त करने से पूर्व वह इस परीक्षा में तीन बार भाग ले चुकी थी। यह परीक्षा उसने वर्ष 2010 में ही उतीर्ण कर ली थी। उस समय जिस पद पर उसे तैनात किया गया था अधिकारियों ने उसकी विकलांगता को देखते हुए उसे उस पद के योग्य नहीं समझा और उसे पद पर कार्य नहीं करने दिया। इरा ने अधिकारियों के निर्णय को अदालत में चुनौती दे दी। अभी मामला अदालत में विचाराधीन था, इरा सिंघल ने अपना रैंक बढ़ाने के लिए वर्ष 2014 परीक्षा में पुन: बैठने की ठान ली। उसने वर्ष 2014 की परीक्षा में न केवल प्रथम स्थान प्राप्त किया वह अदालत का केस भी जीत गई। वर्तमान में वह सहायक कलेक्टर के पद पर कार्य कर रही है।

सारी कठिनाइयों को झेलते हुए उसने यह सिद्ध कर दिया कि विकलांगता केवल एक सोच है उससे अधिक कुछ नहीं। यदि हमारे पास प्रबल इच्छा शक्ति है तो हमें कोई पराजित नहीं कर सकता और हम जो चाहें कर सकते हैं।

जब इरा को वर्ष 2010 की परीक्षा उतीर्ण करने के बाद पद देने से इंकार कर दिया गया था तो उसने इंडियन एक्सप्रेस को दिए एक साक्षात्कार में कहा था,

"यह मेरे जीवन की सबसे बड़ी निराशा थी, मुझे बहुत बड़ा धक्का लगा था। लेकिन मैंने हिम्मत नहीं हारी और अपनी जंग जारी रखी। पद प्रदान करने से पूर्व मेरी जाँच की गई, मुझे चिकित्सा अधिकारी से यह प्रमाणपत्र लाने को कहा गया कि मैं इस पद पर भारतीय राजस्व विभाग में भली भांति कार्य कर सकती हूँ। पहले दो वर्षों में मुझे कुछ कठिनाइयों का सामना करना पड़ा उसके पश्चात् विकलांगता के बावजूद सबको मेरी योग्यता पर विश्वास हो गया। उन्हें समझ आ गया कि मैं हिम्मत हारने वाली लड़की नहीं हूँ। मैंने निराश होना नहीं सीखा।"

आपको इरा की कहानी सुनकर कैसा लगा? इरा की भांति हमें भी अपने निर्णय को दृढ़ बनाना होगा, अपनी इच्छा शक्ति को जागृत करना होगा, हिम्मत और धैर्य के साथ आगे बढ़ना होगा तभी हम सफलता की ऊँचाईयों को छू पाएँगे।

अनुचित आशा न रखें

आशावान होने का यह तात्पर्य नहीं की हमारी सभी इच्छाएँ पूर्ण हो जाएगी। किसी लक्ष्य को प्राप्त करने के लिए असंख्य चुनौतियों का सामना करना पड़ता है। हमें इन चुनौतियों का सामना करने के लिए स्वयं को तैयार करना होगा। तभी हम अपना लक्ष्य प्राप्त कर पाएँगे। आशा तो एक उत्प्रेरक है जो हमें अपना लक्ष्य प्राप्त करने के लिए प्रोत्साहित करती है। वास्तव में तो लक्ष्य प्राप्त करने के लिए कठिन परिश्रम, पक्की लगन और असीम धैर्य की आवश्यकता होती है।

अमेरिकी लेखक रेबेका सोल्नित का कहना है :

"अन्धी आशा उस अप्रत्यक्ष दीवार के समान होती है जिसका कोई दरवाज़ा नहीं खुलता। दरवाज़ा तो सामने होता है लेकिन आशा के अनुचित होने के कारण हम उसे खोज नहीं पाते।"

सफलता का दरवाज़ा तो हमारे सामने है लेकिन यदि हम सोचें कि कोई अन्य व्यक्ति आकर इस दरवाज़े को हमारे लिए खोल देगा तो हम ग़लत सोचते हैं। हमें अपनी सफलता का दरवाज़ा खोलने के लिए ख़ुद मेहनत करनी पड़ेगी, अपनी पूरी शक्ति का प्रयोग करना होगा और पूरे संसाधन अपनाने के पश्चात् ही हम दरवाज़ा खोल पाएँगे। हमें बेकार की इच्छाओं पर भरोसा ना करके ऐसी इच्छा करनी चाहिए जो पूरी हो सके।

अनुचित इच्छा रखने से न केवल हम अपना समय व्यर्थ गवाते हैं बल्कि अपनी क्षमता का भी ह्रास करते हैं।

ज्योतिषी के चक्कर में अजय

अचानक ही अजय को व्यापार में भारी हानि हो गई। उसने हानि को बचाने का हर सम्भव प्रयास किया परंतु दिन-प्रतिदिन उसकी हानि बढ़ती ही गई। एक दिन उसकी भेंट पुराने मित्र संजय से हुई। संजय ने उसे ज्योतिषी से मिलकर उसकी सलाह लेने का परामर्श दिया। संजय का परिवार एक प्रसिद्ध ज्योतिषी के पास जाता रहता था। उसने अजय को उस ज्योतिषी से मिलने को कहा। अजय के मन में आशा की किरण जाग उठी और वह उस ज्योतिषी से मिलने जा पहुँचा।

ज्योतिषी काफ़ी समय तक अजय की कुंडली देखता रहा और कुछ गणना करता रहा। गणना करने के बाद ज्योतिषी ने बताया कि उसकी नक्षत्र दशा ठीक नहीं है और राहू केतु की काली दशा के कारण उसको व्यापार में भारी हानि उठानी पड़ रही है। यदि अजय नक्षत्रों की दशा ठीक करना चाहता है तो इसके लिए उसे एक बहुत बड़े यज्ञ का आयोजन करना होगा ताकि उसकी बुरी दशा समाप्त हो जाए और उसे हानि के स्थान पर लाभ होने लगे। अजय को पूजा के लिए ब्राह्मणों को आमंत्रित करना होगा और उन्हें दक्षिणा के रूप में अपार धन दान करना होगा।

ज्योतिषी की बात सुनकर अजय को आशा हो गई कि अब उसके बुरे दिन कट जाएँगे और अच्छे दिन आ जाएँगे। उसने ज्योतिषी की सलाह के अनुसार सारे प्रबंध किए। इसके लिए उसे न केवल यज्ञ के आयोजन में भारी राशी ख़र्च करनी पड़ी बल्कि ब्राह्मणों को भी भारी भरकम दक्षिणा देनी पड़ी। इतना सब कुछ करने के पश्चात् भी व्यापार में उसे कोई लाभ नहीं हुआ।

पूजा करने और यज्ञ करने से मन की शांति तो प्राप्त हो सकती है परंतु यदि हम सोचें कि ऐसा करने से जादू द्वारा हमारे सारे कार्य सफल हो जाएँगे तो यह हमारी मूर्खता होगी। सफलता की इच्छा रखने वाले व्यक्ति को कड़ा संघर्ष करना पड़ता है और कठिनाइयों का सामना करना पड़ता है। सफलता जादू टोने या पूजा पाठ करने से प्राप्त नहीं होती। ज्योतिषियों के चक्कर में पढ़कर अजय ने न केवल धन का अपव्यय किया बल्कि अपने बहुमूल्य समय को भी गवां दिया।

इच्छा तो हमें करनी चाहिए परंतु अन्धी इच्छा नहीं। इच्छा तो प्रेरणा का स्रोत होती है जो सकारात्मक दिशा दिखाती है। इच्छा के बल पर हम जीवन में आगे बढ़ना सीखते है। इसके विपरीत अन्धी या अनुचित इच्छा हमें काल्पनिक सपने दिखाती है जो कभी पूरे नहीं होते।

असफल होने का भय

हमने बहुत सी मुसीबतों का डट कर मुकाबला किया है, अनेको कठिनाइयों को सफलता-पूर्वक झेला है और बहुत से दुःखों को सहा है परंतु फिर भी हमारे मस्तिष्क में असफल होने का डर बना रहता है। हम चौबीसों घंटे किसी अनहोनी की आशंका से घिरे रहते हैं। हमें असफल होने का भय तो होता ही है उससे भी अधिक चिंता इस बात की होती है कि लोग क्या कहेंगे। पहले जो मुसीबतें हम पर आई थीं हमने उनका सामना भी किया था और समाधान भी निकाला था। भविष्य में अनदेखी अनहोनी की चिंता में हम भूल जाते हैं कि पिछली मुसीबतों का सामना हमने स्वयं अपने बलबूते पर किया था। अपनी सच्ची लगन और कठिन परिश्रम से हमने सब कठिनाइयों पर विजय पाई थी। वास्तव में हम अपनी सफलता का श्रेय स्वयं को नहीं देते और भाग्य का खेल समझ लेते हैं। इसी कारण हमारे मस्तिष्क में असुरक्षा की भावना बनी रहती है और हम डर कर कोई बड़ा कार्य करने में हिचकिचाने लगते हैं। हमें स्वयं भरोसा नहीं रह जाता।

मानव के मस्तिष्क में असुरक्षा की भावना का होना एक स्वाभाविक क्रिया है। यह भी सत्य है कि हम सदैव सफल नहीं हो पाते। स्वयं को असफलता का उत्तरदायी समझना भी उचित नहीं क्योंकि इसके अन्य कारण भी हो सकते हैं जो हमारे बस में नहीं होते। दूसरे लोगों की त्रुटि भी हमारी असफलता का कारण बन सकती है। हम अपनी स्वयं की ग़लतियों के कारण भी असफल हो जाते हैं। जब हम ग़लती करते हैं तो हम अपनी ग़लती सहजता से स्वीकार नहीं करते। बल्कि अपनी ग़लती को छुपाने का हर सम्भव प्रयास करते हैं। हम यह मानते ही नहीं कि कोई कार्य हमारी ग़लती के कारण बिगड़ गया या हमारी लापरवाही के कारण बिगड़ गया। हमारे ग़लत फैसले के कारण भी हम असफल हो सकते हैं। हम सोचते हैं कि ग़लती स्वीकार कर लेने से लोग हम पर भरोसा करना छोड़ देंगे।

ग़लतियों को स्वीकार न करने से, अपनी ग़लतियों के लिए दूसरों को ज़िम्मेदार ठहराने से या बहाने बाज़ी कर लेने से हम और कुछ नहीं करते बल्कि अपनी ज़िम्मेदा-रियों से मुँह मोड़ लेते हैं। गैरजिम्मेदार व्यक्ति जीवन में कभी सफल नहीं हो पाता। यदि हम अपनी ग़लतियाँ स्वीकार करना आरम्भ कर दें, अपनी ज़िम्मेदारियों को समझना

शुरू कर दें तो हम आने वाली किसी भी कठिनाई अथवा मुसीबत का भली भांति सामना कर पाएँगे। जब हम ऐसा करना सीख लेंगे तो सच मानो समाज में हमारा सम्मान भी बढ़ेगा और लोग हम पर अधिक विश्वास भी करने लगेंगे।

हम सब मनुष्य हैं और ग़लतियाँ मनुष्यों से ही होती हैं। हर व्यक्ति ग़लती करता भी है। महत्व इस बात का है कि हम अपनी ग़लतियों से क्या सीख लेते हैं? नीचे लिखी एक सॉफ्टवेयर कम्पनी में अजीब समस्या पैदा हो गई। जिसका समाधान आपको खोजना है:

मिस ज़रीना और उसका दृष्टिकोण

मिस ज़रीना एक बहुराष्ट्रीय कम्पनी में सॉफ्टवेयर इंजीनियर के पद पर कई वर्षों से कार्य कर रही थी। वह बहुत मेहनती थी और अपना कार्य बड़ी कुशलतापूर्वक करती थी। उसकी कार्यकुशलता को देखकर कम्पनी उसको प्रबंधक के पद पर पदोन्नत करना चाहती थी। प्रबंधक के पद पर ज़रीना काम कर पाएगी इस बात की जांच करने के लिए वरिष्ठ अधिकारियों ने आरम्भ में उसे एक टीम का मुखिया बना दिया। टीम के दो सदस्य थे। उसकी टीम में एक सदस्य थी आकांक्षा और दूसरा सदस्य था जुनेद। इन दोनों सदस्यों को मिस ज़रीना के निर्देशों पर कार्य करना था।

ज़रीना मधुर भाषी तो थी ही वह दूसरों को तनाव मुक्त रखने का प्रयास भी करती थी। धीरे धीरे दोनों सदस्यों को अपनी मुखिया पर विश्वास होने लगा और वे उसका हर निर्देश मानकर ज़िम्मेदारी से कार्य करने लगे। ज़रीना दोनों सदस्यों को उनका काम सौंप देती और इस बात का ध्यान रखती कि कार्य ठीक ढंग से समय पर पूरा हो जाए। यदि किसी सदस्य को कोई कठिनाई होती तो वह उसका उचित मार्गदर्शन भी करती।

एक बार कम्पनी ने ज़रीना और उसकी टीम को एक विशिष्ट प्रकार का गुप्त कार्य सौंप दिया। यह कार्य गम्भीर और नाज़ुक क़िस्म का था। कार्य की संवेदनशीलता और गंभीरता को देखते हुए कम्पनी के वरिष्ठ अधिकारी इस पर अपनी दृष्टि बनाए हुए थे। कार्य के दौरान ज़रीना और उसकी टीम को कम्पनी की गुप्त सूचनाओं को एक सीमा (Limit) के अंतर्गत एकत्र करना था। सीमा के लांघते ही खतरे का अलार्म बज उठता और सब लोग सावधान हो जाते।

उसने कुछ कार्य आकांक्षा को सौंप दिया। कुछ दिन कार्य करने के पश्चात् आकांक्षा को ज्ञात हुआ कि जिस टेक्नोलॉजी के माध्यम से वह कार्य कर रही है उसमें कुछ गड़बड़ है। सिस्टम उसे ज़रूरी सूचना एकत्र नहीं करने दे रहा।

उसने गड़बड़ी का पता लगाने के लिए रिसर्च करना आरम्भ कर दिया। रिसर्च करते करते उसे एक अन्य टेक्नोलॉजी का पता लगा जिसकी सहायता से वह मन चाही सूचना सिस्टम से एकत्र कर सकती थी। इस वैकल्पिक टेक्नोलॉजी से वह अपना कार्य शीघ्र पूरा कर सकती थी।

आकांक्षा द्वारा खोजी गई वैकल्पिक टेक्नोलॉजी से कार्य करना अपेक्षाकृत बहुत सरल था। ज़रीना ने उसकी रिसर्च कार्य की प्रशंसा की और आगे का कार्य इसी टेक्नोलॉजी के माध्यम से करने के लिए कह दिया। इस नई टेक्नोलॉजी की सहायता से ज़रीना और उसकी टीम ने दिए गए कार्य को शीघ्र ही पूरा कर लिया और वरिष्ठ अधिकारियों के सम्मुख प्रस्तुत कर दिया। कार्य की गंभीरता और संवेदनशीलता को देखते हुए वरिष्ठ अधिकारी टीम के काम की जाँच पड़ताल करना चाहते थे।

उनके कार्य को देखकर सभी अधिकारी बहुत प्रभावित हुए विशेषकर वैकल्पिक टेक्नोलॉजी के उपयोग के कारण। अधिकारीगण इस वैकल्पिक टेक्नोलॉजी के बारे में अधिक जानकारी प्राप्त करना चाहते थे। ज़रीना ने ख़ुशी ख़ुशी बताया कि नियमित टेक्नोलॉजी पर कार्य करते करते जब कुछ रुकावट महसूस हुई तो उसकी टीम की सदस्य आकांक्षा ने नई टेक्नोलॉजी का पता रिसर्च करके लगाया है। ज़रीना ने उस कार्य का श्रेय स्वयं न लेकर अपने अधिनस्त कार्यकर्ता आकांक्षा को दिया।

कम्पनी के एक वरिष्ठ अधिकारी को इस नई वैकल्पिक टेक्नोलॉजी का पूरा ज्ञान था। उसने ज़रीना से पूछा कि क्या वैकल्पिक टेक्नोलॉजी का प्रयोग करने से पहले उसने गुप्त सूचना को सुरक्षित रखने का ध्यान रखा था या नहीं? वैकल्पिक टेक्नोलॉजी से कम्पनी का डाटा लीक होने का डर था। इस वैकल्पिक टेक्नोलॉजी में पहले कई प्रकार की कमियाँ पाई गई थी। विशेषकर उसमें सूचना को सुरक्षित रखने की उचित व्यवस्था नहीं थी। इस कारण सूचना के चोरी होने का भय था। हैकर अक्सर इस टेक्नोलॉजी से कम्पनियों की गुप्त सूचना प्राप्त कर लेते हैं। ज़रीना को इस बात का ज्ञान नहीं था इसलिए उच्च अधिकारियों को चिंता होने लगी। जब ज़रीना से जवाब माँगा गया तो वह इसका उत्तर दो प्रकार से दे सकती थी। आओ जाँच करें ज़रीना के वह दो उत्तर क्या थे और कौन सा उत्तर ठीक था और क्यों?

उत्तर नम्बर 1 : ज़रीना कह सकती है कि उसकी टीम को रिसर्च का कार्य अधिक गहराई से करना चाहिए था जो उसने नहीं किया। ज़रीना उच्च

अधिकारियों को आश्वासन दे सकती है कि वह स्वयं इस कार्य की जाँच करेगी और यदि गुप्त सूचना सुरक्षित नहीं पाई गई तो यह कार्य वह स्वयं सम्भाल लेगी और कार्य को पूरी सावधानी के साथ पूरा करेगी।

उत्तर नम्बर 2 : ज़रीना उच्च अधिकारियों के सुझाव का स्वागत करते हुए उनको आश्वासन दे सकती है कि वह स्वयं टीम के कार्य की जाँच करेगी। बल्कि वह अपनी ग़लती मानते हुए यह स्वीकार करती है कि जाँच का कार्य तो उसे पहले ही कर लेना चाहिए था। वह यह भी कह सकती थी कि गुप्त सूचना की सुरक्षा संबंधी जाँच तत्काल करवाएगी ताकि कम्पनी की गुप्त सूचना को कोई हैकर हैक न कर सके।

यदि आप उस कम्पनी के वरिष्ठ अधिकारी होते तो ज़रीना के किस उत्तर को ठीक समझते? शायद आपको उसका दूसरा उत्तर अधिक उचित लगता क्योंकि:

अपने पहले उत्तर में ज़रीना वैकल्पिक टेक्नोलॉजी की रिसर्च करने का श्रेय तो अपनी टीम को देना चाहती है परंतु उस टेक्नोलॉजी के असफल होने का उत्तरदायित्व नहीं लेना चाहती। इस उत्तर से ज़रीना की टीम के सदस्यों को लगता है कि उन्हें ज़रीना पर अधिक भरोसा नहीं करना चाहिए था क्योंकि उसने उन्हें समय पर सचेत नहीं किया। कम्पनी के वरिष्ठ अधिकारी भी ज़रीना को कोई नाजुक कार्य देने से कतराएँगे क्योंकि उसके कारण कम्पनी की गुप्त सूचनाओं का दुरुपयोग हो सकता था।

अपने दूसरे उत्तर में वह अपनी ग़लती को न केवल स्वीकार करती है बल्कि उच्च अधिकारियों के सुझावों का भी स्वागत करती है। उसकी टीम द्वारा किए गए कार्य की पहले ही जाँच न करने का उत्तरदायित्व भी स्वीकार करती है। अपनी ज़िम्मेदारी का अहसास होने और उच्च अधिकारियों के सुझाव (जो कम्पनी के हित में है) को स्वीकार करने की मनोवृति के कारण ज़रीना के प्रति उसकी टीम का विश्वास बढ़ता है तथा अपने उत्तरदायित्व समझने वाली ज़रीना को उच्च अधिकारी कोई भी नाज़ुक कार्य सौंपन के लिए तैयार रहेंगे।

आपकी तरह ज़रीना ने उत्तर संख्या दो को चुना। वरिष्ठ अधिकारियों ने माना कि वैकल्पिक टेक्नोलॉजी का उपयोग करने से पूर्व उसकी जाँच करना आवश्यक था। उन्होंने इस बात की प्रशंसा भी की कि ज़रीना ने न केवल अपनी ग़लती स्वीकार की बल्कि ग़लती को सुधारने का आश्वासन भी दिया। कम्पनी की गुप्त सूचना सुरक्षित थी इसके लिए वरिष्ठ अधिकारी प्रसन्न भी थे

और ज़रीना को उनके बहुमूल्य सुझाव भी प्राप्त हो गए थे। ज़रीना को प्रबंधक के पद पर पदोन्नत कर दिया गया और उसके सहायको को कम्पनी में स्थाई नियुक्ति मिल गई।

अगर ग़लती बहुत भयानक हो?

अपने उत्तरदायित्व को पूरी तरह समझने और अपनी ग़लती को स्वीकार करने के पश्चात् भी यदि हमसे कोई भयानक भूल हो जाए तो हम क्या करेंगे? शायद हमारी ग़लती अक्षम्य हो जिसकी अनदेखी ना की जा सकती हो। कम्पनी तो हमारे विरुद्ध कार्यवाही करेगी। हम भी तो इसी ग़लती के कारण अपने कार्य में नितांत असफल हुए हैं। दूसरे शब्दों में कहें तो यह ग़लती नहीं हमारी असफलता ही थी। यदि हमसे ऐसी भयानक भूल हो गई हो तो क्या करना चाहिए? हम तो शर्म के मारे मर जाएँगे। अपना मुँह छिपाते फिरेंगे। शायद हम अपना आत्म-विश्वास ही खो दें।

ऐसी स्थिति में भी घबराने की आवश्यकता नहीं। सबसे पहले अपने दिल और दिमाग़ को स्थिर रखना होगा। जो होना था वह तो हो चुका। यदि बिगड़े कार्य को सुधारने में हम सक्षम नहीं हैं तो इस कार्य के लिए हमें दूसरों की मदद ले लेनी चाहिए। लेकिन दूसरे लोग कई प्रकार के प्रश्न पूछेंगे और हम लज्जित होंगे। ऐसी स्थिति में हम लोगों से मदद न लेकर किसी विशेषज्ञ से परामर्श कर सकते हैं। हमें हर हाल में ऐसा उपाए खोजना होगा जिससे हमारी साख बनी रहे और हम अपमानित न हों। ग़लतियाँ तो हर व्यक्ति से होती हैं और हमसे भी हो गई। हम असफल तो हुए हैं लेकिन इसका तात्पर्य यह नहीं कि हम कभी सफल नहीं हो सकते। समय बदल सकता है, हम सफल हो सकते हैं और होंगे भी। हमें बस सावधानीपूर्वक उपाए खोजने होंगे।

हमारी सबसे बड़ी भूल यह है कि हम अपनी असफलता को अपनी कमज़ोरी समझ लेते हैं। क्या जीवन फूलों की सेज है जिसमें केवल सुख होता है और कोई दुःख नहीं? क्या आकाश में बादल नहीं छाते? क्या दिन के बाद रात नहीं होती? क्या सागर में तूफ़ान नहीं आते? हम जब भी सोचते हैं अपनी सफलता के बारे में ही सोचते हैं जैसे हम कभी असफल हो ही नहीं सकते। हम सपनों में भी असफलता के बारे में नहीं सोचते। हमें याद रखना चाहिए कि जीवन एक संघर्ष है जहाँ पग पग पर बाधाओं का सामना करना पड़ता है। इस बारे में स्वामी विवेकानंद ने कहा है:

"जिस मार्ग पर आपको कठिनाई का सामना न करना पड़े तो समझ लो आपने अनुचित मार्ग का चयन किया है।"

जीवन के हर क्षेत्र में हमें कठिनाइयों और बाधाओं का सामना करना पड़ता है लेकिन हमें उनके सामने झुकना नहीं है। यदि हम झुक गए और हिम्मत हार गए तो हम कभी अपना लक्ष्य प्राप्त नहीं कर पाएँगे। बाधाएँ और कठिनाइयाँ हमारा मार्ग नहीं रोक सकतीं। परंतु वे हमारी क्षमता में वृद्धि करने का अवसर हमें अवश्य प्रदान कर सकती हैं। कठिनाइयों को सहन करते-करते हमें नए नए अनुभव होते हैं जिससे हमारे उत्साह में वृद्धि होती है। कठिनाइयों की परवाह किए बिना हमें आगे बढ़ते रहना चाहिए।

इस संबंध में भगवत् गीता में एक सुंदर प्रसंग है:

"हमें अपने कर्मों पर नियंत्रण होता है परंतु कर्मों के फल को प्राप्त करने पर हमारा बस नहीं होता। असफल होने के डर का संबंध फल प्राप्त न होने की आशंका से जुड़ा होता है। हमारा यही भय सफलता के लिए सबसे बड़ी रुकावट बन जाता है। असफल होने के भय से हमारा मन सदैव चिंतित रहता है और हमारी क्षमता का ह्रास करता है।"

समस्त कार्य उस प्रकार नहीं हो पाते जैसा हम चाहते हैं इसलिए कभी कभी हमें असफलता का मुँह भी देखना पड़ता है। हमें असफल होने के कारणों को समझकर उनसे कुछ सीख लेनी चाहिए, कुछ अनुभव प्राप्त करना चाहिए और अपने लक्ष्य को प्राप्त करने का प्रयास करते रहना चाहिए।

विंस्टन चर्चिल ने कहा था :—

"असफलता के बाद असफल होते रहना वह प्रक्रिया है जो हमें सफलता की ओर ले जाती है और हमारा उत्साह भी बढ़ाती है।"

हम सभी प्रकार की परिस्थितियों का सामना तो नहीं कर सकते लेकिन अपनी कार्यशैली को परिस्थितियों के अनुरूप अवश्य ढाल सकते हैं। असफलता से हतोत्साहित न होकर हमें उस पर विजय पाने का प्रयास करना चाहिए।

फिलिप केत्शील और विपरीत परिस्थितियाँ

फिलिप केत्शील एक भूतपूर्व ब्रिटिश पुलिस अधिकारी है जो अब एक लेखक है, कलाकार है, और एक कवि भी है। इस समय फिलिप लन्दन में रह रहा है। उनकी जीवन गाथा कुछ नहीं केवल समस्याओं, दु:खों और कठिनाइयों

का एक सागर है जो उन्होंने सफलतापूर्वक पार किया है। यदि मिस्टर फिलिप ऐसा कर सकते हैं तो हम क्यों नहीं? तीस वर्ष की आयु में उनके सिर पर भयानक चोट लग गई थी और उसके बाद उनको हृदय रोग हो गया। 18 महीने तक अपनी बीमारी से लड़ने के बाद वह अपनी ड्यूटी पर लौट आए। अभी उन्हें और भी मुसीबतों को झेलना था। ग्यारह वर्षों के बाद उनकी पत्नी का देहाँत हो गया और घर तथा परिवार से उनका नाता टूट गया। लेकिन उन्होंने परिस्थितियों के आगे घुटने टेकने से इंकार कर दिया और नए जीवन साथी के साथ अपना घर दुबारा बसा लिया। नया जीवन-साथी पाकर उनकी ख़ुशियों का ठिकाना नहीं रहा। लेकिन उनकी यह ख़ुशी भी ज़्यादा दिन तक नहीं टिक सकीं। दूसरी शादी के बाद सोलह दिनों के अंदर वह एक सड़क दुर्घटना के शिकार हो गए और एक बार फिर उन्हें दिल का दौरा पड़ गया।

अब उनके शरीर में नौकरी करने की ताक़त नहीं रही और उन्होंने नौकरी छोड़ दी। लेकिन उन्होंने हिम्मत नहीं हारी। वह एक कर्मठ व्यक्ति है और कर्मठ व्यक्ति कभी बेकार नहीं बैठ सकता। उन्होंने संगीत और कला में रुचि लेना आरम्भ कर दिया। पियानो बजाना भी सीखा और चित्रकारी करना भी सीखने लगे। वर्ष 2011 में अपने साठवें जन्मदिन पर उन्होंने पहला दिल का दौरा पड़ने के बाद से लेकर अपने जीवन के अनुभवों के बारे में पुस्तक लिखने का निर्णय लिया। तब से लेकर अब तक उनका लेखन कार्य जारी है। उनका कहना है:

"लेखक के रूप में मेरी पहली पुस्तक शायद मेरी अन्तिम पुस्तक होती यदि मेरे ही एक उपन्यास के चमत्कारिक नायक ने मुझे यह न बताया होता कि कभी हार मत मानो। उससे मैं इतना प्रभावित हुआ कि अब मैं यह कभी नहीं कहता कि "मैं नहीं कर सकता"। मुझे अब कोई कार्य कठिन नहीं लगता। मैं बड़ी से बड़ी मुसीबत और विपरीत से विपरीत परिस्थितियों का सामना करने के लिए सदैव तत्पर रहता हूँ। अब मेरी आयु 60 वर्ष से अधिक हो गई है, व्हील चेयर पर बैठा रहता हूँ, तीन बार के दिल के दौरों से मस्तिष्क को हानि हुई है, अभी भी हृदय रोग से पीड़ित हूँ। संक्षेप मे कहूँ तो मैं पूरी तरह विकलांग व्यक्ति हूँ। इन सब समस्याओं के बावजूद मैंने विश्व को यह बताने का बीड़ा उठाया है कि मैं विकलांग हूँ अयोग्य नहीं, मैं बीमार हूँ पर अक्षम नहीं। मैं अभी भी वह सब कार्य कर सकता हूँ जो मैं करना चाहता हूँ। एक हाथ पर लकवा होने के बावजूद मैं दूसरे हाथ से पियानो बजा सकता हूँ, यूनिवर्सिटी से डिग्री प्राप्त करने के लिए पढ़ाई कर सकता हूँ, मनोहारी चित्र

बना सकता हूँ और उन पुस्तकों को लिख सकता हूँ जो अंतर्राष्ट्रीय इनाम पाने की प्रतियोगिता के अंतिम चरण तक पहुँच चुकी हैं।

मैं दुनिया को यह बताने का भरसक प्रयास कर रहा हूँ कि प्रत्येक व्यक्ति वह कार्य कर सकता है जो वह करना चाहता है लेकिन इसके लिए मैं अपने जीवन का उदाहरण नहीं देना चाहता। मैं यह नहीं कहना चाहता कि यदि मैं कर सकता हूँ तो आप क्यों नहीं कर सकते। मैं तो दूसरों का मार्गदर्शन कर सकता हूँ, उन्हें सफलता पाने के लिए सहयोग दे सकता हूँ। अपनी सीमित शारीरिक क्षमता, योग्यता और अनुभव के आधार पर मैं सबको सफल होने के लिए प्रोत्साहित कर सकता हूँ। इस समय मिस्टर फिलिप लेखन कार्य कर रहे हैं और हज़ारो लोगों को लेखन कला सिखा चुके हैं। उन्होंने अपने घर के आगे एक साइन बोर्ड टाँगा हुआ है:

> मैं इच्छुक लेखको और कलाकारों की निशुल्क सहायता करने, परामर्श देने व उनका मार्गदर्शन करने के लिए सदैव तैयार हूँ। कभी भी और कहीं भी।

जीवन में सफलता असफलता का सामना तो प्रत्येक व्यक्ति को करना पड़ता है। कुछ बाहरी कारणों से और कुछ हमारी अपनी कमियों के कारण। असफलता का कारण चाहे कोई भी हो, अपनी त्रुटियों से कुछ सीखने, उन्हें सुधारने से जीवन में नम्रता आती है और एक नवीनता की अनुभूति होती है। त्रुटि करके उनसे सीखने का अर्थ है त्रुटियों पर विजय प्राप्त करना।

अमेरिकी लेखक ओग मानडीनो ने कहा है :—

"यदि विजयी होने की मेरी इच्छा प्रबल है तो त्रुटियाँ मुझे विजयी होने से रोक नहीं सकतीं।"

असफलता से मत घबराओ

हम डॉक्टर हैं, इंजीनियर हैं, व्यापारी हैं, विशेषज्ञ हैं, हम कोई भी कार्य करते हों हर किसी को कभी न कभी असफलता का सामना करना पड़ता है। कभी कभी हमें लगता है कि भाग्य हमारा साथ नहीं दे रहा। हम जो भी कार्य करते हैं वह फलीभूत नहीं होता। कभी हमारा टेंडर रद्द हो जाता है, कभी हमारा सैंपल फेल हो जाता है और कभी तो हम निर्णय ही ग़लत कर बैठते हैं। लेकिन घबराने की आवश्यक नहीं, इस संसार में हम अकेले नहीं हैं जिन्हें असफलता का सामना करना पड़ा है। यह जानकर आश्चर्य होगा कि बड़े बड़े महारथियों को एक बार नहीं बल्कि अनेकों बार असफलता का सामना करना पड़ा है। आज हमें जो सबसे अधिक सफल लोग दिख रहे हैं उन्हें सफलता सरलता से नहीं प्राप्त हुई है। उन्हें भी जीवन में बहुत पापड़ बेलने पड़े हैं, बड़ी बड़ी कठिनाईयों का सामना करना पड़ा है और रुकावटों के पहाड़ों ने उनका भी मार्ग अवरुद्ध किया है। परंतु इन लोगों ने कभी हार नहीं मानी। अपनी त्रुटियों से प्रेरणा प्राप्त कर पग-पग आगे बढ़कर सफलता के शिखर को प्राप्त किया है। इन व्यक्तियों में स्थिति को समझने, संवेदनशीलता को पहचानने और जीवनधारा के साथ समझौता करते हुए आगे बढ़ने की क्षमता थी।

सफलता सरलता से प्राप्त नहीं होती

अगर हम किसी कार्य को करने में सफल नहीं हो पाए तो इसका यह अर्थ नहीं है कि हमारा सारा जीवन ही असफल हो गया। हाँ, अगर हम किसी कार्य के असफल होने से भविष्य में कोई अन्य कार्य करना ही बंद कर दें तो हम अवश्य ही एक असफल व्यक्ति हैं। ज़रा एक दृष्टि उन व्यक्तियों के जीवन पर डालिए जिन्हें हम सबसे अधिक सफल व्यक्ति मानते हैं, जो आज सफलता के शिखर पर पहुँच गए हैं, जिन्हें समाज में सम्मान की दृष्टि से देखा जाता है। इन सभी सफल व्यक्तियों को भी अपने जीवनकाल में अनेकों कठिनाइयों का सामना करना पड़ा है। उदाहरण के लिए:

1. अब्राहम लिंकन

अब्राहम लिंकन अमेरिका के सोलहवें राष्ट्रपति आसानी से नहीं बने थे। 1860 में राष्ट्रपति का चुनाव जीतने से पहले वह भिन्न भिन्न पदों के पाँच चुनाव हार चुके थे। उनकी पहली पत्नी ऐन रूटलेज का निधन केवल 22 वर्ष की आयु में हो गया था। उनका पहला व्यापारिक कार्य पूर्ण प्रयास के बावजूद भी आरम्भ नहीं हो पाया था। उन्होंने वर्ष 1842 में मैरी टॉड से शादी कर ली। उन्होंने चार पुत्रों को जन्म

दिया जिनमें से तीन पुत्र बाल्यकाल में ही मृत्यु को प्राप्त हो गए। विश्व आज उन्हें अमेरिका का सर्वश्रेष्ठ राष्ट्रपति भले ही मानता हो परंतु इस पद पर पहुँचने के लिए उन्होंने कठिनाइयों, मुसीबतों और असफलताओं को कभी आड़े नहीं आने दिया। असफलत के बारे में उन्होंने कहा था:—

"मुझे इस बात की चिंता नहीं कि आप असफल हो गए हो। मुझे चिंता इस बात की है कि आपने असफलता से क्या सीखा।"

2. अल्बर्ट आईन्सटीन

जर्मनी में पैदा हुए, भौतिक शास्त्र के ज्ञाता, नोबेल पुरस्कार विजेता अल्बर्ट आई-न्सटीन का जीवन भी कठिनाइयों से भरा था। उन्हें जीवन में अनेक चुनौतियों का सामना करना पड़ा। उनके सिद्धान्तों, उनके लेखों और उनके खोज कार्यों को जर्मनी के ही बुद्धिजीवियों के विरोध का सामना करना पड़ा। नाज़ियों ने तो उन्हें प्रोफ़ेसर के पद से ही हटा दिया था। इतना कुछ हो जाने पर तो कुछ लोग आत्महत्या तक कर लेते हैं परंतु अल्बर्ट उस मिट्टी के नहीं बने थे। वह अपने इरादे के पक्के थे। अपनी सभी विरोधी अवधारणाओं को धराशाई करते हुए वह विश्व में एक महान वैज्ञानिक के रूप में उभरे। उनका कहना था:

"आप तब तक असफल नहीं होते जब तक आप अपनी असफलता को स्वंय स्वीकार नहीं कर लेते।"

3. अमिताभ बच्चन

अमिताभ बच्चन को विश्व आज एक महानायक के रूप में जानता है। अपनी सफलता के उच्च शिखर पर उन्होंने अपनी एक कम्पनी "अमिताभ बच्चन कॉर्पो-रेशन लिमिटिड के नाम से आरम्भ की थी। उनकी यह कम्पनी नितांत असफल सिद्ध हुई और उन्हें इतनी वित्तीय हानि हुई कि वह दिवालियेपन के कगार पर पहुँच गए। लेकिन उन्होंने हार नहीं मानी। बड़ी बहादुरी से विपरीत परिस्थितियों का सामना किया। उन्होंने "कौन बनेगा करोड़पति" नामक टी.वी. कार्यक्रम में स्वयं को प्रस्तुत किया। फलस्वरूप सफलता उनके पग पुनः चूमने लगी।

4. एमिनेम

पंद्रह बार ग्रैमी अवार्ड के विजेता एमिनेम के एल्बम की एक करोड़ से अधिक प्रतियाँ विश्व भर में बेचीं गईं। लेकिन उनकी सफलता के पीछे दुखभरी कहानी छुपी हुई है। बचपन में नशे का आदि हो जाने से उन्हें स्कूल से निकाल दिया गया था। उनका बचपन नितांत ग़रीबी में बीता। उन्हें इतना तनाव हो गया था कि उन्होंने आत्म-हत्या का प्रयास भी किया। लेकिन जीवन के हर कष्ट को सहते हुए उन्होंने हिम्मत नहीं हारी और अंत में सफलता प्राप्त कर ही ली।

5. हेनरी फ़ोर्ड

अरबपति धनाड्य हेनरी फ़ोर्ड को आज विश्व में कौन नहीं जनता। फ़ोर्ड मोटर कम्पनी के संस्थापक हेनरी फ़ोर्ड को कई बार असफलता का सामना करना पड़ा। उन्होंने डेट्रॉइट ऑटोमोबाइल कम्पनी की स्थापना सबसे पहले की थी। परंतु यह कम्पनी न तो उच्च कोटि के वाहन का निर्माण कर पाई और न ही बाज़ार के अनुसार उनकी क़ीमत तय कर पाई। फलस्वरूप उन्हें इस कम्पनी को शीघ्र ही बंद करना पड़ा। उन्होंने जो दूसरी कम्पनी "हेनरी फ़ोर्ड कम्पनी" के नाम से स्थापित की उस कम्पनी से उन्हें त्यागपत्र देना पड़ा और कम्पनी का नाम बदल कर "केडिलाक ऑटोमोबाइल कम्पनी" रख दिया गया। फ़ोर्ड ने अभी हिम्मत नहीं हारी। वर्ष 1903 में उन्होंने "फ़ोर्ड मोटर कम्पनी के नाम से एक और कम्पनी की स्थापना की। आज यही कम्पनी विश्व में ऑटोमोबाइल की सबसे अच्छी कम्पनी समझी जाती है। उन्होंने कभी असफल होना नहीं सीखा। उनका कहना है:

"असफलता हमें आगे बढ़ने का अवसर प्रदान करती है परंतु अधिक कुशलता के साथ।"

6. अरुणिमा सिन्हा

अरुणिमा राष्ट्रीय स्तर की वॉलीबॉल खिलाड़ी थी। वर्ष 2011 में ट्रेन में सफर करते समय कुछ गुंडो ने उस पर आक्रमण कर दिया और उसे उठा कर ट्रेन से बाहर फैंक दिया। उसकी जान तो बच गई लेकिन इस दुर्घटना से उसकी दोनों टांगो को काटना पड़ा। जिस युवति की दोनों टांगे न हों सोचो उसे चलने फिरने में कितनी कठिनाई का सामना करना पड़ता होगा। यही कुछ अरुणिमा के साथ भी हुआ।

लेकिन उस लड़की ने हिम्मत नहीं हारी। परिस्थिति का डटकर मुकाबला किया और मई 2013 में उसने हिमालय पर्वत पर चढ़कर विश्व को चकित कर दिया। बिना टांगो के हिमालय पर्वत पर चढ़ने वाली वह विश्व की पहली महिला बन गई। वर्ष 2015 में उसे भारत सरकार ने पदमश्री से सम्मानित किया। पदमश्री सम्मान चौथा सबसे बड़ा नागरिक सम्मान है। उसने न केवल अपनी क्षमता को पहचाना बल्कि अपने माँ बाप और अपने देश के नाम को भी रौशन किया।

7. ओपराह विनफ्रे

ओपराह विनफ्रे का जन्म अव्यंत विपन्नता में व्यतीत हुआ था। अल्प आयु में ही रिश्ते के एक भाई, अंकल और पड़ोसी द्वारा उसका यौन शोषण हुआ जिसके कारण वह बहुत भयभीत और सहमी सहमी रहती थी। 14 वर्ष की बाल अवस्था में उसने एक पुत्र को जन्म दिया जिसका शीघ्र ही देहांत हो गया। अपने पिता के साथ रहते रहते उसने एक रेडियो स्टेशन पर पार्ट-टाइम नौकरी करनी आरम्भ कर दी। बीते हुए बुरे दिनों की याद उसे बहुत परेशान करती थी। इस स्थिति का मुकाबला करने के लिए उसने स्वयं को रेडियो के कार्य में पूरी तरह समर्पित कर दिया। उसकी मेहनत रंग लाई और एक दिन उसे रेडियो जॉकी बना दिया गया। जॉकी के कार्य को उसने पूरी लगन से करना आरम्भ कर दिया और एक दिन वह महशूर रेडियो-जॉकी बन गई। अब उसकी पहचान रेडियो जॉकी के रूप में होने लगी।

इतना ही नहीं, उसने बाद में अपनी नई कम्पनी की स्थापना की और विश्व में उसकी पहचान बन गई। आजकल दूरदर्शन पर उसका एक कार्यक्रम "The Oprah Winfrey Show" बहुत प्रचलित हो रहा है। इस कार्यक्रम के माध्यम से उसकी एक अलग पहचान बन गई। आज उसकी गिनती विश्व की सबसे प्रभावशाली महिलाओं में की जाती है। उसे बीसवीं सदी की सबसे अमीर अफ़्रीकन-अमेरिकन महिला घोषित किया गया है।

8. स्टीव जोब्स

आपको विश्वास नहीं होगा कि स्टीव जोब्स पीक्सार एनीमेशन स्टूडियो की कम्पनी ऐपल इन्कोर्पोरेशन के सहयोगी संस्थापक थे। मगर उन्हें इस कम्पनी से इस लिए निकाल दिया गया था कि वह मैक (Mac) नामक कम्पनी के उत्पाद को सफलतापूर्वक बाज़ार में नहीं उतार पाए थे। कर्मचारी उन्हें घमण्डी बॉस के रूप में पहचानते थे। इस घटना के बाद उनका मनोबल टूट गया और वह तनाव में रहने लगे।

सह-संस्थापक होने के बावजूद उनका सपना पूरा नहीं हो सका था। विपरीत परि-स्थिति में भी उन्होंने अपना आत्म-विश्वास नहीं खोया। अपनी योग्यता पर उन्हें पूरा भरोसा था।

अपने मित्र के साथ मिलकर उन्होंने नेक्स्ट (NeXT) नामक एक नई कंप्यूटर कम्पनी की स्थापना की। उन दिनों ऐपल कम्पनी की हालत ख़स्ता चल रही थी। ऐपल ने स्टीव जोब्स की नई स्थापित कम्पनी नेक्स्ट का अधिग्रहण कर लिया और स्टीव जोब्स पुनः अपनी पुरानी कम्पनी ऐपल में पहुँच गए। अगले वर्ष जोब्स ऐपल के सी.ई.ओ. बन गए। लेकिन इस बार वह पुरानी ग़लतियाँ नहीं दौहराना चाहते थे। वर्ष 2011 में अपनी मृत्यु तक वह वर्ष प्रति वर्ष ऐपल कम्पनी को नई ऊँचाइयों पर पहुँचाते रहे। ग़लतियों के बारे में स्टीव जोब्स ने एक बहुत महत्वपूर्ण बात कही थी:

"जब आप कुछ नया करने का प्रयास करते हैं तो आपसे ग़लती हो जाना स्वभाविक है। अच्छा होगा यदि आप अपनी ग़लती को स्वीकार करें और उसे सुधारने के पश्चात् ही नया कार्य आरम्भ करें।"

उक्त उदाहरणों से स्पष्ट है कि दुनिया के बड़े से बड़े सफल व्यक्ति को सफलता सरलता से नहीं प्राप्त हुई। उन्हें भी कई प्रकार की मुसीबतों को झेलना पड़ा, तरह तरह की कठिनाइयों का सामना करना पड़ा और कई बार असफलता का मुँह देखना पड़ा। परंतु ये लोग न तो मुसीबतों से डरे और न कठिनाइयों से घबराए। असफल होने के बाद अगर ये लोग कार्य करना ही छोड़ देते तो उन्हें सफलता कभी प्राप्त नहीं हो सकती थी। एक बार असफल होने के बाद वे पुनः नए जोश के साथ काम में जुट गए।

रोबर्ट द ब्रूस स्काटलैंड का राजा था। उसने इंग्लैंड के राजा के विरुद्ध छह बार युद्ध लड़ा और हर बार युद्ध हार गया। उसे इंग्लैंड के राजा पर विजय प्राप्त करने के कोई आसार नज़र नहीं आ रहे थे। वह पूरी तरह निराश हो चुका था और वापिस लौट जाना चाहता था। निराशा में उसे कुछ सूझ नहीं रहा था। परंतु वापिस लौट जाने से पूर्व वह एक और प्रयास कर लेना चाहता था। उसने इंग्लैंड के राजा पर सातवीं बार पूरे ज़ोर शोर से आक्रमण कर दिया और अपनी पूरी शक्ति उसमें झोंक दी। फलस्वरूप वह युद्ध जीत गया। यह जीत उसके आत्म-विश्वास की जीत थी। बार बार असफल होने के बाद भी उसने हार नहीं मानी और अंत में अपने लक्ष्य को प्राप्त कर ही लिया।

सोचो यदि वह बार बार असफल होने के पश्चात् अपनी हार मान लेता और पुनः प्रयास नहीं करता तो क्या होता? स्पष्ट है विश्व के मानचित्र पर आज स्काटलैंड एक स्वतंत्र राष्ट्र नहीं होता।

हम सब तो बस एक विलासिता भरी ज़िंदगी जीना चाहते हैं जिसमें न कोई मुसीबत हो, न कोई कठिनाई हो और न कोई भाग-दौड़ हो। असफलता का तो हम सामना ही नहीं करना चाहते। लेकिन यह सब इतना सरल नहीं होता। जीवन में कठिनाइयाँ आती रहेंगी, मुसीबतें भी आएँगी और हमें असफलता का सामना भी करना पड़ेगा। यदि हमने हिम्मत हार दी, अपना आत्म-विश्वास खो दिया और लक्ष्य प्राप्त करने के लिए बार बार प्रयास करना छोड़ दिया तो सच मानो हम जीवन में कुछ प्राप्त नहीं कर पाएँगे। जिन लोगों ने सफलता प्राप्त कर ली है उनको इसे प्राप्त करने के लिए बड़े बड़े त्याग करने पड़े होंगे। मुसीबतें सहनी पड़ी होंगी और असफल भी हुए होंगे। हमें इन सबके लिए तैयार रहना चाहिए। अपनी योग्यता और हिम्मत के बल पर आगे बढ़ते रहना चाहिए।

भूतपूर्व राष्ट्रपति श्री अब्दुल कमाल ने ग़लतियों के बारे में कहा था:

"हमारी अंतिम ग़लती हमारा सबसे बड़ा अध्यापक होती है।"

13

मानवीय गुणों का महत्व

अच्छे और घनिष्ठ संबंध बनाएँ

अँग्रेज़ी के एक कवि और चर्च के फ़ादर जॉन डोने का मानना है कि, "कोई व्यक्ति स्वयं में पूर्ण नहीं होता"। उनके इस दार्शनिक सिद्धांत के अनुसार विश्व की समस्त मानव जाति आपस में एक दूसरे से जुड़ी हुई है। यदि कहीं वीराने में किसी मानव का देहांत हो जाता है तो सबको इसका अहसास होने लगता है। यह अति गम्भीर दर्शनशास्त्र की बात है और आम आदमी की समझ के बाहर का विषय है। इसे समझना अति कठिन है। परंतु यदि हम इस दर्शनशास्त्र की बात को आपसी संबंधों से जोड़कर देखें तो इस कथन में कुछ सच्चाई प्रतीत होगी। अकेला व्यक्ति स्वयं में कुछ नहीं होता। यदि हमारा कोई जानने वाला न हो, हमें कोई पहचानने वाला न हो, हम से कोई बातें करने वाला न हो, हमारा सुख-दुःख बाँटने वाला कोई न हो तो हमारा होना या न होना कोई महत्व नहीं रखता। संसार है तो हम हैं, लोग हैं तो हम हैं, लोगों के साथ हमारे संबंध हैं तो हम हैं। लोगों से ही हमारी पहचान होती है और लोगों के साथ हमारे संबंधों से ही हमें महत्व प्राप्त होता है।

अपने परिवार के सदस्यों, अपने मित्रों, सगे संबंधियों, अपने पड़ोसियों, अपने डॉक्टर, अपने चाहने वालों से ही हमें अपने होने या अपने व्यक्तित्व का ज्ञान होता है। इन संबंधों को अनुभव करना ही हमारे मानवीय गुणों का परिचायक है।

नई नई टेक्नोलॉजी के आ जाने के कारण हम सबने स्वयं को एक दरवाज़े में बंद कर लिया है। हम लोगों के साथ बैठे तो होते हैं लेकिन अपनी ही दुनिया में खोए रहते हैं। आस पास बैठे लोगों और हमारे बीच कोई सम्पर्क नहीं होता। आजकल तो मनोरंजन के साधन भी मानव रहित हो गए हैं। मनोरंजन करते समय हमें किसी मित्र अथवा संगी साथी की आवश्यकता महसूस नहीं होती। स्थिति इतनी गम्भीर हो गई है कि किसी मानव की उपस्थिति हमें बोझ लगती है। हमारा संसार तो नई टेक्नोलॉजी द्वारा निर्मित काल्पनिक लोक में बसने लगा है। वह काल्पनिक लोक जो आधुनिक विद्युतीय (इलेक्ट्रोनिक) उकरणों के माध्यम से बनाया गया है। हम जीवित मनुष्यों से बात चीत न करके उपकरणों के काल्पनिक जगत में खोए रहते हैं।

जीवन में निजता या प्राइवेसी का अपना महत्व होता है परंतु इसका यह अर्थ नहीं कि हम लोगों से सम्पर्क करना बंद कर दें। हम मानव हैं और मानवीय प्रकृति के अनुसार लोगों के सम्पर्क में रहना, उनसे बात करना, अपने सुख-दुःख बांटना, स्नेह व्यक्त करना और स्नेह बांटना मानवता के मूल तत्व हैं। इसके बिना जीवन दूभर हो जाता है। अपने नए इलेक्ट्रोनिक संसार में भी तो हम कई प्रकार के लोगों से घिरे रहते हैं। इस इलेक्ट्रोनिक संसार में भी लोग अपने अनाप शनाप विचार भेजते या शेयर करते रहते हैं, अपनी उपलब्धियों का बखान करते रहते हैं ताकि उन्हें सोशल मीडिया पर कुछ "लाइक" मिल सकें। इससे प्रमाणित होता है कि इलेक्ट्रोनिक संसार या सोशल मीडिया में भी हम लोगों से सम्पर्क बनाना चाहते हैं भले ही वह सम्पर्क काल्पनिक ही क्यों न हो। यह दुःख का विषय है कि हम वास्तविक लोगों से सम्पर्क बनाने के बजाए काल्पनिक लोगों से सम्पर्क बनाना अधिक पसंद करने लगे हैं।

यदि हम इस काल्पनिक लोक में व्यस्त रहें तो कुछ समय के पश्चात् बिल्कुल अकेले पड़ जाएँगे। सोशल मीडिया वास्तविक संबंधों का मुकाबला नहीं कर सकता। वास्तविक जीवन में लोगों के साथ अच्छा संबंध बनाने से हमें वास्तविक और उचित सहयोग प्राप्त होता है। लोगों के साथ अच्छे संबंध बनाकर रखने से न केवल मानसिक सुख प्राप्त होता है बल्कि उनके सहयोग से हमें कई प्रकार के लाभ प्राप्त होते हैं। हम ख़ुश रहते हैं, मानसिक तनाव नहीं रहता, हम स्वस्थ रहते हैं और उनके द्वारा हमारे नए नए लोगों से सम्पर्क बनते रहते हैं।

कभी कभी हम अपने कार्यालय में, अपने व्यवसाय में और दूसरी ज़िम्मेदारियों में इतने व्यस्त हो जाते हैं कि हम ख़ुश रहना ही भूल जाते हैं। मित्रों को मिलने, उनसे गप शप करने और सुख दुःख साझा करने से जिस आनंद की प्राप्ति होती है उसका कोई मूल्य नहीं होता। जीवन में ख़ुश रह पाना बहुत कठिन होता है। सामाजिक व्यवस्था को मानते हुए यह और भी कठिन हो जाता है। सामाजिक व्यवस्था में रहते हुए अगर हम केवल अपने बारे में ही सोचें, केवल अपने लाभ की बात करें तो हम स्वयं को दोषी मानने लगते हैं। अपने हित के बारे में सोचना ग़लत नहीं है। यह एक स्वभाविक प्रक्रिया है। हर व्यक्ति अपने हित की बात सोचता है। अतः हमें भी स्वयं को दोषी नहीं मानना चाहिए। अगर हमें मित्रों के साथ उठ बैठ कर ख़ुशी मिलती है तो यह हमारा सौभाग्य है। सामाजिक लोगों और मित्रों से ख़ुशी हमें वास्तविक संबंधों के माध्यम से ही प्राप्त हो सकती है सोशल मीडिया के काल्पनिक संसार से नहीं।

समाज में रहते हुए यदि हम लोगों से अच्छे सम्पर्क नहीं बना पाते तो इसका हमारे स्वास्थ्य पर हमारी मानसिक दशा पर बुरा प्रभाव पड़ता है। अतः यह आवश्यक है कि हम लोगों के साथ अच्छे संबंध बनाएँ। क्योंकि जब हमें लगता है कि हम किसी मुसीबत में पड़ने वाले हैं और इस मुसीबत से बचने का कोई उपाए नहीं है तो सोशल मीडिया के काल्पनिक मित्र हमारी कोई सहायता नहीं कर पाएँगे। कठिनाई के समय केवल हमारे वास्तविक जगत के मित्र, पड़ोसी और जानकार ही न केवल हमारी सहायता करते हैं बल्कि हमें कठिनाइयों से बचाने के लिए अपने धन, समय और शक्ति का प्रयोग भी करते हैं। इतना ही नहीं वे लोग हमारा मनोबल भी ऊँचा करते हैं, हमारी हिम्मत को बढ़ावा देते हैं और कठिनाई से लड़ने की शक्ति प्रदान करते हैं। इस बात को ध्यान में रखते हुए हमें अच्छे लोगों से घनिष्ठ संबंध बनाने चाहिए। ऐसे संबंध जो दीर्घकाल तक हमारे जीवन की मूल्यवान धरोहर बन सकें।

अच्छे संबंध तभी बनते हैं जब एक दूसरे को अच्छी तरह पहचानते हों और सहानुभूति रखते हों। एक दूसरे को भली भांति जाने बिना जो संबंध बनते हैं उनमें प्रायः दरार आ जाती है। जब आपसी संबंध गहरे हो जाएँ तो हम निश्चिन्त होकर मन की बात कर सकते हैं। अच्छे और गहरे संबंधियों के साथ मिलजुल कर रहने से, उनसे बात चीत करने से एक प्रकार का संतोष प्राप्त होता है। संतुष्ट मन से हम अपने कार्य अधिक सफलतापूर्वक कर सकते हैं।

यदि किसी संबंध में खटास आ भी जाए तो वह संबंध टूटना नहीं चाहिए। जिस प्रकार गंदा पानी प्यास तो नहीं बुझा सकता परंतु वह आग को बुझाने के काम तो आ

ही सकता है। इसी प्रकार रूठे रिश्ते भी मुसीबत के समय काम आ सकते हैं। कभी कभी तो पुराने और भूले बिसरे रिश्तेदार ही संकट की घड़ी में काम आते हैं।

संकट में मित्रों का सहारा

उदित और मुदित नामक दो मित्र एक ही स्कूल में एक ही कक्षा में पढ़ते थे। मुदित एक मेधावी छात्र था जबकि उदित पढ़ाई में औसत ही रहता था। पढ़ाई के अतिरिक्त मुदित खेलों में भी बढ़-चढ़ कर भाग लेता था। पढ़ाई में होनहार होने के साथ साथ खेलों में भी रुचि रखने वाला मुदित अध्यापकों की आँख का तारा था। जब अन्य छात्रों को पढ़ाई में कठिनाई होती थी सभी छात्र भागकर मुदित के पास सहायता और मार्गदर्शन के लिए जाते थे। मुदित पढ़ाई में जितना होशियार था उतना ही तुनकमिजाज़ और चिड़चिड़े स्वभाव का भी था। उसकी मर्जी होती तो दूसरे छात्रों की सहायता करता और मर्जी न होती तो नहीं करता। जिस छात्र की वह सहायता करता उससे बदले में कुछ पाना चाहता था। मुदित के मन में यह डर भी था कि अगर उसने दूसरे छात्रों की सहायता की तो वे छात्र पढ़ाई में उससे आगे निकल जाएँगे और उसका कक्षा में प्रथम स्थान प्राप्त करने का अवसर समाप्त हो जाएगा। मेधावी छात्र होने से उसमें कुछ अहम का भाव आ गया था। वह स्वयं को दूसरे छात्रों से श्रेष्ठ समझता था। दूसरे छात्रों को हीन समझने के कारण वह उनसे मेल मिलाप भी कम रखना चाहता था। उसकी कक्षा में पढ़ने वाले कुछ छात्र शर्मीले स्वभाव के थे। मुदित को इन छात्रों के नाम तक नहीं पता थे।

दूसरी तरफ़ उदित मेधावी छात्र तो नहीं था लेकिन कक्षा के सभी छात्र उसको बहुत चाहते थे। उदित सबके साथ मिलजुल कर रहता, खेलता और पढ़ाई करता था। पढ़ाई में होशियार न होने के बावजूद आवश्यकता पड़ने पर वह सभी साथियों की अपनी क्षमता के अनुसार मन से सहायता करने का प्रयास करता था। यदि कोई छात्र कारणवश किसी दिन स्कूल नहीं आ पाता तो उदित उस छात्र को उस दिन की पढ़ाई के नोट्स दे देता था। यदि कोई छात्र कभी लंच नहीं ला पाता तो उदित उसे अपने साथ भोजन करवाता था। वह अपने साथियों की प्रशंसा भी करता और उनसे सहायता प्राप्त होने पर उनका धन्यवाद भी करता। मित्रों के सामने उसकी छवि एक दयालु, समझदार और मुसीबत में काम आने वाले सहपाठी के रूप थी। उदित को अपने सभी मित्रों की जन्म तिथि ज़ुबानी याद थी। अपने मित्रों को जन्मदिन की बधाई

देना वह कभी नहीं भूलता था। उसने इस कार्य के लिए एक डायरी भी बना रखी थी। जिसमें वह सभी मित्रों से संबंधित आवश्यक जानकारी नोट करता रहता था। उसके मित्र भी उसके साथ रहना पसंद करते थे और समय समय पर उसके अच्छे स्वभाव का गुणगान भी करते रहते थे।

समय बदला और समय के साथ साथ मुदित और उदित दोनों मित्र भी देखते देखते व्यस्क हो गए, नौकरी करने लगे, शादी करके अपना अपना घर बसा लिया। मेधावी छात्र होने के कारण मुदित का दिमाग़ बहुत तेज़ था। फलस्वरूप उसे एक बड़ी कम्पनी में बहुत अच्छी नौकरी मिल गई। उदित को जो नौकरी मिली वह ज़्यादा अच्छी नहीं थी फिर भी उदित को मुदित से कोई ईर्षा नहीं हुई।

अच्छी कम्पनी में ऊँचा पद प्राप्त होने के पश्चात् मुदित अपने कार्य में पूरी तरह से व्यस्त हो गया। वह जीवन में अधिक से अधिक उन्नति करना चाहता था। शीघ्र उन्नति करने के चक्कर में वह चौबीस घंटे काम में जुटा रहता। वह जीवन में इतना व्यस्त हो गया कि उठना, बैठना, खाना पीना, हँसना खेलना, सगे संबंधी, दोस्त यार यहाँ तक की घर वालों को भी भूल गया। न वह घर के प्रति कोई ज़िम्मेदारी समझता न मित्रों के प्रति। उसका तो एक ही उद्देश्य था काम, काम और काम। इस व्यस्त जीवन में अगर कोई उसका मित्र था तो वह था उदित। वह भी इसलिए कि उदित स्वयं मुदित से सम्पर्क बनाए हुए था। इस सम्पर्क के बने रहने में मुदित का कोई हाथ नहीं था। मुदित ही क्या उदित ने अपने स्कूल के सभी मित्रों के साथ संबंध बनाए हुए थे। धीरे धीरे स्कूल के दूसरे मित्र भी नौकरियाँ करने लगे और अपने अपने जीवन में व्यस्त होते गए। कुछ मित्रों ने तो काफ़ी तरक्की भी कर ली थी। मुदित को अपने स्कूल के मित्रों के बारे में कोई ज्ञान नहीं था परंतु उदित के पास सभी मित्रों की पूरी जानकारी थी। वह जानता था कि उसका कौन सा मित्र किस कम्पनी में कार्य करता है और किस पद पर कार्य करता है। वह कहाँ रहता है और उसका क्या हाल है। उसने सभी मित्रों से सम्पर्क बना रखा था और सभी मित्र भी उसके सम्पर्क में थे।

मुदित ने मित्रों से या संबंधियों से सम्पर्क बनाने का कभी प्रयास ही नहीं किया। वह स्वयं अपने कार्य में ही व्यस्त रखता था। धीरे धीरे सभी मित्रों व संबंधियों से उसका सम्पर्क टूटता गया। अब वह नितांत अकेला पड़ गया था। व्यस्तता के कारण उसके पास अपने शौक पूरा करने का समय भी नहीं था।

परिणाम स्वरूप उसके दिमाग़ में तनाव रहने लगा। कुंठाग्रस्त होना उसके स्वभाव का अंग बन गया। कोई मित्र न होने के कारण वह अपना दुःख किसी को बता भी नहीं पाता था। उसकी मानसिक स्थिति इतनी भयानक हो गई थी कि वह मन की बात अपनी पत्नी से भी नहीं कर पाता था। अपनी कठिनाईयों को किसी के सम्मुख व्यक्त नहीं कर पाता था। चौबीस घंटे चिंताओं में घिरे रहने से उसका स्वास्थ्य दिन प्रति दिन बिगड़ता जा रहा था। स्वास्थ्य बिगड़ने के कारण वह अपने कार्य पर पूरा ध्यान नहीं दे पा रहा था। उसके आत्म-विश्वास व कार्य क्षमता का ह्रास होने लगा। कार्य में मस्तिष्क को केन्द्रित करना उसके लिए कठिन हो गया। फलस्वरूप वह कार्य में त्रुटियाँ करने लगा। त्रुटियों के लिए उसे कई बार अपने बॉस की प्रताड़ना भी झेलनी पड़ी।

मानसिक तनाव के बोझ से दबा मुदित एक बार कम्पनी के एक करीबी ग्राहक से उलझ पड़ा। उसकी इस नाजाइज़ हरकत के लिए कम्पनी के चेय-रमैन ने सबके सामने उसका बहुत अपमान किया। इस सार्वजनिक अपमान के कारण उसकी मानसिक दशा और भी बिगड़ गई। वह कठिनाईयों के भंवर में फंस गया था। उसकी पत्नी, उसके पिता, उसकी पुत्री सभी उसके लिए चिंता करने लगे। उन्हें मुदित से बात करने में डर लगता था। मुदित भी उन लोगों से अपनी कठिनाइयों के बारे में कोई बात नहीं करना चाहता था। वह समझता था उसके सामने कोई कठिनाई है ही नहीं, तो फिर उस बारे में बात क्या करनी। लेकिन उसके पिता उसके मन की बात को भली भांति समझ रहे थे। उन्हें अपने बेटे की चिंता सताने लगी। एक दिन उन्होंने मुदित से पूछ ही लिया कि उसकी समस्या क्या है। मुदित अपने पिता की आँखों का सामना नहीं कर सका। नज़रें चुराते हुए उसने कह दिया कि, कोई समस्या नहीं है। पिता ने पूछा, "यदि कोई समस्या नहीं है तो तुम हर दम उखड़े-उखड़े क्यों रहते हो? तुम्हारा चेहरा देखकर लगता है तुम परेशान रहते हो। कोई न कोई चिंता का विषय तो अवश्य है।" पिता की बात सुनकर मुदित परेशान हो गया और गुस्से में कहा, "मैं ठीक हूँ और मुझे कोई परेशानी नहीं है। आप व्यर्थ मुझे परेशान कर रहे हो। इतना कह कर मुदित वहाँ से चला गया।"

मुदित के हाव भाव-तथा उसकी बातों पर उसके पिता को विश्वास नहीं हुआ। एक दिन जब मुदित छुट्टी पर था उसके पिता ने बिना उसको बताए उसके कार्यालय जाने का फ़ैसला कर लिया। वह सच्चाई जानना चाहते थे। उसके कार्यालय पहुँचने पर रिसेप्शनिस्ट ने बिना पूर्व स्वीकृति के पिता को कम्पनी के चेयरमैन से मिलने की अनुमति नहीं दी। वह वहाँ बैठ कर घंटों

इंतज़ार करते रहे परंतु रिसेप्शनिस्ट ने उनकी एक नहीं सुनी। रिसेप्शनिस्ट अपने स्वभाव के अनुसार कार्यालय में आने वाले हर कर्मचारी का स्वागत हँस कर करती थी और प्रत्येक कर्मचारी उसका जवाब हँस कर देता था। परंतु मुदित ऐसा अधिकारी था जो उसके स्वागत का कभी उत्तर नहीं देता था बल्कि उसकी अनदेखी कर देता था। एक दिन ग़लत टेलीफ़ोन कॉल को मुदित के फ़ोन पर ट्रांसफर करने की उससे ग़लती हो गई थी। उस दिन मुदित ने भरी सभा में उसको खरी खोटी सुनाई थी। उसके इस व्यवहार से रिसेप्शनिस्ट जली भुनी बैठी थी। इस कारण भी वह मुदित के पिता की सहायता नहीं कर रही थी।

कार्यालय का समय समाप्त हो गया। मुदित के पिता भारी मन से कार्यालय से बाहर निकल आए। उन्हें इस बात का बुरा लग रहा था कि कई वर्षों की नौकरी के बाद भी उनके बेटे मुदित का उसके कार्यालय में कोई सम्मान नहीं था। घंटों इंतज़ार करने के बाद भी उन्हें ख़ाली हाथ लौटना पड़ रहा था। इसी सोच में डूबे उनका सिर चकराने लगा और वह कार्यालय के बाहर बेहोश होकर गिर पड़े। उन्हें गिरता देख उनके आस पास लोग इकट्ठा होने लगे। भाग्यवश उसी समय उदित भी वहाँ पहुँच गया। उदित उन्हें पहचानता था। वह तुरंत मुदित के पिता को डॉक्टर के पास ले गया और डॉक्टर ने बताया कि उन्हें हृदय घात होते होते बचा है।

उदित को जब इस घटना का पता लगा तो उसने तुरंत कम्पनी के चेयरमैन को मिलने का फ़ैसला कर लिया। चेयरमैन के प्राइवेट सेक्रेट्री ने जब उसे चेयरमैन के बारे में बताया तो उदित हैरान रह गया। चेयरमैन कभी उसके साथ उसके स्कूल में उसकी ही कक्षा में पढता था। स्कूल के दिनों में चेयरमैन बहुत शर्मीले स्वभाव का छात्र था और मुदित ऐसे छात्रों को पसंद नहीं करता था। उसके चेयरमैन बनने के बाद भी मुदित उसको नहीं पहचान पाया था। हालाँकि चेयरमैन स्कूल के मेधावी छात्र मुदित को पहचानता था लेकिन जब मुदित ने उसे नहीं पहचाना तो उसने भी मुदित को अपनी पहचान नहीं बताई। अब उदित चेयरमैन को मिलने आया था। उदित ने स्वागत कक्ष में जाकर नम्रतापूर्वक अपना नाम बताया और निवेदन किया कि चेयरमैन को सूचित कर दो कि उसका एक पुराना मित्र उससे मिलना चाहता है। आगन्तुक का नाम सुनकर चेयरमैन ने उसे तुरंत अपने कक्ष में बुला लिया। स्कूल के दिनों में उदित ही उसका ऐसा मित्र था जो उसके शर्मीलेपन को दूर करने का प्रयास करता था। चेयरमैन को वो दिन अभी भी याद थे।

कुछ इधर उधर की बातों के बाद उदित ने चेयरमैन से मुदित की समस्या को जानने की इच्छा व्यक्त की। उदित ने चेयरमैन को बताया कि मुदित एक तीव्र बुद्धि का व्यक्ति है और कई वर्षों से घर बार को भुलाकर कम्पनी की दिलो जान से सेवा कर रहा है। उसने चेयरमैन से अनुरोध किया कि मुसीबत की घड़ी में कम्पनी को भी उसकी सहायता करनी चाहिए। चेयरमैन उदित का बहुत सम्मान करता था। उसने उदित की बात मानकर मुदित के कार्यभार को कम करने का वचन दे दिया।

चेयरमैन के व्यवहार में सकारात्मक परिवर्तन देखकर मुदित को बड़ा आश्चर्य हुआ। इससे अधिक आश्चर्य उसे तब हुआ जब उसे पता लगा कि उसके पीछे उदित का हाथ है। उदित ने ही उसके चेयरमैन से उसकी समस्या का समाधान करने की बात की थी। यह जानकर उसका मन उदित के प्रति नम-स्तक हो गया। उदित ने यह कार्य बिना किसी निजी स्वार्थ के किया था। अब उसे समझ आ गया था कि जीवन में घनिष्ठ संबंध का बहुत महत्व होता है।

जीवन में अच्छे और घनिष्ठ संबंधों का होना अत्यंत आवश्यक होता है। इनके बिना जीवन में ख़ुशहाली नहीं आती। मुसीबत के वक्त यही संबंध हमारे काम आते हैं। शर्त यह है कि संबंध बनाने में कोई निजी स्वार्थ नहीं होना चाहिए। रिश्तों का संबंध आपसी विश्वास, मित्रता, भाईचारे, सम्मान और एक दूसरे के प्रति आदर भाव पर निर्भर करता है। यदि संबंध मधुर हों, घनिष्ठ हों और प्यार पर टिके हों तो ये संबंध संकटमोचन का कार्य करते हैं। निजी स्वार्थ के लिए बनाए गए संबंध कभी सफल नहीं होते।

पहल करना सीखें

अच्छे संबंध स्थापित करना अत्यंत आवश्यक होता है। बुरे समय में हमारे अपने ही काम आते हैं। यदि लोगों के साथ अच्छे संबंध हैं तो वे संकट की घड़ी में हमारा साथ अवश्य देंगे। अच्छे दोस्तों के सहारे ज़िंदगी चैन से कट जाती है। हमें विश्वास है कि आवश्यकता पड़ने पर मित्र हमारी सहायता करेंगे। लेकिन मित्र खोजने से नहीं मिलते, मित्रता तो बस हो ही जाती है। मित्रता करने के लिए किसी बहुत बड़ी कार्य योजना की आवश्यकता नहीं होती। परंतु पहल तो हमें ही करनी पड़ेगी। यदि हम किसी को मित्र बनाना चाहते हैं तो हमें कुछ समय उसके साथ बिताना होगा, उसे समझने का प्रयास करना होगा। इसी प्रकार उसको भी हमें समझने का अवसर देना होगा। यदि दोनों के विचार मिलते हैं तो कुछ दिनों की मेल मुलाकातों के बाद मित्रता गहरी हो जाती है।

गहरी मित्रता बनने में थोड़ा समय अवश्य लग सकता है लेकिन गहरी मित्रता होती बहुत महत्वपूर्ण है।

यदि दो व्यक्ति बार बार एक दूसरे से मिलते रहते हैं तो कुछ मुलाक़ातों के बाद वह मित्र भी बन सकते हैं। परंतु यह आवश्यक नहीं और न ही ऐसा कोई नियम है। कुछ लोग लम्बी लम्बी मुलाक़ातों के बाद भी दोस्त नहीं बन पाते। हो सकता है उनके विचार न मिलते हों, हो सकता है उनमें से किसी एक की बात चीत का तरीक़ा ग़लत हो। कुछ भी कारण हो सकता है। हमें इस बात का ध्यान रखना है कि मुलाकातों के समय हमारी भाषा शिष्ट हो, सम्मानजनक हो और ऐसी शब्दावली का प्रयोग न हो जिससे भविष्य में भी मित्रता करने के अवसर समाप्त हो जाएँ।

संबंध बनाने और उन्हें जारी रखने के लिए सबसे आवश्यक होता है आपसी सम्मान। व्यक्ति की बोलचाल से, मित्रों के साथ उसके व्यवहार से और समाज में उठने बैठने के तरीक़े से उसके व्यक्तिव के बारे में बहुत कुछ ज्ञात हो जाता है। जब हम दूसरों के व्यवहार का ज्ञान प्राप्त करना चाहते हैं तो हमें अपने व्यवहार के बारे में भी विचार करना चाहिए। अपने अभिभावकों के पास बैठकर उनके मन की बात को सुनना या उन्हें अपने मन की बात कहने का शायद हमारे पास समय ही नहीं होता। मित्रों का हाल जानने के लिए उनको फ़ोन करने का समय हमारे पास नहीं होता। यदि हम संबंध बनाने के लिए पहल नहीं करेंगे तो निश्चित रूप से हमारे संबंध कभी दृढ़ नहीं हो सकते। हमें अपने व्यवहार को सुधारने की आवश्यकता है। यदि ऐसा नहीं किया तो हम धीरे धीरे अपने रिश्तेदारों से, अपने संबंधियों से और अपने मित्रों से दूर होते जाएँगे।

बोलने का अंदाज़

हम क्या कहते हैं यह इतना महत्वपूर्ण नहीं जितना महत्वपूर्ण यह है कि हम कहते किस अंदाज़ में हैं? हमारी भाषा हमारे व्यक्तित्व का दर्पण होती है। हम जो कहते हैं उसका अपना प्रभाव होता है जो सकारात्मक भी हो सकता है और नकारात्मक भी हो सकता है। कठोर और रूखे शब्दों से कटुता बड़ती है और वातावरण नकारात्मक हो जाता है। हमारे शब्द बहुत प्रभावशाली होते है। हमें शायद पता भी नहीं लेकिन कभी कभी शब्दों का प्रभाव लोगों को सदियों तक सताता रहता है।

प्रसिद्ध लेखक येहुड़ा बर्ग ने ठीक ही कहा है:

"शब्दों का प्रभाव इतना शक्तिशाली होता है कि शब्द चोट पहुँचा सकते हैं, घाव दे सकते हैं, हानि पहुँचा सकते हैं, निंदा कर सकते हैं और

घावों को ठीक भी कर सकते हैं, मन को शांति पहुँचा सकते हैं और हमें विनम्र बना सकते हैं।"

यह शब्दों का प्रयोग ही है जिससे हम अपने बचपन के मित्र को भी शत्रु बना लेते हैं। शारीरिक चोट तो समय के साथ ठीक हो जाती है, लेकिन शब्दों के बाण से जो चोट लगती है उसको ठीक होने में सदियों का समय भी कम पड़ जाता है। कड़वे और चुभने वाले शब्द हमारे पुराने से पुराने तथा गहरे से गहरे संबंधों को चुटकी में समाप्त कर सकते हैं।

क्या आप उस व्यक्ति को मित्र बनाना चाहोगे जो सदैव नकारात्मक शब्द बोलता है, बिना सोचे लोगों का अपमान करता रहता है, सदैव कटु और कर्कश शब्दों का प्रयोग करता है और सदैव लोगों को ताने देता रहता है? या फिर उस व्यक्ति को मित्र बनाना चाहोगे जिसकी जीभ पर हमेशा मीठे शब्द रहते हैं, जो दूसरों का सम्मान करता है, बड़ो के प्रति आदरसूचक शब्द बोलता है और जो आलोचना भी सभ्य और शालीन शब्दों में करता है? सोचने की आवश्यकता नहीं सभी लोग मीठा बोलने वाले व्यक्ति को ही अपना मित्र बनाना चाहेंगे।

विनम्र होने या आदर भाव रखने का यह अर्थ कदापि नहीं कि हम लोगों की अनाप शनाप बातों को सुनते रहें। जो लोग कहें हम उनकी हाँ में हाँ मिलाते रहें। अपने अधिनस्थ कर्मचारियों से अधिकारपूर्वक बात करने का हमारा अधिकार है। इसका यह अर्थ भी नहीं कि हम अपने बच्चों को अनुशासन में नहीं रख सकते। यह सब कार्य हम संतुलित भाषा, नियमित अंदाज़ और सम्मानपूर्ण शब्दों में भी कर सकते हैं। दो युवकों की किसी कम्पनी में नई नई नौकरी लगी है। आओ देखें उनके वरिष्ठ अधिकारी उनकी ग़लती पर उनसे कैसा वार्तालाप करते हैं:

पहला अधिकारी : "इस प्रकार तो तुम्हारी नौकरी नहीं बच सकती। तुम्हें कोई काम करना नहीं आता। मुझे तुम्हारे काम की नियमित रूप से जाँच करनी पड़ेगी। आगे से हर सप्ताह मेरे पास आकर मुझे अपने काम की जानकारी देते रहना। मैं उसकी जाँच करूँगा।"

दूसरा अधिकारी : "मुझे मालूम है कि तुम नए कर्मचारी हो। यदि तुम्हें कोई कार्य करने में कठिनाई आए तो मुझे उसकी सूचना तुरंत दे देना। ध्यान रहे कोई काम छूटने न पाए। अगले सप्ताह से हम मिल जुल कर कार्य की जाँच कर लेंगे। हम हर सप्ताह मिलने का समय निर्धारित कर लेते हैं।"

पहला अधिकारी : रुखा तो है परंतु कठोर नहीं है। उसकी बातों से लगता है उसे अपने कर्मचारी पर भरोसा नहीं है। कर्मचारी तो नया है और उसे मार्गदर्शन की आवश्यकता भी है। लेकिन वरिष्ठ अधिकारी का बात करने का अंदाज़ सकारात्मक नहीं है। कर्मचारी को लगेगा मानो उसका अधिकारी उसके विरुद्ध है।

दूसरा अधिकारी : दूसरे अधिकारी की बात सीधी और स्पष्ट है। उसकी बातों में कर्मचारी से अच्छा कार्य कर पाने की आशा है। अप्रत्यक्ष रूप से वह कर्मचारी के कार्य पर भरोसा भी दिखा रहा है। यह आलोचना सकारात्मक है। इससे कर्मचारी के मन में विश्वास पैदा होता है कि आवश्यकता पड़ने पर अधिकारी उसकी सहायता करेगा।

उक्त वार्तालाप से स्पष्ट हो जाता है कि हमें अपमानजनक शब्दों के प्रयोग से बचना चाहिए। इनका प्रभाव लम्बी अवधि तक रहता है। बिना सोचे बोले गए शब्द प्राय: अधिक हानि पहुँचाते हैं।

जहाँ बिना सोचे गए शब्द बवाल पैदा कर सकते हैं उसी प्रकार सोच समझ कर बोले गए शब्द बवाल को ठन्डा कर देते हैं। हमारे सामने प्रतिदिन ऐसी घटनाएँ होती रहती हैं। एक ओर अपशब्द के प्रयोग से बड़े बड़े झगड़े हो जाते हैं और दूसरी ओर मधुर वाणी के प्रभाव से बड़े बड़े झगड़े समाप्त हो जाते हैं। वे लोग प्रशन्सनीय है जो दूसरों की भावनाओं को चोट पहुँचाए बिना, दूसरों से शत्रुता मोल लिए बिना अपनी बात को स्पष्ट शब्दों में व्यक्त करने की क्षमता रखते हैं। कभी कभी हम दूसरों की राय का समर्थन नहीं करना चाहते लेकिन लोक लाज से इंकार भी नहीं कर सकते। ऐसी स्थिति का सामना करना बड़ा कठिन होता है। लेकिन कुछ लोग "ना" कहने की कला में पारंगत होते हैं। वह इंकार भी कर देते हैं और संबंधों में खटास भी पैदा नहीं होती। इंकार करने की क्षमता इस बात पर निर्भर करती है कि हमारी बात में दम कितना है और कितने प्रभावशाली ढंग से हम अपनी बात कह पाते हैं। यदि हमारी बात तर्कसन्गत है, हमारे इंकार करने का कारण उद्देश्यपूर्ण हैं और सब की भलाई में है तो हमारे इंकार का प्रतिकार नहीं होगा। क्योंकि हम जो कुछ कहना चाहते हैं वह उस भाषा और उन शब्दों के माध्यम से कहते हैं जिससे लोग हमारे इंकार को अपनी भलाई समझते हैं। हमारा इंकार किसी व्यक्ति विशेष के विरुद्ध नहीं बल्कि कुछ सुझावों अथवा सिद्धान्तों के विरुद्ध होता है।

यदि किसी व्यक्ति के सुझाव को हम स्वीकार नहीं करना चाहते तो इसका यह तात्पर्य नहीं कि हम उस व्यक्ति से मित्रता अथवा कोई संबंध नहीं रखना चाहते। हम तो मात्र उसके सुझाव को अस्वीकार करते हैं न कि उसकी मित्रता को। यदि हमारी बात तर्कसन्गत और सबकी भलाई में है तो वह व्यक्ति हमारे इंकार को समझकर अपने

मन में कोई द्वेष भाव नहीं रखेगा। हो सकता है थोड़े समय के लिए वह हमसे नाराज़ हो जाए पर अंत में वह भी हम से सहमत हो जाएगा। इस प्रसंग में अब्राहम लिंकन ने एक प्रश्न पूछा है:

"जब मैं अधिक से अधिक लोगों को अपना मित्र बना लेता हूँ तो क्या मैं अपने शत्रुओं की गिनती कम नहीं करता?"

पहले तोल फिर बोल कहावत का हमारे जीवन में विशेष महत्व है। वार्तालाप के दौरान उचित शब्दों और संतुलित भाषा के प्रयोग से विपरीत परिस्थितियों को भी अपने पक्ष में किया जा सकता है। जब हम शब्दों की शक्ति और उनके प्रभाव को समझ लेंगे, पहले तोल और फिर बोल का महत्व समझ जाएँगे तो हम अपने जीवन में महत्वपूर्ण परिवर्तन ला सकते हैं।

मुसीबत के साथियों को मत भूलो

याद करो हमें किन किन मुसीबतों का सामना नहीं करना पड़ा था। याद करो उन लोगों को जिन्होंने मुसीबत की घड़ी में हमारा साथ दिया था, हमारे साथ कंधे से कंधा मिलाकर खड़े रहे थे। यदि हम उन सभी लोगों के नामों को याद करने का प्रयास करें तो हमें मात्र कुछ ही लोगों के नाम याद होंगे। छोटी छोटी मुसीबतों में हमारा साथ देने वाले लोगों की सूची तो बहुत लम्बी हो सकती है। परंतु वास्तव में ये लोग हमारे शुभचिन्तक थे जिन्होंने हर समय हमारा साथ दिया था। उनमें से कुछ लोग तो ऐसे हो सकते हैं जिनकी सहायता की आवश्यकता हमें जीवन भर रहेगी। हमें न केवल उनका अहसानमंद होना चाहिए बल्कि आवश्यकता पड़ने पर हमें उनका पूरा पूरा साथ भी देना चाहिए। हमें उनके सहयोग को किसी भी हालत में भूलना नहीं चाहिए। जिन लोगों ने हमारा मुसीबत के समय साथ दिया था यदि हमने उनके सहयोग को भुला दिया तो हमारा भी वही हाल होगा जो एक द्वीप के राजा का हुआ था :

राजा और उसका दरबारी

पुराने समय में एक द्वीप के छोटे से राज्य पर एक राजा राज्य करता था। सम्पूर्ण राज्य में राजा की आज्ञा ही चलती थी। उसके शब्द प्रजा के लिए आदेश के समान होते थे। उसका हर शब्द स्वयं में एक आदेश होता था। बहुत बड़े राजमहल में वह शाही अंदाज़ में रहता था। विश्व की हर सुविधा

उसके महल में उपलब्ध थी। महल की देखभाल के लिए हज़ारो की संख्या में सेवक उपस्थित रहते थे। जो वह चाहता प्राप्त कर लेता था। उसका एक बहुत बड़ा दुर्गुण था। वह रक्तपात का शौक़ीन था परंतु उसका राज्य द्वीप में स्थित होने के कारण वहाँ कोई युद्ध तो होता नहीं था। अतः वह अपने रक्तपात का शौक अपनी प्रजा पर अत्याचार कर के पूरा करता था। सेवकों की छोटी छोटी ग़लती पर वह उन्हें भयानक यातनाएँ देता था। उसका सबसे प्रिय दंड था ग़लती करने वाले सेवक को भूखे कुत्तो के आगे फिकवा कर कुत्तो द्वारा उनके मांस को नोच-नोच कर खाते देखना।

इस कार्य के लिए उसने भयानक कुत्ते पाल रखे थे और उनकी देखभाल करने का दायित्व दो विशेष सेवकों को सौंप रखा था। उनका कार्य था दोषी सेवकों को दंड देने से पहले कुछ दिनों तक कुत्तों को बिल्कुल भूखा रखना ताकि दंड वाले दिन भूखे कुत्ते देखते ही दोषी व्यक्ति पर टूट पड़ें और क्षणभर में उसकी हड्डियों तक को चबा चबा कर उसे मार डालें।

एक दिन एक दरबारी को ड्यूटी पर पहुँचने में थोड़ा विलम्ब हो गया। इस दरबारी का काम था राजा की राजसी पोशाकों की देखबाल करना। किस दिन राजा को कौन सी पोशाक पहननी है इसका निर्णय यही सेवक करता था। उसके समय पर न पहुँचने के कारण राजा को उसका इंतज़ार करना पड़ा और राजा का क्रोध सातवे आसमान पर पहुँच गया। दरबारी की यह ग़लती क्षमा योग्य नहीं थी। उसे दंड तो मिलना ही था। वह दरबारी पिछले बीस वर्षों से अपने राजा की तन, मन, से सेवा कर रहा था। इन बीस वर्षों में उससे कभी कोई ग़लती नहीं हुई थी। लेकिन राजा तो राजा था वह कभी किसी की ग़लती को क्षमा नहीं करता था। उसकी पिछले बीस वर्षों की सेवा को अनदेखा करके राजा ने उसे भूखे कुत्तों के सामने फिकवाने का आदेश दे दिया।

दरबारी राजा के चरणों में गिरकर उससे दया की भीख मांगने लगा। उसने कहा, "हे राजन आप तो हमारे लिए भगवान के समान हो, कृपया मुझ पर दया कीजिए। मैंने आपकी सेवा निष्काम भाव से बीस वर्षों तक की है। कृपा करके मेरे प्राण मत लीजिए। मेरे बाल बच्चों का ध्यान करके मुझे क्षमा कर दीजिए।

राजा अपने हठ पर अड़ा रहा। भूखे कुत्तों द्वारा एक व्यक्ति के शरीर को नोच-नोच कर खाते देखने का अवसर वह खोना नहीं चाहता था। यह उसके लिए मात्र दंड देने का कार्य नहीं था बल्कि उसके मनोरंजन का साधन था।

दरबारी ने राजा से हाथ जोड़कर पुनः निवेदन किया और कहा, "आप हमारे राजा हो और हम आपकी प्रजा हैं। राजा सदैव अपनी प्रजा की रक्षा करता है। मुझे आप कृपया क्षमा दान दे दें। यदि आप मुझे मारना ही चाहते हैं तो कृपया करके मुझे दस दिन का समय दे दें ताकि मैं अपने बच्चों की देखभाल का प्रबंध कर सकूँ। राजा ने कृपा करके उसे दस दिन का समय दे दिया।

दरबारी ने दस दिनों का समय प्रदान करने के लिए राजा का धन्यवाद किया और तुरंत कुत्तो की देखभाल करने वाले सेवकों के पास पहुँच गया। उसने सेवकों से दस दिन तक कुत्तो की देख भाल करने की अनुमति मांगी। उसकी बात सुनकर एक सेवक हँसने लगा और पूछा, "जो कुत्ते तुझे नोच नोच कर खाने वाले हैं तुम उन कुत्तो की देखभाल क्यों करना चाहते हो?" आप इस बात को नहीं समझोगे कृपया मुझे दस दिन तक कुत्तो की सेवा करने की अनुमति प्रदान कर दें, दरबारी ने उत्तर दिया। सेवक ने मरते हुए व्यक्ति की अंतिम इच्छा जानकर अनुमति प्रदान कर दी।

दरबारी दस दिन तक पूरी लगन से कुत्तो की सेवा करता रहा। कुत्तो को नहलाना, बाल संवारना, पुचकारना, मालिश करना, खाना खिलाना आदि कार्य वह दिल लगाकर करता रहा। वह कुत्तो के साथ रहने लगा। उन्हीं के साथ बैठता, उनके साथ खेलता उनके साथ सोता और उनको बहुत प्यार करता। ऐसा महसूस हो रहा था कि कुत्ते जानवर न होकर उसके अपने बच्चे हों। उसका लाड प्यार पा कर कुत्ते भी प्रसन्न थे। राजा के आदेश के अनुसार अंतिम दो दिन सभी कुत्तो को भूखा रखा जाना था। भूख के मारे कुत्ते बहुत परेशान थे लेकिन दरबारी इन अंतिम दो दिनों में भी कुत्तों की सेवा करता रहा।

ग्याहरवे दिन कुत्ते एक बड़े से पिंजरे में बंद भूख से बिलबिला रहे थे। राजा को प्रतीक्षा थी भूखे कुत्तो द्वारा जीवित मनुष्य की निर्दयता से हड्डियाँ चबाते हुए देखने की। उसके लिए यह एक तमाशा था जिसको देखने से उसका मनोरंजन होता था। पिंजरे के बिल्कुल सामने राजा एक सिंहासन पर बैठ गया। उसके पीछे राज्य परिवार के अन्य सदस्य बैठे थे और सबसे पीछे दरबारी बैठे थे। सभी लोग तमाशा देखने के लिए उत्सुक थे।

निश्चित दिन दोषी दरबारी के हाथ पैर बाँध दिए गए। उसकी आँखों पर काली पट्टी बाँध दी गई और उसको घसीटते हुए वहाँ लाया गया और भूखे कुत्तो के पिंजरे में फैंक दिया गया। वहाँ बैठे सभी लोग इस प्रकार का नज़ारा पहले भी कई बार देख चुके थे। उन्हें ज्ञात था कि जब जब किसी दोषी को

भूखे कुत्तों के पिंजरे के अंदर फैका गया था, कुत्ते क्षण भर में उस पर टूट पड़ते और उसके शरीर का एक एक टुकड़ा पैने दांतों से खींच-खींच कर अलग कर देते। दस भूखे कुत्तो का दल मानव के पूरे शरीर को केवल बीस मिनटों में चट कर जाता था। आज भी सभी लोगों को कुछ वैसे ही दृश्य की प्रतीक्षा थी।

राजा और उसके दरबारी जैसा दृश्य देखने की प्रतीक्षा कर रहे थे वैसा कुछ नहीं हुआ। उन्हें यह देखकर आश्चर्य हुआ कि भूखे कुते अपने शिकार को खाने का प्रयास न करके उसके आस पास घूम घूम कर उसे देख रहे थे। थोड़े समय के बाद कुत्ते दरबारी को सूंघने लगे। उसके हाथ और पैरों पर बांधी गई रस्सियों को अपने ताक़तवर जबड़ों से खोलने लगे। कुछ कुते उसका मुँह चाटने लगे और कुछ कुत्ते अपनी पूँछ से उसको सहलाने लगे। ऐसा लग रहा था मानो कुत्ते अपने घनिष्ठ मित्र से मिल रहे हों।

इस दृश्य को देखकर राजा को बहुत क्रोध आया। उसके मनोरंजन के कार्यक्रम का सर्वनाश हो गया था। दोषी दरबारी को मार कर उसका मांस खाने के स्थान पर कुत्ते उसे प्यार से दुलार रहे थे। उसने दरबारी से पूछा, "उसने ऐसा क्या किया है जो कुत्ते उसको मारने के स्थान पर उससे प्यार कर रहे हैं?"

दरबारी ने राजा को उत्तर देते हुए कहा, "हे राजन मैंने इन कुत्तो की सेवा केवल दस दिनों तक की है और ये मेरे द्वारा की गई सेवा को अभी तक नहीं भूले है। यह सब तो जानवर हैं लेकिन आप तो मनुष्य हो। जानवर होकर भी कुत्तो को मेरी दस दिन की सेवा का आभास है। आपकी सेवा तो मैं पिछले बीस वर्षों से करता आ रहा हूँ परंतु आप को मेरी सेवा याद नहीं है।

दरबारी का उत्तर सुनकर राजा की आँखें खुल गईं। उसने सोचा अगर जानवर होकर कुत्ते अपनी सेवा को याद रख सकते हैं और दरबारी को भूखे होने के बाद भी कोई हानि नहीं पहुँचाते। मैं तो मनुष्य हूँ और उसके साथ साथ एक राजा भी हूँ। मेरा कर्तव्य तो और भी अधिक बनता है। मुझे अपने दरबारियों के साथ ऐसा क्रूर व्यवहार नहीं करना चाहिए।

इस एक छोटी सी घटना ने राजा को जीवन की सबसे बड़ी शिक्षा दी। उसने अपने राज्य में क्रूर दण्ड देने की प्रथा को समाप्त कर दिया और उसकी आँखे खोलने के लिए दरबारी का धन्यवाद किया।

इस विषय पर स्वामी विवेकानंद ने कहा है:

उन्हें मत भूलो जिन्होंने आपकी सहायता की थी।
उनसे घृणा मत करो जो आपको प्यार करते हैं।
उन्हें धोखा मत दो जो आप पर विश्वास करते हैं।

14

सफलता को बनाए रखना

सफल होना तो एक बात है परंतु सफलता को बनाए रखना बहुत कठिन होता है। सफलता का अर्थ हर व्यक्ति के लिए अलग अलग होता है। कोई परीक्षा पास करने पर स्वयं को सफल मानने लगता है, कोई ऊँचा पद पाकर अपने को सफल मानता है तो कोई सामाजिक मान-प्रतिष्ठा को सफलता का मानदंड समझता है। सफलता बड़ी हो या छोटी प्रत्येक सफलता का अपना महत्व होता है। जब हमारी पहचान एक सफल व्यक्ति के रूप में हो जाती है तो हमसे लोगों की अपेक्षाएँ भी बड़ जाती है। लोग हम पर पहले से अधिक भरोसा करने लगते हैं। परिणामस्वरूप लोगों के विश्वास पर खरा उतरने का उत्तरदायित्व भी बढ़ जाता है। अपनी सफलता को पहचानना और उसको बनाए रखना बहुत महत्वपूर्ण है। यदि हम इस उत्तरदायित्व को निभाते रहे तो हम अपनी सफलता को बनाए रखने में भी सफल हो जाएँगे। इसके लिए हमें कुछ विशेष बातों का ध्यान रखना होगा जिनका उल्लेख नीचे किया जा रहा है:

1. सफलता परिश्रम से मिलती है

सफलता के मद में कभी कभी हम अपना विवेक खो बैठते हैं। सफल होना अच्छी बात है लेकिन सफलता के मद में चूर होना बुरी बात है। सफलता होती ही मायावी है, यह सिर पर चढ़कर बोलने लगती है। सफलता प्राप्त करने के पश्चात् हम अपने परिवेश तथा अपनी जड़ों को भूलने लगते हैं। हम कुछ ऐसा कर बैठते हैं जिससे हमारी साख पर बट्टा लगने लगता है। ऐसा ही कुछ हुआ था आनंद के साथ। आनंद ने तीन महीने पहले एक इंशोरेंस कम्पनी में कार्य करना आरम्भ किया था। प्रबंधक ने उसके लिए तीन महीनों में नए नए ग्राहकों को इंशोरेंस पॉलिसी बेचने का लक्ष्य निर्धारित कर दिया। नया कर्मचारी होने के नाते उसका लक्ष्य पुराने कर्मचारियों की तुलना में कम रखा गया था। कहने को तो यह लक्ष्य कम था परंतु इसे प्राप्त करना भी सरल नहीं था। कठिन परिश्रम और लगन से दिन रात काम करके आनंद ने तीन महीनों में अपना लक्ष्य प्राप्त कर लिया। अपनी सफलता पर वह बहुत प्रसन्न था। प्रबंधक ने भी पहला लक्ष्य सफलतापूर्वक प्राप्त कर लेने पर उसे बधाई दी। उसकी सफलता को देखते हुए प्रबंधक ने अगला लक्ष्य पुराने कर्मचारियों के बराबर निर्धारित कर दिया। अब सभी कर्मचारियों का लक्ष्य बराबर बराबर था। न किसी से कम न किसी से अधिक। आनंद पहला कर्मचारी था जिसने पहली ही तिमाही में लक्ष्य प्राप्त कर लिया था। इससे पूर्व कम्पनी के किसी कर्मचारी ने अपनी पहली तिमाही में लक्ष्य प्राप्त नहीं किया था। अब तो उसे पुराने और अनुभवी कर्मचारियों के बराबर समझा जाने लगा था। आनंद की प्रसन्नता का कोई ठिकाना नहीं था। अपनी सफलता को उसने अपने मित्रों के साथ बड़ी धूम धाम से मनाया। कमीशन में मिले पैसों से अपने लिए नए कपड़े ख़रीदे। उसकी प्रसन्नता का पारावार नहीं था।

जब अगली तिमाही आरम्भ हुई तो आनंद को अपने लक्ष्य प्राप्त करने का पूरा भरोसा था। पहली तिमाही के दौरान उसने बहुत परिश्रम किया था फलस्वरूप उसका सम्पर्क बड़ी बड़ी कम्पनियों के उच्च अधिकारियों से हो गया था। उन अधिकारियों ने आनंद को नई पोलिसियाँ ख़रीदने का आश्वासन भी दिया था। उसे पूरा विश्वास था कि वह अगली तिमाही के लक्ष्य सरलता से प्राप्त कर लेगा। बहुत से लोगों ने उसे आश्वासन दे रखा था। इसलिए उसे अधिक चिंता नहीं थी। होना तो यह चाहिए था कि आनंद को घर घर जाकर नए ग्राहक ढूँढने चाहिए थे। अपने कार्य क्षेत्र को बढ़ाने का पूरा प्रयास करना चाहिए था। लेकिन आनंद अपने मित्रों के साथ मस्ती करता रहा। जब उसे अधिक परिश्रम करके अपने लक्ष्य को पूरा करने का प्रयास करना चाहिए था वह आराम से देर तक सोता रहता था। जब उसे लगा कि अब उसे अपने लक्ष्य पूरे करने के लिए काम में जुट जाना चाहिए तब तक आधी तिमाही बीत चुकी थी। लेकिन उसे इसकी

चिंता नहीं थी। जिन लोगों ने उसे आश्वासन दिया था आनंद ने उनसे सम्पर्क साधना शुरू कर दिया। कुछ लोगों ने अपने निर्णय को स्थगित कर दिया था। कुछ लोगों ने अपनी पोलिसी दूसरी कम्पनी से प्राप्त कर ली थी क्योंकि आनंद ने उन्हें समय रहते सम्पर्क नहीं किया था। आनंद के लिए यह चिंता का विषय बन गया। हताश होकर उसने अपने मित्रों, सगे संबंधियों, सभी जानकारों से पोलिसी ख़रीदने का अनुरोध करना आरम्भ कर दिया। लेकिन ये सब लोग अचानक कोई निर्णय नहीं ले पाए और सोचने का समय माँगा।

अब तक तिमाही का समय समाप्त हो चुका था और आनंद अपने लक्ष्य का आधा हिस्सा भी पूरा नहीं कर पाया था। उसे अपनी करनी पर पछतावा होने लगा लेकिन अब तो बहुत देर हो चुकी थी। प्रबंधक को भी एक नए कर्मचारी को पुराने और अनुभवी कर्मचारियों के समकक्ष समझने की अपनी भूल का अहसास हो गया था। उसने पुनः आनंद के लक्ष्य को घटा कर कम कर दिया। आनंद के लिए यह बहुत अपमानजनक स्थिति थी। उसे अब अपनी ग़लती का अहसास होने लगा। अपनी पहली तिमाही की सफलता पर वह आपे से बाहर हो गया था। उसे लगने लगा था कि वह एक बहुत सफल कर्मचारी है। अपनी पहली सफलता के नशे में चूर होकर उसने परिश्रम करना बंद कर दिया था। जो परिश्रम उसने पहली तिमाही में किया था अगर वही परिश्रम वह इस बार भी करता तो वह अपने नए लक्ष्य को भी प्राप्त कर सकता था। एक बार सफल होने का अर्थ यह नहीं कि वह हर बार बिना परिश्रम किए सफल होता रहेगा। उसने वचन लिया कि अपनी सफलता को बनाए रखने के लिए वह कोई कसर नहीं छोड़ेगा। सफलता प्राप्त करना सरल हो सकता है परंतु सफलता को बनाए रखना अत्यंत कठिन होता है।

2. अपने सिद्धान्तों का पालन करें

सफलता को बनाए रखने की परिस्थितियों का सामना करना स्वयं में बहुत कठिन कार्य होता है। किसी देश का प्रधानमंत्री बन जाना या किसी टीम का कैप्टन बन जाना अलग बात है परंतु प्रधानमंत्री अथवा कैप्टन के कर्तव्यों को निभा पाना हर एक के बस की बात नहीं होती। लोग बहुत महत्वकांक्षी होते हैं। उन्हें अपने लीडर से बहुत उम्मीदें होती हैं। लोग हर हाल में अपनी उम्मीदों को पूरा होते देखना चाहते हैं। हमने देखा है जब हमारी क्रिकेट टीम हार जाती है तो जो लोग कैप्टन के चाहने वाले होते हैं, उसके फैन होते हैं वही लोग उसके घर के बाहर जाकर धरना देने लगते हैं और उसका पुतला जलाने लगते हैं। इससे हम पता लगा सकते हैं कि लीडर को कितने दबाव में कार्य करना पड़ता है।

इसी प्रकार जब हम किसी क्षेत्र में सफलता प्राप्त कर लेते हैं या अपनी कम्पनी में सबसे अच्छा प्रदर्शन करके दिखाते हैं तो हमारे ऊपर भी इसी प्रकार का दबाव बनना आरम्भ हो जाता है। जब दबाव आवश्यकता से अधिक बढ़ जाता है और हमें लगने लगता है कि हम लोगों की उम्मीदों को पूरा नहीं कर पाएँगे तो हम अपने सिद्धान्तों से समझौता करने लगते हैं। यही समय हमारी परीक्षा का समय होता है। सिद्धान्तों से समझौता करना तो सरल होता है परंतु अपने सिद्धांतो पर अडिग रहना बड़ा कठिन होता है। यदि हमने ग़लती से भी कोई क़दम ग़लत उठा लिया तो फिर पीछे हटना कठिन हो जाता है। अनचाहे ही हम गम्भीर परिस्थितियों में फंस सकते हैं। एक ग़लती के बाद दूसरी ग़लती करनी पड़ेगी, उसको छुपाने के लिए तीसरी और फिर चौथी ग़लती करनी पड़ेगी। यह सिलसिला तब तक नहीं रुकता जब तक हमारे व्यक्तिव का विनाश नहीं हो जाता।

यदि हम अपना मान बनाए रखना चाहते हैं तो हमें हर क़दम फूंक-फूंक कर उठाना होगा और अपने सिद्धान्तों का पालन किसी भी अवस्था में करना होगा। अपने सिद्धान्तों का पालन करने के कारण हमें सफलता मिलने में कुछ विलम्ब तो हो सकता है परंतु जीवन का सुख चैन नहीं छिन सकता।

3. दयावान बनें

हम सफल तो हो गए। लोग भी हमारी सफलता की दाद देते हैं। लोग हमें प्यार भी करते हैं और हमसे अपेक्षा भी रखते हैं। लोग हमारी सफलता को अलौकिक अथवा अनूठा मानने लगते हैं।

अमेरिका के राष्ट्रपति की पत्नी मिशेल ओबामा ने उत्तरी कैरोलिना में हुए अमेरिका के लोकतान्त्रिक राष्ट्रीय सम्मेलन में भाषण देते समय कहा था, "राष्ट्रपति का पद ग्रहण करने से कोई व्यक्ति बदल नहीं जाता, व्यक्ति तो वही रहता है जो वह है। सफल होने के बाद आप भी वही व्यक्ति रहेंगे जो आप हैं। सफल होने के पश्चात् यदि आपका मन उन व्यक्तियों के लिए सहानुभूति नहीं रखता जो सफल नहीं हो सके या जो सफल होने के लिए संघर्ष कर रहे हैं तो आपकी सफलता का कोई महत्व नहीं रह जाता। याद रखें सफलता प्राप्त करने से पहले आप भी कठिनाइयों से जूझ रहे थे। आपने कई ग़लतियाँ भी की होंगी। अभी भी आपसे ग़लतियाँ हो सकती हैं। मानव को दूसरों से सहानुभूति रखनी चाहिए। कमज़ोर व्यक्तियों की सहायता करनी चाहिए। असफल होने पर उनका मज़ाक नहीं उड़ाना चाहिए। यदि हम असफल व्यक्तियों की खिल्ली उड़ाते हैं तो इससे नीच कोई और हरकत हो नहीं सकती। दूसरों की खिल्ली उड़ाते देख न केवल आपके मित्र

आपसे कन्नी काट सकते हैं बल्कि वह लोग भी आपसे किनारा करना चाहेंगे जिन्होंने आपको खिल्ली उड़ाते हुए देखा होगा।"

दूसरे लोगों के साथ सहानुभूति रखने से लोग हम पर अधिक विश्वास करने लगेंगे जिससे हमारी सफलता का लाभ दूसरों को भी मिल सकेगा।

4. पिछले सबक याद रखो

सफलता प्राप्त करने के पश्चात् हम प्रायः उन क्षणों को भूल जाते हैं जब हम सफलता पाने के लिए हाथ पैर मार रहे थे। हमने किन किन कठिन परस्थितियों का सामना किया और क्या क्या पापड़ बेले कोई आसानी से नहीं भूलता। लेकिन एक बार अच्छी सफलता पा जाने के बाद हम पिछले वह सभी पाठ भूल जाते हैं जिनके माध्यम से हमें आज सफलता प्राप्त हुई है। हम भूल जाते हैं कि हर क़दम पर हमें एक नई मुसीबत का सामना करना पड़ा था। अपनी हर मुसीबत से, हर कठिनाई से, हर असफलता से हमने एक नया सबक़ सीखा था। जो हमने ग़लतियाँ की थीं उन्होंने हमें सफलता का नया पाठ पढ़ाया था। यही सबक सफलता के मूल मंत्र होते हैं। इन्हें भूलने की मूर्खता नहीं करनी चाहिए। ग़लतियाँ तो सदैव होती रहती हैं, मुसीबतें आती रहती हैं और हमें कठिनाइयों का सामना फिर से करना पड़ सकता है। अतः यह नितांत आवश्यक है कि हमने जो पाठ पढ़े थे, जो सबक़ सीखे थे उन्हें याद रखें ताकि उन्हें बार बार न सीखना पड़े।

5. मुसीबत में जिन लोगों ने आपका साथ दिया उन्हें मत भूलो

स्वामी विवेकानंद ने कहा था, "उसे मत भूलो जिसने आप कि सहायता की थी।" हमने बचपन से आज तक अनेक ऐसी कहानियाँ पढ़ी होंगी जिसमें एक ग़रीब व्यक्ति सफल होकर बहुत अमीर बन जाता है। बहुत सारी ऐसी फ़िल्में भी देखी होंगी जिसमें हीरो बहुत ग़रीब, साधारण और ग्रामीण पृष्ठभूमि का होता है लेकिन कठिन परिश्रम के पश्चात् वह बहुत बड़ा आदमी बन जाता है। सफलता पाने के बाद मनुष्य उन साथियों को भूल जाता है जिनहोंने कंधे से कंधा मिलाकर सफलता पाने के संघर्ष में उसका साथ दिया था। हम किस्से, कहानियों या फिल्मों की बात छोड़ भी दें तो भी वास्तविक जीवन में भी यही कुछ हो रहा है। यह एक नकारात्मक प्रवृत्ति है जिससे एक ओर आपसी द्वेष, मतभेद, कटुता बढ़ती है दूसरी ओर विश्वास की भावना समाप्त हो जाती है। हमें ऐसी परिस्थितियों को आने से रोकना होगा। अतः यह आवश्यक है कि हमें उन लोगों को सदैव याद रखना चाहिए जिन्होंने कठिन समय में हमारा साथ दिया था। हमें उनके साथ

न केवल सम्पर्क बनाकर रखना चाहिए बल्कि उनके कठिन समय में उनकी यथायोग्य सहायता भी करनी चाहिए।

6. समय कभी एक सा नहीं रहता

ऊपर पहले शीर्षक में बताई गई आनंद की आपबीती पर ध्यान दें। नई नौकरी की पहली तिमाही में उसने खूब सफलता प्राप्त की परंतु दूसरी तिमाही में वह बुरी तरह असफल हो गया। हर व्यक्ति के साथ ऐसा होता रहता है। आप अपने कार्य में बहुत दक्ष हैं, सभी कार्य कुशलतापूर्वक कर लेते हैं और आज तक अपने प्रत्येक लक्ष्य को प्राप्त करने में सफलता प्राप्त की है। याद रखिए समय बहुत बलवान होता है। आपकी छोटी सी चूक के कारण आपको भी असफलता का मुँह देखना पड़ सकता है। इस बात से हम आपको डराने का प्रयास नहीं कर रहे हैं। यह तो एक चेतावनी है कि हमें सफलता प्राप्त करने के पश्चात् भी मानव मूल्यों को प्राथमिकता देनी चाहिए ताकि हम सफल होने के बाद घमण्डी न बन जाएँ।

7. ज़रूरतमंदों की सहायता करो

जब आपको लगे कि किसी जानकार को आपकी सहायता की आवश्यकता है तो आपको उसकी सहायता सहर्ष करनी चाहिए। सहायता का भाव सबके लिए बराबरी का होना चाहिए। सहायता करते समय आपको छोटे बड़े का अंतर नहीं करना चाहिए। लेकिन सहायता करते समय अपना बड़पन्न दर्शाने की आवश्यकता नहीं। ज्ञात नहीं आप उसकी सहायता कर भी पाएँगे या नहीं। हो सकता है आपके पास उसकी कठिनाई का कोई हल ही न हो। पहले आपको उसकी समस्या को समझना होगा। हो सकता है उसे आपकी सहायता की आवश्यकता ही ना हो। पहले उससे पूछिए कि उसको आपकी सहायता की आवश्यकता है या नहीं है। यदि उसे आपकी सहायता की आवश्यकता हो और वह आपसे सहायता मांगे तभी आप उसकी सहयता करें। कभी कभी बिन मांगी सहायता को लोग उपकार समझने लगते हैं।

8. दूसरों से सीखने की कोशिश करें

लोगों को सिखाना तो अच्छी बात है लेकिन लोगों से कुछ सीखने की कला भी हमें आनी चाहिए। यह आवश्यक नहीं की सीख केवल बड़े व्यक्ति, अनुभवी व्यक्ति या सफल

व्यक्ति से ही मिलती हो। सीख तो अनपढ़, गवार, अशिक्षित और अपने से छोटों से भी प्राप्त की जा सकती है। एक सफल व्यापारी को सीख मिलने की घटना का वर्णन पढ़िए:

व्यापारी और चाय वाला

एक व्यापारी अपनी बेटी की शादी जल्दी से जल्दी करने के बारे में सोच रहा था। बेटी अभी कॉलेज में पढ़ रही थी। उसे पढ़ाई के बाद कोई नौकरी तो करनी नहीं थी। व्यापारी अपनी बेटी के लिए एक ऐसे दुल्हे की तलाश में था जो एक सफल व्यापारी हो। अपनी सोच में डूबा डूबा उसने चाय वाले से एक कप चाय बनाने के लिए कहा। चाय वाला बड़ा गपोड़ी क़िस्म का व्यक्ति था। अपने हर ग्राहक से वह गप्पे लगाना शुरू कर देता था। प्रश्न न पूछ कर चाय वाला ग्रहकों की बातों में बात मिलाने लगता था। व्यापारी को बेटी की शादी की बात करते सुन उसने व्यापारी को बताया कि उसकी बेटी भी बड़ी हो गई है और वह भी उसकी शादी करना चाहता है। लेकिन उसने अभी कॉलेज की शिक्षा पूरी नहीं की है। पढ़ लिख कर वह प्रोफ़ेसर बनना चाहती है।

"तो तुमने उसके बारे में क्या सोचा है," व्यापारी ने चाय वाले से पूछा?

"साहिब मैं इस बारे में क्या कह सकता हूँ। मैं तो उसे अपनी दुआएँ ही दे सकता हूँ।"

मेरी बेटी पढ़ाई में बहुत होशियार है, कहती है उसे छात्रवृति मिल जाएगी और वह अपनी पढ़ाई पूरी कर लेगी। अगर उसे छात्रवृति नहीं भी मिलती तो मैं उसकी पढ़ाई का ख़र्चा उठाने के लिए तैयार हूँ।

व्यापारी ने चाय वाले से पूछा कल तुम्हें उसकी शादी भी करनी पड़ेगी तो उसकी शिक्षा पर इतना ख़र्च क्यों करना चाहते हो? तुम्हें उसकी शादी के लिए बचत करनी चाहिए न कि उसकी शिक्षा पर ख़र्च करना चाहिए। अच्छा होगा यदि बेटी की पढ़ाई पर ख़र्च करने के बजाए तुम उसकी शादी कर दो। यदि उसके ससुराल वाले चाहेंगे तो वह अपनी पढ़ाई जारी रख सकेगी।

व्यापारी की बात सुनकर चाय वाले ने कहा, साहिब कल क्या होने वाला है इसका ज्ञान किसे है? हमारा भविष्य कैसा होगा कोई नहीं जानता। भगवान जाने बेटी के ससुराल वाले कैसे हों? ससुराल वाले उसका साथ दे न दे परंतु उसकी शिक्षा और योग्यता सदैव उसका साथ देगी। मैं नहीं चाहता कि मेरी बेटी कभी किसी की मोहताज हो। उसको शिक्षित करना ही उसके

अच्छे भविष्य की गारंटी है। मैं अपनी बेटी के अच्छे भविष्य के लिए सब कुछ त्याग कर सकता हूँ।

अनपढ़, अशिक्षित, ग्रामीण चाय वाले की बातें सुनकर व्यापारी के होश उड़ गए। एक निर्धन मज़दूर व्यक्ति को अपनी बेटी के भविष्य की इतनी चिंता थी कि वह उसके लिए कुछ भी त्याग करने के लिए तैयार था। चाय वाले ने व्यापारी की आँखें खोल दी थीं। व्यापारी को अपनी सोच पर शर्म आ रही थी। उसने कसम खाई कि घर जाकर अपनी बेटी से पूछेगा कि वह क्या करना चाहती है और उसको अपना भविष्य बनाने में पूरा सहयोग देगा।

इस कहानी से ज्ञात होता है कि हमें सीख केवल बड़े लोगों से ही प्राप्त नहीं होती। सीख प्राप्त करने के लिए हमें विनम्र होकर उनकी बात भी सुननी चाहिए जो हमसे छोटे हैं, हमसे कमज़ोर हैं और हमसे कम शिक्षित हैं। नम्रता ही सफलता की पहली और अहम सीढ़ी होती है।

9. असफलता से घबराएँ नहीं

सफलता असफलता जीवन के दो पहलू हैं। किसी भी पहलू से न तो हमें घबराना चाहिए और न ही उसकी चिंता करनी चाहिए। वास्तविक रूप में तो वह व्यक्ति सफल माना जाता है जो असफलता में भी सफलता को खोज निकालता है। जब कभी आप किसी कार्य में असफल होते हैं तो याद रखिए आप केवल उस कार्य विशेष को करने में असफल हुए हैं। अपने आप में आप असफल व्यक्ति नहीं हैं। किसी कार्य में असफल होना और स्वयं असफल होने में बहुत अंतर होता है। हम सीढ़ी से गिरकर नीचे भी आ सकते हैं और हिम्मत करके फिर से ऊपर भी चढ़ सकते हैं। जब तक हम स्वयं को असफल नहीं मान लेते हम असफल नहीं हो सकते। भगवान न करे कभी हम असफल हो भी जाएँ तो हमें घबराने की ज़रूरत नहीं। धैर्य रख कर हिम्मत से काम लें तो सफलता के अनेक मार्ग खुल सकते हैं। हमें उन मार्गों को खोजने की आवश्यकता है।

10. अपने बड़े सपने को मत भूलो

असफलताओं के चक्कर में पड़ कर हमें अपने अंतिम सपने को नहीं भुलाना है। जैसे हमने अपने छोटे-छोटे सपनों को पूरा किया है उसी लगन से हमें अपने बड़े सपने को साकार करने की दिशा में लगातार कार्य करते रहना होगा। एक एक पग बढ़ाते हुए

हमें अपने अंतिम लक्ष्य की ओर अग्रसर होते रहना होगा। लक्ष्य प्राप्त करना ही हमारे लिए मील का पत्थर है और यही हमारा उद्देश्य है। हमें इसे प्राप्त करना ही होगा। छोटी सफलता में मदहोश होकर यदि हम अपने बड़े सपनों को भूल जाते हैं तो सच मानो हम जीवन की सबसे बड़ी भूल करने जा रहे हैं। हमें अपने बड़े सपनों को किसी भी स्थिति में प्राप्त करने का भरसक प्रयत्न तब तक करना होगा जब तक हम उसे प्राप्त नहीं कर लेते। हमारा सपना ही हमारा जीवन है। अपने साकार सपनों की ख़ुशियाँ मनाए, उत्सव करें और अपने आप पर गर्व करें।

सफलता प्राप्त करने के पश्चात् यदि आप उक्त लिखित दस नियमों का पालन करते हैं तो विश्वास कीजिए आप को जीवन में कभी पछताना नहीं पड़ेगा। अपने लक्ष्य को प्राप्त करना सबसे बड़ा सौभाग्य होता है। आगे बढ़िए अपने सपने साकार कीजिए और जीवन का आनंद उठाइए।

KNOW YOUR WORTH

Stop Thinking, Start Doing

by

NK Sondhi & Vibha Malhotra

The secret behind the success of most of the people is not what they do, but how they do it!

This book discusses the life-changing concepts through storytelling. You would find yourself closely connected to these stories. They will encourage you to explore your own potential to inspire you, and to achieve your real worth. This book will also help you to understand the traits that keep you from achieving your dreams. The book lays down a process to help you emerge from the clutches of negativity and develop a positive approach towards life.

By investing time in yourself, acknowledging your potential, setting a worthy goal, avoiding common traps, surviving bad days and harvesting the power of thoughts, you can be successful.

Read this interesting book to Know Your Worth.

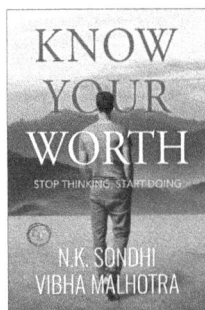

Price	:	Rs. 295
Pages	:	224
Size	:	7.75x5.25 inches
Binding	:	Paperback
Language	:	English
Subject	:	Self-Help
ISBN	:	9788180320231

OTHER BOOKS YOU MAY LIKE

- A Midsummer Night's Dream by William Shakespeare, ISBN: 9789380914510
- A Tear and a Smile by Kahlil Gibran, ISBN: 9788180320477
- Abraham Lincoln by Lord Charnwood, ISBN: 9789380914251
- Alice's Adventures in Wonderland by Lewis Carroll, ISBN: 9789380914046
- As a Man Thinketh by James Allen, ISBN: 9788180320262
- As You Like It by William Shakespeare, ISBN: 9789380914459
- Because… Every Raindrop is a Hope by Sankalp Kohli, ISBN: 9789380914435
- Bon Voyage by Ishita Bhown, ISBN: 9789380914695
- Children's Nursery Rhymes by Various Authors, ISBN: 9788193545805
- Children's Objective Quiz by Azeem Ahmad Khan, Dr. Ruth Premi, ISBN: 9788180320781
- Favourite Tales from the Arabian Nights by Sir Richard F. Burton, ISBN: 9789380914077
- Gita According to Gandhi by Mahatma Gandhi, ISBN: 9788180320040
- Great American Short Stories by Various Authors, ISBN: 9789380914060
- Great German Short Stories by Various Authors, ISBN: 9789380914053
- Great Horror Stories by Various Authors, ISBN: 9789380914084
- Hamlet by William Shakespeare, ISBN: 9789380914466
- I Loved You Before I Met You by Saranya Umakanthan, ISBN: 9788180320248
- Illustrated Biography of William Shakespeare by Manju Gupta, ISBN: 9788180320941
- Julius Caesar by William Shakespeare, ISBN: 9789380914374
- Macbeth by William Shakespeare, ISBN: 9789380914343
- Madhubala by Manju Gupta, ISBN: 9789380914961
- Mansarover 2 (Hindi) by Premchand, ISBN: 9789380914985
- Mein Kampf (My Struggle) by Adolf Hitler, ISBN: 9789380914855
- Metamorphosis by Franz Kafka, ISBN: 9788180320057
- Mother by Maxim Gorky, ISBN: 9788180320330
- My Experiments With Truth by M.K. Gandhi, ISBN: 9789380914619
- One Life, One Love by Rochak Bhatnagar, ISBN: 9789380914350
- Othello by William Shakespeare, ISBN: 9789380914404
- Our Imperfectly Perfect Love by Rochak Bhatnagar, ISBN: 9789380914824
- Pride and Prejudice by Jane Austen, ISBN: 9789380914428
- Quiz For All by Azeem Ahmad Khan, Dr. Ruth Premi, ISBN: 9788180320897
- Romeo and Juliet by William Shakespeare, ISBN: 9789380914329

Develop your reading habit | **Gift books to your friends**

OTHER BOOKS YOU MAY LIKE

- Selected Short Stories of James Joyce by James Joyce, ISBN: 9788180320392
- Selected Stories of Nietzsche by Friedrich Nietsche, ISBN: 9788180320491
- Selected Stories of Tagore by Rabindranath Tagore, ISBN: 9789380914770
- Sense and Sensibility by Jane Austen, ISBN: 9789380914589
- Tales from Shakespeare by Charles Lamb, Mary Lamb, ISBN: 9789380914367
- The Art of War by Sun Tzu, ISBN: 9789380914893
- The Autobiography of Benjamin Franklin by Benjamin Franklin, ISBN: 9788190276689
- The Bhagavad Gita by Sir Edwin Arnold, ISBN: 9789380914275
- The Canterville Ghost by Oscar Wilde, ISBN: 9789380914527
- The Curse of that Night by Rochak Bhatnagar, ISBN: 9789380914664
- The Divine Command by Saranya Umakanthan, ISBN: 9788180320934
- The Gita Way by Shweta Chandra, Santosh Srivastava, ISBN: 9789380914879
- The Good Sex Bible by Daniel Beaver, ISBN: 9788180320224
- The Great Gatsby by F. Scott Fitzgerald, ISBN: 9789380914473
- The Hound of the Baskervilles by Sir Arthur Conan Doyle, ISBN: 9789380914534
- The Little Prince by Antoine De Saint-Exupéry, ISBN: 9788180320590
- The Merchant of Venice by William Shakespeare, ISBN: 9789380914497
- The Miracles of Your Mind by Joseph Murphy, ISBN: 9788180320743
- The Prophet by Kahlil Gibran, ISBN: 9789380914022
- The Science of Getting Rich by Wallace D. Wattles, ISBN: 9788180320972
- The Secret Proposal by Aniesha Brahma, ISBN: 9789380914237
- The Story of My Life by Helen Keller, ISBN: 9789380914541
- The Tempest by William Shakespeare, ISBN: 9789380914657
- The Wit and Wisdom of Gandhi by Mahatma Gandhi, ISBN: 9789380914039
- Think and Grow Rich by Napoleon Hill, ISBN: 9788180320255
- Three Men in a Boat by Jerome K. Jerome, ISBN: 9789380914442
- Together by Ishita Bhown, ISBN: 9789380914152
- Twelfth Night by William Shakespeare, ISBN: 9789380914503
- Up From Slavery by Booker T. Washington, ISBN: 9789380914565
- What's Your Story by Sankalp Kohli, ISBN: 9788180320811
- When I Found You... I Found Myself by Sankalp Kohli, ISBN: 9789380914718
- When Our Worlds Collide by Aniesha Brahma, ISBN: 9788180320828

Develop your reading habit | **Gift books to your friends**

TOP 10 FICTION

» 1984 by George Orwell
Fiction/Classics, ISBN: 9789380914947

» Animal Farm by George Orwell
Fiction/Classics, ISBN: 9789380914701

» Children's Classic Stories by Aniesha Brahma
Children's Fiction, ISBN: 9788193545812

» Gitanjali by Rabindranath Tagore
Fiction/Poetry, ISBN: 9789380914886

» Love Happens only Once by Rochak Bhatnagar
Fiction/Romance, ISBN: 9789380914183

» Mansarover 1 (Hindi) by Munshi Premchand
Fiction/Short Stories, ISBN: 9789380914978

» Siddhartha by Hermann Hesse
Fiction/Classics, ISBN: 9789380914145

» Tales from India by Rudyard Kipling
Fiction/Short Stories, ISBN: 9789380914411

» The Girl I Last Loved by Smita Kaushik
Fiction/Romance, ISBN: 9789380914244

» The Light of Asia by Sir Edwin Arnold
Religion/Buddhism, ISBN: 9789380914923

TOP 10 NON-FICTION

» Great Speeches of Abraham Lincoln
  History/General, ISBN: 9789380914336

» How to Stop Worrying and Start Living by Dale Carnegie
  Self-Help/Personal, ISBN: 9789380914817

» How to Win Friends and Influence People by Dale Carnegie
  Self-Help/Success, ISBN: 9788180320217

» Know Your Worth by NK Sondhi & Vibha Malhotra
  Self-Help/Success, ISBN: 9788180320231

» Relativity by Albert Einstein
  Science/Physics, ISBN: 9789380914220

» Student's Encyclopedia of General Knowledge
  Children's Books/GK, ISBN: 9789380914190

» The Autobiography of a Yogi by Paramahansa Yogananda
  Biography/General, ISBN: 9789380914602

» The Diary of a Young Girl by Anne Frank
  Autobiographies/Memoirs, ISBN: 9789380914312

» The Law of Success by Napoleon Hill
  Self-Help/Success, ISBN: 9788180320927

» The Power of Your Subconscious Mind by Joseph Murphy
  Self-Help/Success, ISBN: 9788180320958

www.ingramcontent.com/pod-product-compliance
Lightning Source LLC
Chambersburg PA
CBHW051421090426
42737CB00014B/2764